Johannes Zang
ERLEBNISSE IM HEILIGEN LAND

Das Alte (erste) Testament kennt vier große
und zwölf kleine Propheten.
Dieses Buch widme ich den 16 aktuellen
Prophetinnen und Propheten Israels:

Amira Hass (Ha'aretz)
Hagai El-Ad (B'Tselem)
Jessica Montell (HaMoked)
Hagit Ofran (Shalom Achshav – Frieden jetzt!)
Avraham Burg (Ex-Abgeordneter, Autor)
Rachel Beitarie (Zochrot)
Rami Elhanan (Parents Circle)
Tania Hary (Gisha)
Gideon Levy (Ha'aretz)
Jeff Halper (ICAHD)
Hillel Schenker (Palestine-Israel Journal)
Nir Baram (Autor)
Yudith Oppenheimer (Ir Amim)
Ran Goldstein (Ärzte für Menschenrechte)
Yehuda Shaul (Breaking the Silence)
Avi Dabush (Rabbiner für Menschenrechte)

Bibliografische Information der Deutschen Bibliothek:
Die Deutsche Bibliothek verzeichnet diese Publikation
in der Deutschen Nationalbibliografie.

Detaillierte bibliografische Daten sind im Internet
über http://dnb.ddb.de abrufbar

Coverfoto: Johannes Zang

Druck: CPI – Clausen & Bosse, Leck
Printed in Germany
ISBN: 978-3-85371-490-4

Fordern Sie die Kataloge unseres Verlags an:
E-Mail: promedia@mediashop.at
Web: www.mediashop.at
          www.verlag-promedia.de

Johannes Zang

ERLEBNISSE IM HEILIGEN LAND

77 Geschichten aus Israel und Palästina.
Von Ausgangssperre bis Zugvögel

PROMEDIA

Über den Autor

Johannes Zang, geboren 1964 in Aschaffenburg (Bayern), hat in Israel und den besetzten palästinensischen Gebieten als Zitronenpflücker, Altenpfleger, Musiklehrer und Reiseleiter gearbeitet. Als Journalist mit Sitz in Ost-Jerusalem schrieb er unter anderem für *Zeit Online*, *Freitag*, die *Katholische Nachrichtenagentur* und die *taz*. Bislang hat er 60 Reisegruppen durch Israel und Palästina geführt. Er lebt in seinem Heimatort Goldbach bei Aschaffenburg.

Dank

Danken möchte ich allen Interview- und Gesprächspartnern für ihre Zeit und die Einsichten, die sie mir gewährt haben. Ein herzliches Danke ergeht an meine drei Korrekturleser Hermann Krausert, Andreas Paul und Heribert Kaufmann für das aufmerksame Lesen, für Rückfragen, Hinweise und Anregungen, ebenso an Marius Stark für die Rückmeldung zu einem Text.

Für den einen oder anderen Tipp sowie für Antworten auf teilweise knifflige Fragen danke ich Christine Schacht, Martin Rambow, Shir Hever, Pete Hämmerle, Josef Wallner, Martin Zellinger und Peter Lintl.

Inhalt

Vorwort

Werte Leserin, werter Leser,

manche haben Israel und die besetzten palästinensischen Gebiete längst abgeschrieben. Sie wollen nichts mehr von dieser Region hören, aus der seit 140 Jahren meist Deprimierendes zu uns dringt: Unruhen, Ausschreitungen, Gewalt und Gegengewalt. Dass Sie zu diesem Buch gegriffen haben, freut mich und zeigt: Sie haben noch einen Funken Hoffnung! Oder: Sie wollen etwas jenseits von Gewalt und Terror lesen. Oder: Sie wollen hinter Gewalt und Terror schauen.

Sie werden auf den nächsten Seiten Zahlen in der Überschrift finden, doch handelt es sich dabei um keine Jahreszahlen. Es sind angenehme, überraschende, verblüffende Zahlen, aber auch schockierende. Man könnte beim Heiligen Land fast von heiligen und unheiligen Zahlen sprechen. Sie berühren unterschiedlichste Lebensbereiche: Von Ausgangssperre bis Zugvögel streife ich Themen wie Archäologie, Frieden, Küche, Kultur, Natur, Politik, Religion, Sprachen bis zum Sport. Viele Texte entsprangen einem eigenen Erleben, einer Begegnung im Heiligen Land oder einem Interview, das ich führte. Stellenweise lasse ich Sie an eigenen Gedanken, Gefühlen, Träumen teilhaben.

Alle Geschichten – bis auf die letzten zwei – habe ich unter Mühen auf eine Doppelseite gepresst, auch das heikle Thema Wasser. Da ist es nur zu verständlich, dass manches ungesagt bleiben muss und nur angeschnitten werden kann. Ich habe mich bemüht, das Wesentliche unterzubringen. Kleiner Trost: Jeder Text lässt sich dank Quellenangaben und Tipps zum Weiterlesen vertiefen; mitunter finden Sie dort auch wichtige Informationen rund um das Interview oder beispielsweise die Notiz, dass meine E-Mail an eine Institution zwecks Recherche nie beantwortet wurde.

Zusätzlich finden Sie Listen mit allgemeinen Bücher-, Film-, Internetseiten- und Webinar-Tipps.

Der vorletzte Text dokumentiert eines meiner schlimmsten Erlebnisse als Journalist in Jerusalem: den Abriss eines palästinensischen Hauses mitzuerleben, zumal im Winter. Dafür brauchte ich vier Seiten. Gleiches gilt für die letzte Geschichte, eine der Hoffnung und Zuversicht, mit der ich den Hauptteil beschließe und ein Licht am Ende des endlos scheinenden Nahosttunnels aufscheinen lasse.

Hinter manchen Zahlen verbergen sich ebenso viele Schicksale, schlaflose Nächte, Ängste, Sorgen. Es sind Zahlen, die den Unfrieden zwischen Israelis und Palästinensern bezeugen oder eine Facette der israelischen Militärbesatzung in den palästinensischen Gebieten widerspiegeln. Dieser Terminus der Besatzung taucht in deutschsprachigen Medien kaum auf, ist aber ein Faktum.

Was will dieses Buch?

Es will den Reichtum des Heiligen Landes abbilden, das Schöne und Anziehende, Bunte und Vielfältige, Erstaunliche und Bewundernswerte. Es will jedoch auch die Widersprüchlichkeit und Zerrissenheit zeigen, Ungereimtheiten und Himmelschreiendes. Und es möchte einige der Initiativen porträtieren, die Brücken über Gräben bauen und Zerrissenes heilen wollen.

Ich wünsche Ihnen Offenheit, sich auf dieses Buch einzulassen!

Goldbach bei Aschaffenburg (Bayern), im August 2021
Johannes Zang

43 Nationalparks laden ein

»Macht mal ein bisschen mehr Natur und weniger Kirchen«, riet mir der israelisch-jüdische Reiseführer Assaf Zeevi beim Erfahrungsaustausch im Kibbuzferiendorf Ma'agan am See Genezareth. Damit empfahl er genau das, was ich als Reiseleiter seit jeher praktiziere. Bei einer zehntägigen Rundreise baue ich mindestens vier Spaziergänge oder Wanderungen ins Programm ein: in der Oase Ein Gedi am Toten Meer, durchs Wadi Qelt in der judäischen Wüste, über den Berg der Seligpreisungen und vom Banias-Wasserfall nach Cäsarea Philippi. Erst- und letztgenannter Spaziergang finden in einem israelischen Nationalpark statt. 43 davon sind über das ganze Land verteilt; die Parks Herodion oder Qumran befinden sich im besetzten palästinensischen Westjordanland in israelischer Hand und sind historisch-archäologische Stätten.

Als ich 1986 wie viele andere vorwiegend jugendliche Abenteurer vom Banias-Wasserfall in das Becken sprang, in das er sich ergießt, war dort noch kein Nationalpark eingerichtet. Man konnte sich ohne Eintrittsgebühr und wachsame Ranger in der grünen Wasseroase aufhalten. Manche der Nationalparks wurden bereits in den 1960er-Jahren zu solchen erklärt, andere erst vor wenigen Jahren. Betreut werden sie von The Israel Nature and Parks Authority (INPA). Viele der mit einem Steinbock-Emblem markierten Nationalparks sind beliebte Ziele für Schul- oder Armee-Ausflüge, darunter der erwähnte Ein-Gedi-Nationalpark, in dem man in Sichtweite zum Toten Meer auf sehr viel Leben trifft: auf Steinböcke und Klippdachse, natürliche Wasserbecken und -fälle, Schlingpflanzen und Balsamsträucher.

Mancher Nationalpark wurde in den Rang einer UNESCO-Welterbestätte erhoben wie die Felsenfestung Massada (2001), in der man auf Spuren von Herodes d. Gr. stößt (z. B. Nordpalast), auf jene von jüdischen WiderstandskämpferInnen gegen die Römer (z. B. Synagoge und Kolumbarien) oder byzantinischer Mönche des 6. Jahrhunderts (Kirchenruine mit Mosaiken). Mittlerweile finden sich auch die Nationalparks von Tel Meggido oder Mamshit, der Nabatäerstadt im Negev, auf der begehrten Liste.

Daniel Kleine-Kraneburg hat 2016/17 in Jerusalem einen Internationalen Jugendfreiwilligendienst geleistet. Seine Liste an Wandertouren, Sehenswürdigkeiten und Aussichtspunkten wurde stetig länger, sodass er gestehen musste, sie sei »nicht in drei Monaten, nicht in einem Jahr und auch nicht in fünf« abzuarbeiten. »Beim Wandern oder Spazieren in der Natur hört man auf, die Erlebnisse anderer zu konsumieren. Man fängt an, die Ruhe, die Weite, die Leere der Wüste aufzunehmen, zu genießen oder auch mit dem zu füllen, was in einem vorgeht. Häufig benutzt man salopp den Ausdruck ›über Gott und die Welt reden‹. Aber das trifft sehr gut, was ich auf den Wanderungen erlebt habe.«

Nach 60 Reisebegleitungen mit schätzungsweise 2000 Teilnehmern weiß ich aus erster Hand: Wandern in der Wüste oder in Galiläa tut not, um die bunten, schnell wechselnden, oft widersprüchlichen Eindrücke des Landes zu bedenken und zu verdauen. Angie aus der Nähe von Passau hatte »besonders in der Wüste göttliche Momente«. Auch Thomas war von der Halbtageswanderung durch das Wadi Qelt erfüllt: »Der Gang durch die Wüste hat mich wahnsinnig beeindruckt«, sagte er rückblickend. Nicht nur bei diesen beiden hat eine Wanderung tiefere Spuren hinterlassen als eine heilige Stätte.

21 Vogelarten sind nicht koscher

Sogar der Klebstoff auf israelischen Briefmarken ist koscher. Wie bitte? Das hebräische Wort »kascher« (dt. koscher) bedeutet »geeignet, erlaubt« und meint im Wesentlichen Essen und Trinken. Die Kaschrut – so das Hauptwort – umfasst vier Bereiche:

1. die Art des Schlachtens (Schächten genannt)
2. reine und unreine Tiere
3. Welche Lebensmittel dürfen zusammen verzehrt werden, welche nicht?
4. der zeitliche Abstand zwischen fleischiger und milchiger Mahlzeit

Ohne zu sehr ins Detail zu gehen, sei dies gesagt: Das geschlachtete Tier muss ganz ausbluten. Dies überwacht ein Vertreter des jüdischen Rabbinats. Dass das Schwein als unrein gilt, dürfte bekannt sein, weniger jedoch, dass auch Kamel, Hase, Krabben und Shrimps tabu sind. Des Weiteren listet die Tora, in den Büchern Levitikus und Deuteronomium, 21 unkoschere Vogelarten auf, erlaubt aber den Verzehr von vier Heuschreckenarten.

Fleisch und Milch werden niemals vermischt. Einem frommen Juden entgeht so der Genuss von Spaghetti Bolognese (Hackfleisch und Parmesan), Züricher Geschnetzeltem (Fleisch und Rahmsoße) oder einer Salami-Pizza. Für Milchiges und Fleischiges sind jeweils eigene Küchen- und Kühlschränke, Spülen sowie getrenntes Geschirr erforderlich. Markierungen mittels eines blauen Punktes (milchig) oder eines roten (fleischig) dienen der Orientierung. Nie werde ich eine Wanderung Mitte der 1980er-Jahre vergessen, bei der ich ungewollt zum Mittelpunkt einer Kaschrut-Frage wurde. Damals arbeitete ich als Volontär in der jüdischen Field School (Naturschule) Ma'ale Efraim im besetzten Westjordanland, nordwestlich von Jericho. An freien Tagen durfte ich an Ausflügen von Gruppen teilnehmen, die sich in der Field School eingemietet und einen Wanderführer gebucht hatten. Einmal ging es mit einer religiösen Jungenklasse durch die judäische Wüste. Die Lehrer waren gleichzeitig Rabbiner. Bei der Mittagspause – fleischig! – verzehrten die vorpubertären Jungen ihre mitgebrachten Hähnchen-Salat- oder Truthahn-Tomaten-Brote. Danach war nur noch eine kurze Strecke bis zum Ziel zurückzulegen. Als wir, die Vorhut, dort einen Kiosk entdeckten, war der Jubel groß. Die erschöpften Stadtkinder wollten sich mit einem Eis belohnen. Gedacht, getan. Und schon schleckten die Knaben genüsslich. Wenige Minuten später erschien die Nachhut. »Werft das Eis sofort weg! Ihr habt doch erst Fleisch gegessen! Das ist noch keine zwei Stunden her!«, schimpfte einer der Rabbis. Die Jungen ließen die Köpfe hängen. Ein ganz Schlauer meinte ernsthaft: »Der Jochanan (so nannte man mich) ist doch kein Jude. Der könnte doch unser Eis zu Ende schlecken!« Und schon streckten mir mehrere Knaben ihren Nachtisch entgegen. Die Rabbiner ließen, ganz toratreu, keinen zu Ende lecken. Die sogenannte Neutralisierungszeit zwischen fleischiger und milchiger Mahlzeit beträgt je nach Land, Rabbi und religiöser Ausrichtung bis zu sechs Stunden.

Koschere Küche ist eine Mitzva, ein göttliches Gebot. »Gesetze definieren die für Juden geeigneten Speisen. Sie wurden den Kindern Israels am Berge Sinai von G-tt gegeben. Moses lehrte sie dem Volk und schrieb die Grundpfeiler dieser Gesetze in Lev. 11 und Deut. 14 auf«, heißt es seitens der ultraorthodoxen Chabad-Bewegung, und weiter: »Wir essen koscher, weil G-tt es uns befohlen hat, und durch Erfüllen SEINES Wunsches verbinden wir uns mit IHM« (die Schreibweise G-tt versucht dem Verbot, den Namen des Höchsten auszusprechen, genüge zu tun).

Kaschrut – ein riesiges Feld. Ich erinnere mich an Forderungen »koscheren Stroms«, die Frage, ob gentechnisch veränderte Tomaten koscher seien und die Aufregung über einen »koscheren Ikea-Katalog«, in dem man Frauen vergeblich sucht. Im Mai 2021 erörterte die Zeitung *Ha'aretz* tatsächlich die Frage, ob König David Shrimps gegessen hat.

Bislang konnte ich leider nicht herausfinden, wie sich der israelische Klebstoff von einem argentinischen oder österreichischen unterscheidet.

18 Prozent Muslime

Der häufigste Vorname in Israel? Avi (Kurzform für Avraham), Mosche (Moses) oder Sara? Falsch. Jahr für Jahr ist es Mohammed. Die stolzen Väter lassen sich mit dem Ehrennamen Abu Mohammed (Vater von Mohammed) ansprechen. Ja, Israel ist verwirrend.

18 Prozent der Staatsbürger sind Muslime, mehrheitlich Sunniten. Daneben findet man Schiiten, Alawiten, Ahmadiyya und Shazaliyya. Muslime leben in Jaffa, Haifa, Akko, Nazareth und in weniger bekannten Städten wie Schefar'am oder Umm al-Fahm, dazu in Dörfern Galiläas. Auch die Beduinen sind Anhänger des Propheten Mohammed.

Nach dem Judentum ist der Islam mit fast 1,7 Millionen Gläubigen die zweitgrößte Religionsgemeinschaft unter 9,3 Millionen Einwohnern. Laut israelischem Außenministerium hat sich die muslimische Bevölkerung seit 1948 verzehnfacht. In landesweit mehr als 400 Moscheen versehen etwa 300 Imame und Muezzine ihren Dienst, vom Staat bezahlt, der auch Korane zur Verfügung stellt.

Muslime, Christen und Drusen sprechen als Muttersprache Arabisch. Wurden sie früher israelische Araber oder arabische Israelis genannt, nennen sie sich neuerdings bewusst »Palästinenser mit israelischer Staatsangehörigkeit«. Erst 2007 wurde mit Raleb Majadele der erste Muslim Minister in der Geschichte Israels. Seit Juni 2021 ist erstmals in der Geschichte eine arabische Partei direkt an der Regierung beteiligt: Der ultranationale Siedlerunterstützer Naftali Bennett von der Partei Yamina und Mansour Abbas von der islamischen Partei Ra'am unterzeichneten neben sechs weiteren Parteien ein Anti-Netanyahu-Zweckbündnis. Wird es halten?

Abseits der Politik sind die Schauspielerin und frühere Miss Israel Hiam Abbass oder der Ex-Fußballer Abbas Suan bekannte Gesichter muslimischen Glaubens.

Wie leben die Religionen zusammen? Das Urteil des früheren *ORF*-Israel-Korrespondenten Ben Segenreich kann ich unterstreichen: »Es gibt natürlich auch persönliche Freundschaften zwischen Juden und Arabern, aber ich meine, das ist doch die Ausnahme – im Wesentlichen lebt man nebeneinander her. (…) [E]s gibt da die ganz religiösen Juden, die weniger religiösen, die gar nicht religiösen, es gibt arabische Gegenden, drusische Dörfer, Beduinendörfer – man lebt in seinem Sektor nach seiner Art, das war immer so, das ist normal.«

Schwelendes Dauerthema ist die innerarabische Gewalt und die angebliche Zögerlichkeit von Polizei und Justiz. Als im März 2021 der 15-jährige Mohammed Adas getötet und der 12-jährige Mustafa Hamad lebensgefährlich verletzt wurden, unweit der Polizeiwache ihres Ortes Jaljulya, nahm das die linksliberal-investigative Tageszeitung *Ha'aretz* zum Anlass für einen Leitartikel. Das neue Jahr sei noch keine zweieinhalb Monate alt und Adas bereits »das 23. Gewaltopfer in der arabischen Bevölkerung«. Laut *Ha'aretz* »spiegelt das auf eiskalte Weise die persönliche Sicherheitslage« dieser Minderheit. »Niemand ist geschützt, nicht einmal Teenager außer Haus.« Zwei Wochen vor den Wahlen appellierte der Leitartikel an Premier Netanyahu (dessen ältester Sohn Yair heißt): »›Abu Yair‹ ist für die Sicherheit aller Bürger verantwortlich, egal, ob sie Yair oder Mohammed heißen.« Wenige Wochen später kam es zum Krieg gegen die Hamas, der innerisraelische Gewalt gebar. Scheinbar wie aus dem Nichts attackierten arabische Mobs Juden und umgekehrt. Der frühere *ARD*-Studioleiter in Tel Aviv Richard C. Schneider, selbst jüdischen Glaubens, sieht hinter dem Gewaltausbruch »die zunehmende Frustration der arabischen Israelis (…) mit der jüdisch-extremistisch-rassistischen Politik ihnen gegenüber.« Als Beleg führt er »das Nationalstaatsgesetz von 2018, das arabische Staatsbürger de facto zu Menschen zweiter Klasse macht« an. Er bilanziert: »(…) [D]er Riss in der israelischen Gesellschaft sitzt fundamental tief.«

Zurück zum Namen des Propheten: 2019 wurden 2598 Neugeborene in Israel Mohammed oder Muhammad genannt.

Minus 435,44 Seehöhe

Da liegt eine Muslima in voller Montur im Wasser, dort eine Ordensfrau im Habit – zum Verwechseln ähnlich. Das Gewässer mit den vier Namen – Totes Meer, Salzsee, Meer des Lot oder Asphaltsee – möchte jeder Israel-, Palästina- und Jordanienreisende am liebsten selbst testen und am tiefsten Punkt der Erde wie ein Korken im Wasser schweben. Denn der Salzgehalt von über 30 Prozent macht Schwimmen unmöglich. Bademeister würden jeden Kraulversuch sofort mittels Trillerpfeife beenden. Nur Rückenlage ist in der Salzbrühe erlaubt, solange es sie noch gibt. Denn der Wasserspiegel sinkt jährlich um etwa einen Meter und lag laut israelischer Regierung am 29. April 2021 bei minus 435,44 Höhenmetern.

Der deutsche Wasserexperte Clemens Messerschmid erläutert dazu: »Seit 1964 sinkt der Wasserstand unaufhaltsam, seit 1992 dramatisch, aber völlig stabil.« Grund: 1964 ging die israelische Landeswasserleitung National Water Carrier ans Netz. »Seither ist vom Jordan nichts mehr übrig.« Sehen kann man das an der Taufstelle Qaser al-Yahud unweit Jericho. Der einst gut 60 Meter breite Fluss ist schmäler als die Flüsse Enns, Mur, Tauber und Lahn. Ein weiterer Wasserräuber sitzt am Südende des Salzgewässers, die Dead Sea Chemical Works, laut Messerschmid die »größte Openair-Kaliproduktion der Welt und größter israelischer Rohstoffexporteur«. 600 Millionen Kubikmeter Wasser pumpt die Fabrik jährlich aus dem Nordteil über einen Kanal in den Südteil, dampft es ein und gewinnt das Düngemittel Kalium sowie Magnesium. Allein dieser Wasserverbrauch entspreche der Menge des jährlichen Wasserverlusts, erklärte Inka Reichert schon 2013 im *Zeit*-Artikel »Der durstige Salzsee«. Verschlimmernd kommt die hohe Verdunstungsrate hinzu. Kurzum: Das abflusslose Binnenmeer liegt längst im Sterben, die Umgebung mit Tausenden von Sinklöchern infolge des Wasserverlustes auch. Noch mal Messerschmid: »Früher gab's ein Gleichgewicht zwischen Zufluss und natürlicher Verdunstung. Das ist gestört.«

Während in den 1950er-Jahren jährlich 1300 Millionen Kubikmeter aus dem unteren Jordan in den Salzsee flossen, sind es aktuell zwischen 20 und 200 Millionen, nachzulesen im Bericht »The Inventory of Shared Water Resources in Western Asia«, erstellt von den Vereinten Nationen, dem deutschen Bundesministerium BMZ und der Bundesanstalt für Geowissenschaft und Rohstoffe. So nimmt es nicht Wunder, dass im 20. Jahrhundert die Wasseroberfläche um etwa ein Drittel abgenommen hat.

Nun soll ein Rettungskanal dem Yam HaMelach (hebr. Salzmeer) Wasser aus dem Roten Meer zuführen. Umweltschützer geißeln das circa zehn Milliarden US-Dollar teure Projekt. Ihre Befürchtungen umriss Sabrina Johanniemann vom Büro Ramallah der Deutschen Gesellschaft für Internationale Zusammenarbeit (GIZ) so: Droht eine Vergipsung des Toten Meeres? Werden durch den Kanal die Korallenriffe im Roten Meer zerstört? Welche Folgen hätten Lecks für das Grundwasser? »Und für die Palästinenser käme nichts dabei rüber«, bilanzierte die GIZ-Fachkraft.

Keine Bedenken hat dagegen der Darmstädter Geologieprofessor Andreas Hoppe: »Da kommt Meerwasser zu altem Meer- und Salzwasser.« Anders sehen das die Friends of the Earth Middle East (FOEME), die schon seit 20 Jahren warnen: »Der untere Jordan kann wieder in Ordnung gebracht und das Tote Meer stabilisiert werden, (…) ohne das riskante Experiment in Angriff zu nehmen, ›Gott zu spielen‹, indem man das Wasser zweier Meere mischt (…).« Gleich fünf Gründe führen palästinensische Nichtregierungsorganisationen gegen das von der Weltbank gesponserte Kanalprojekt an und fordern die Palästinensische Behörde auf, die Kooperation einzustellen. »Das Projekt untergräbt Palästinas Wasserrechte und legitimiert die palästinensische Enteignung des Jordanflusses.«

Möglicherweise kann das Tote Meer nicht mehr gerettet werden, sondern wird bei anhaltendem Wasserschwund Mitte dieses Jahrhunderts mausetot sein, wie es die Computeranimation der Paderborner Ausstellung »Leben am Toten Meer« im Zeitraffer simulierte.

495 Palästinenser in Administrativhaft

Sechseinhalb beziehungsweise siebeneinhalb Jahre saßen die Cousins Riad 'Ayad und Hassan 'Ayad in Israel in Administrativhaft. Hunderte von Wochen wurden die Palästinenser aus dem Gazastreifen festgehalten, ohne Anklage oder Prozess, ehe sie laut den israelischen Menschenrechtsorganisationen HaMoked und B'Tselem am 18. August 2009 unvermittelt freigelassen wurden. Unter Zehntausenden von Palästinensern, die in Verwaltungshaft ihrer Lebenszeit und Zukunft, Träume und Pläne beraubt worden sind, halten die Vettern den traurigen Rekord.

Mittels Administrativhaft kann Israel Gefangene unbegrenzt festhalten, da sie nach Ablauf von sechs Monaten problemlos verlängert werden kann. Diese Form der Freiheitsberaubung ist ein juristisches Überbleibsel der britischen Mandatszeit und wird fast ausschließlich bei Palästinensern der besetzten Gebiete einschließlich Ost-Jerusalems angewandt. Theoretisch kann sie auch gegen israelische Bürger und gegen Ausländer verhängt werden, doch saßen bis 2017 laut palästinensischer Menschenrechtsorganisation Addameer lediglich neun israelische Siedler in Administrativhaft ein.

»Israel benutzt drei verschiedene Gesetze, um Individuen ohne Prozess festzuhalten«, erklärt Addameer. Artikel 285 der Militärverordnung 1651 für das Westjordanland, das Gesetz zur Internierung illegaler Kombattanten, das gegen Einwohner des Gazastreifens seit 2005 zur Anwendung kommt, und die Notstandsgesetze für israelische Bürger.

Egal ob Administrativ- oder »Sicherheits«-Häftling: Das Festhalten von PalästinenserInnen der besetzten Gebiete auf israelischem Staatsgebiet ist laut HaMoked »eine krasse Verletzung der vierten Genfer Konvention«. Diese untersagt den Transfer von Gefangenen aus dem besetzten Gebiet in ein anderes. Angehörige benötigen einen Passierschein, um Bruder, Sohn oder Vater, Schwester oder Mutter besuchen zu können. Anträge können ohne Begründung abgelehnt werden. Der Film »Journey with Naba« (»Reise mit Naba«) des Bethlehemer Filmemachers Hanna

Musleh porträtiert zwei Kinder, die allein zum Gefängnis aufbrechen, in denen ihr Bruder einsitzt. Ihren Eltern wurde kein Passierschein ausgestellt. Man sieht, wie die Kleinen sich mit dem Gepäck abmühen, im Bus einschlafen, von Soldaten kontrolliert werden und schließlich ankommen

Ein Häftling erlangte 2020 traurige Berühmtheit: Maher al-Akhras. Dem 49-jährigen Palästinenser, Vater von sechs Kindern aus Silat al-Dahr bei Jenin, warf Israel vor, Mitglied der Terrororganisation Islamischer Jihad zu sein. Obwohl er dies bestritt, wurde al-Akhras weder vor Gericht gestellt, noch wurden ihm angebliche Beweise vorgelegt. Als letztes Mittel des Protests trat er in Hungerstreik. Selbst das brachte den Obersten Israelischen Gerichtshof nicht dazu, das Grundrecht auf ein faires Gerichtsverfahren anzuerkennen. Nach dreimonatigem Hungerstreik schwebte al-Akhras wegen drohenden Organversagens in Lebensgefahr. Wenig später meldete das Christian Peacemaker Team Palestine, dass der Administrativhäftling am sechsten November »seinen 103-tägigen Hungerstreik nach einer Übereinkunft mit der israelischen Besatzungsmacht, ihn am 26. November freizulassen, beendet«. Die restliche Haftzeit werde er im Krankenhaus verbringen.

Im Juni 2021 hielt Israel nach Angaben von HaMoked 495 Palästinenser als Administrativhäftlinge fest.

Das deutsche Bündnis für Gerechtigkeit zwischen Israelis und Palästinensern (BIP) e. V. urteilt so: »Das israelische System der Administrativhaft ist Teil des doppelten Rechtssystems und qualifiziert den Staat Israel als Apartheidsstaat«. Die sogenannte Habeas-Corpus-Akte von 1679 »ist nur Israelis vorbehalten«. Gemeint ist damit das Recht eines Gefangenen, vor Gericht gestellt zu werden, die Vorwürfe zu erfahren und sich dagegen zu verteidigen. Die Verletzung dieses Rechts »disqualifiziert den Staat Israel als demokratischen Rechtsstaat«.

12 Millionen Wörter

»Arabisch ist das Schwerste, was ich je in meinem Leben gelernt habe. Der Wortschatz ist enorm umfangreich und die Aussprache grenzt schon ans Unsportliche. Ich hoffe, ich reiße mir dabei keine Stimmbänder oder prelle mir die Stimmritze«, schrieb ich in meinem zweiten Rundbrief 1999, da war ich gerade ein Vierteljahr in Bethlehem. Mein Lehrer hieß Michael Zabaneh, war palästinensischer Christ und Flüchtling des ersten israelisch-arabischen Krieges. Im Syrischen Waisenhaus in Jerusalem war er von sächsischen und schwäbischen Lutheranern unterrichtet worden und sprach fließend Deutsch. Sein Nachname Zabaneh (Bienenstachel) war passend: Er stachelte mich an, schwierige Laute so oft nachzusprechen, bis er händeklatschend und lachend seine Zufriedenheit kundtat. Weiter schrieb ich: »Ich bin circa noch 1000 Tage hier. Wenn ich jeden Tag drei neue Wörter lerne, sind das 3000 am Ende meines Aufenthaltes.«

Eine der vielen Eigenheiten der arabischen Sprache sind die zahllosen Höflichkeitsformen: *Na'iman* wünscht man dem, der gerade aus der Dusche oder vom Frisör kommt. Es ist am ehesten so zu übersetzen: Gott gebe dir ein sanftes Bad oder eine angenehme Rasur. Die Antwort lautet: *Jin'am'alek* (»Sanftheit komme über dich«) beziehungsweise *'aleki* bei einer Frau. Womit wir bei einer zweiten Besonderheit wären: Je nachdem, ob man mit einem Mann oder einer Frau spricht, muss man die Endungen von Verben und Nomen anpassen, gleiches gilt für *'alek* (auf dich), eine Mischung aus Präposition und Reflexivpronomen. Zurück zu den Segensformeln: Kehrt jemand von einer Reise zurück, begrüßt man ihn mit *Hamdullilah is salame*, worauf dieser *Allah is-salmak* (weibl. *salmek)* entgegnet. Darin drückt sich der Dank an Gott für die glückliche Heimkehr aus. Einem Maurer oder Lastenträger wünscht man *Ye'attik il'afije* – er (Gott) gebe dir Kraft. Tut dir jemand einen Gefallen, wie einen Teller reichen oder einen Kugelschreiber, dankt man mit *Sallem idek* (*ideki*): Er (Gott) segne deine Hände. Antwort: *U idek(i)*. Beim Essen wünscht man sich gleich doppelte Gesundheit: *Sahteen*, worauf *'ala albak* folgt: auf dein Herz (möge dein Herz gesund sein).

Arabisch, Hebräisch, Aramäisch oder Maltesisch sind semitische Sprachen. Laut Ola Mahfouz vom Internetportal *International tunews* umfasst Arabisch »mehr als zwölf Millionen Wörter, allerdings werden nur zehn Prozent heute noch aktiv genutzt«. Für Honig gebe es 80 Bezeichnungen, für den Löwen 500 (ich hörte 60) und für das Kamel 1000. Auf meine Frage, ob die Angabe »12 Millionen Wörter« korrekt sei, antwortete mir der Pons-Verlag, das könne man »leider nicht verifizieren«. Dessen Standardwörterbuch Arabisch enthält insgesamt fast 25.000 Stichwörter und circa 10.000 Wendungen.

Die Sprache des Korans hat 28 Buchstaben, darunter Sonne- und Mondbuchstaben und acht Laute, die das Deutsche nicht kennt. Einige sind leicht auszusprechen wie das Ghain, das dem rheinischen »R« gleicht oder ein dumpfes, vorne gebildetes, stimmloses »S« (Saad). Kämpfen musste ich dagegen mit dem gehauchten »H«, das mir mein Arabischlehrer so umschrieb: Im Winter hauchst du hörbar in die kalten Hände und erwärmst sie. Bis heute konzentrieren muss ich mich beim *'Ajin*, einem aus der Kehle gepressten A-Laut.

In der arabischen Welt wird eine vereinfachte Umgangssprache gesprochen. Die palästinensische ähnelt der im Libanon, im Irak, in Syrien, Jordanien, Israel, während ich mit ihr in Marokko oder Mauretanien nicht weit käme. Die klassische Hochsprache *(fusHa)* hört man nur bei offiziellen Reden, Predigten oder beim Verlesen der Nachrichten. Einige Hundert arabische Wörter sind in die deutsche Sprache eingewandert: Admiral und Arsenal, Giraffe und Havarie, Kabel und Laute, Magazin und Matratze, Sofa und Tarif, Ziffer und Zucker.

0:0 im Fußball

So endete Israels drittes und damit letztes Spiel bei seiner einzigen WM-Endrunde, 1970 in Mexiko. Immerhin ließ das Land kein Gegentor gegen den späteren Vize-Weltmeister Italien zu. Davor hatte man sich 1:1 gegen Schweden getrennt und gegen Uruguay mit 0:2 verloren. Die Anfänge des Fußballspiels zwischen Mittelmeer und Jordan reichen bis 1912 zurück, da herrschten noch die Osmanen. Nach dem Ersten Weltkrieg erhielt Großbritannien vom Völkerbund das Mandat für Palästina. In den drei Jahrzehnten bis zur Staatsgründung Israels spielten jüdische, palästinensisch-arabische und britische Mannschaften Fußball. 1928 wurde die Eretz Israel Football Association (EIFA) (nach anderen Quellen hieß der Verband Football Association of Palestine) gegründet. Bereits im darauffolgenden Jahr wurde diese in den Weltfußballverband FIFA aufgenommen. 1934 und 1938 nahm eine Mannschaft unter dem Namen Palästina/Eretz Israel an der Qualifikation zur Weltmeisterschaft teil. Obwohl zu dieser Zeit etwa drei Viertel der Bevölkerung palästinensische Araber waren, wurde der Verband von Juden geführt. Ohne Chance auf Berufung in das Nationalteam boykottierten Palästinenser sowie Armenier den Verband und gründeten einen eigenen, die Palestine General Sports Association (PSA), der bis zum arabischen Aufstand 1936 bestand.

Die ausschließlich aus jüdischen Spielern bestehende Nationalmannschaft trainierte der polnischstämmige Jude Shimon Ratner, der nach seiner Karriere beim SC HaKoach Wien nach Palästina emigriert war. Viele der 1934 eingesetzten Spieler waren wie er in Europa geboren. Vor den Länderspielen wurde neben »God Save the King« die zionistische Hymne »HaTikwa« (Die Hoffnung) gespielt, bis heute die israelische Nationalhymne. Am 16. März 1934 kam es in Kairo zum ersten, für manche Quellen »palästinischen«, Länderspiel, einem WM-Qualifikationsmatch gegen die ägyptische Nationalmannschaft. Bei der klaren 1:7-Niederlage vor 13.000 Zuschauern erzielte Avraham Nudelmann mit dem

Ehrentreffer das erste Länderspieltor der jüdischen Nationalmannschaft des Britischen Mandatsgebiets Palästina.

Das erste Länderspiel nach der Staatsgründung Israels ging am 26. September 1948 in New York gegen die USA verloren. Der bis heute größte Erfolg der Nationalmannschaft war 1964 der Gewinn der Asienmeisterschaft im eigenen Land. Dabei besiegte Israel die Mannschaften aus Hongkong, Indien und Südkorea.

Von 1956 bis 1974 spielten israelische Vereinsmannschaften und die Nationalauswahl in der Asien-Gruppe, bis laut israelischem Fußballverband IFA der »arabische Boykott zum Ausschluss aus dem asiatischen Verband« führte. Etliche Länder, darunter die Türkei und Indonesien, hatten sich aus politischen Gründen geweigert, gegen die Auswahl Israels anzutreten. Nach steigendem Druck arabisch-muslimischer Mitglieder wurde der IFA 1974 ausgeschlossen und Israel in die Ozeanien-Gruppe eingeteilt. Israels Anstrengungen, unter dem Dach der UEFA zu spielen, waren 1994 erfolgreich. Laut IFA war »die Integration in Europa wie ein Atemzug frischer Luft für den israelischen Fußball, auch wenn es gleichzeitig bedeutete, sich an ein höheres Niveau anzupassen«. Die bislang höchste Niederlage seiner Länderspielgeschichte kassierte Israel 2002 in Kaiserslautern mit 1:7 gegen die deutsche Auswahl. Im November 2008 rangierte Israel auf Rang 15 in der FIFA-Weltrangliste, bis heute die höchste Platzierung; im Mai 2021 stand das Land auf Platz 85.

Nach dem Österreicher Andreas (Andi) Herzog folgte im Juli 2020 dessen Landsmann Willi Ruttensteiner als Trainer der Nationalmannschaft. Ruttensteiners Bilanz bis zum Mai 2021: neun Siege, vier Unentschieden, elf Niederlagen. Zu Redaktionsschluss dieses Buches steht Israel in Gruppe 6 hinter Dänemark und Schottland auf dem dritten Platz, vor dem punktgleichen Österreich. Wird sich Israel doch noch für die WM in Katar qualifizieren, nachdem es in den letzten Jahren mehrmals knapp das Erreichen einer EM- oder WM-Endrunde verpasste?

200 Tage Ausgangssperre

Bethlehem, ein Junitag 2002, zwischen sechs und sieben Uhr. Hebräische Wortfetzen drangen an mein Ohr. Träumte ich? Vorsichtig lugte ich hinunter auf die Straße. Israelische Soldaten! Wenig später bellte ein Lautsprecher zwei Worte, die ich noch oft hören sollte: »Mane'at tajjauwwul« – Ausgangssperre.

Palästinenser wurden seit 1967 immer wieder unter Hausarrest gestellt. Nach dem Massaker des jüdischen Siedlers Baruch Goldstein 1994 mit 29 palästinensischen Toten verhängte die Armee ein fast dreimonatiges Ausgangsverbot über Hebron. Nun lernte auch ich, von Tag zu Tag zu planen. Das palästinensische Fernsehen vermeldete fortan wie Filmuntertitel solches: Sollte morgen um 10 Uhr die Ausgangssperre aufgehoben sein, dann beginnt um 10:30 Uhr die XY-Schule mit dem Unterricht, um 11 Uhr folgt ... Außerdem heiraten: um 11 Uhr N.K. & G.B. in der Katharinenkirche, um 11:30 Uhr V.B. & T.R. in der ..., wobei die richtigen Namen angegeben wurden. Eine Hochzeit in Ramallah soll zwölfmal terminiert worden sein, bis sie endlich stattfinden konnte.

In meinem Rundbrief zu Fronleichnam 2002 schrieb ich über die Ausgangssperre: »Gestern wurde sie von 11 bis 15 Uhr aufgehoben. Sofort kehrte das Leben in die abgewürgte, tote Stadt zurück.« Massen schoben sich durch das Zentrum, manche suchten Ärzte auf, andere kauften längst benötigte Medikamente, stürmten Tante-Emma-Läden oder zwängten sich durch den Gemüsemarkt. Jeder eilte, denn man hatte – berechtigte – Angst, dass jederzeit der Ausgang verkürzt werden konnte. Wiederholt erlebte ich, dass in einem Geschäft Panik ausbrach. Ein Kunde hatte am Mobiltelefon erfahren, dass in einem Viertel Bethlehems wieder Ausgangsverbot herrschte. Wie sollten die dort Lebenden ihr Haus erreichen? Oder war die ganze Stadt gemeint? Mancher packte hastig seine Beutel und eilte davon.

In diesem unplanbaren Sommer schockierte mich die Nachricht von Munir Mansurs Tod. Der blonde Palästinenser, der mir ein Spiegelei gebraten hatte in seinem Haus mit den dicken Teppichen, dem Blüthner-Flügel, den Gemälden und den Tierfellen aus Kenia, wo seine Familie gelebt hatte und im Tabakgeschäft zu Wohlstand gekommen war. Munir war mit 39 Jahren einem Herzinfarkt erlegen. Die israelische Armee hatte die Beerdigung unter Ausgangssperre genehmigt und eine begrenzte Zahl an Fahrzeugen zugelassen. Ein israelischer Militärjeep fuhr dem Konvoi mit dem Leichenwagen voraus, im Schritttempo ging es zur Geburtskirche, vorbei am zerschossenen Paradise-Hotel. Bis 13 Uhr hatten wir Zeit für Gottesdienst und Bestattung. Hätte Munir, dessen Familie Prachtbauten in West-Jerusalem besaß, darunter einen am Zionsplatz, je gedacht, dass ihn die Besatzung bis ans Grab begleiten würde?

Die israelische Menschenrechtsorganisation B'Tselem erklärte just in dieser Zeit der israelischen Militäroperation »Determined Path« (Entschiedener Pfad), die am 21. Juni 2002 begann: »Was den Zeitraum und die Zahl der betroffenen Menschen angeht, stellt diese Ausgangssperre die umfangreichste seit Beginn der Besatzung 1967 dar.« Der längste Hausarrest, den ich am Stück erlebte, waren sieben Tage und Nächte. Ein andermal hatten wir in drei Wochen gerade einmal 20 Stunden Ausgang. Summa summarum verbrachte ich 2002/03 etwa 200 Tage in der eigenen Wohnung.

Jahreswechsel 2001/02: »Meine Silvesterfeier hatte kaum begonnen, da war sie auch schon wieder vorbei«, schrieb ich in einem Rundbrief. Zuerst kam der harte Kern: Bob (USA), Rika (Japan), mein Landsmann Gregor, Arne (Dänemark) und George (Palästina). »Erst gegen 21:30 Uhr kam der ›Haupttrupp‹ mit circa 25 Leuten, vielen Flaschen Wein, Champagner, Kuchen und anderen Köstlichkeiten. Während wir gerade anfingen zu singen, klingelten mehrere Handys und berichteten von israelischen Soldaten, die in Restaurants eingedrungen waren und Partys mit Tränengas aufgelöst hatten. Von dieser erneuten urplötzlichen Ausgangssperre geschockt, verließen alle, bis auf den harten Kern, die Feier!«

Kurioses und Heiteres seit 169 Jahren

Der »Status Quo« an heiligen Stätten ist ein ernstes und heiteres Thema. 1852 gedachten die Osmanen, den ewigen Streit zwischen christlichen Konfessionen in Grabeskirche (griech. Anastasis), Geburtsbasilika, Himmelfahrtskapelle und dem Mariengrab mittels Status-Quo-Edikten zu beenden. Dieses besagt: Die Verhältnisse (Status) an den heiligen Stätten bleiben so, wie (quo) sie sind. Schwierig wurde es, als man sich fragte: Wie sind denn die Besitzverhältnisse, Putzpflichten, Gottesdienst- und Prozessionsrechte etwa in der Grabeskirche, in der gleich sechs Denominationen Rechte geltend machen?

In der auch Anastasis (griech. Auferstehung) genannten Kirche feiern Kleriker die ganze Nacht hindurch Gottesdienste. Zuerst beweihräuchern gemäß Status Quo die griechisch-orthodoxen Kleriker das Gotteshaus aus dem vierten Jahrhundert, dann folgen Armenier und Kopten. Das Mitternachtsgebet sprechen Griechen, Armenier und »Lateiner« (gemeint Franziskaner) simultan in ihren jeweiligen Kapellen, bei geöffneten Türen. Dann feiern die Griechen heilige Messe am Grab oder auf Golgatha, darauf sind die Armenier an der Reihe. Gegen vier Uhr beginnen die römisch-katholischen Messfeiern am Grab und auf Golgotha. Das ist nur ein Teil des Regelwerks, das nie schriftlich fixiert, sondern mündlich weitergegeben wurde.

Im Hier und Heute wirkt sich das so aus: 1852 existierte keine Sommerzeit, wie sie in Israel und Palästina seit gut 20 Jahren gilt. Folglich herrschen zwischen März und Oktober zwei Zeiten – eine innere in der Kirche (auch in der Geburtsbasilika) und eine äußere, sprich: Alle Gottesdienste finden eine Stunde später statt als angekündigt. Das müssen Reiseleiter wissen, für deren Gruppe etwa in der Sakraments- oder Kreuzfahrerkapelle eine Messe reserviert ist. Pater Gregor Geiger, seit über 20 Jahren in Jerusalem, erklärt, was die Umstellung der Sommerzeit an Folgen für die Kirche zeitigen würde, da die Nacht eine Stunde kürzer wäre. »Wer würde auf eines seiner jahrhundertealten Rechte verzichten wollen?« Im Herbst ergäbe sich ein Problem mit der zusätzlichen Stunde: »Wer könnte in dieser Stunde, die der Status Quo nicht regelt, was machen? Streitigkeiten wären vorprogrammiert.« Für den deutschen Franziskaner kommt es dank der »weisen Universallösung«, alles zu belassen, wie es ist, diesbezüglich zumindest zu keinem Zwist.

Auf Golgotha – 19 Stufen höher als das Niveau von Salbungsstein und Grabkapelle – verhält es sich so: Der Altar am Ort der Kreuzigung linker Hand ist im Besitz der griechisch-orthodoxen Kirche, die beiden Altäre rechts davon gehören der römisch-katholischen (lateinischen). »Die Grenze zwischen katholischem und orthodoxem Bereich bildet die linke Kante des Altars der Schmerzhaften Muttergottes«, sagt Gregor Geiger und fährt fort: »Auf diesem Altar liegt, wie auf katholischen Altären üblich, ein Altartuch. Dieses hängt auf der linken Seite in orthodoxes Gebiet. Weil es jedoch schon immer dort hängt, hat es nach dem Status Quo das Recht, das in alle Ewigkeit fürderhin zu tun.« Problematisch wurde es erst, als die griechisch-orthodoxe Kirche zur Verschönerung eine Trennplatte aus Marmor anbringen wollte. Jeder Denomination steht es zu, in ihrem Bereich baulich etwas zu ändern, so lange keine Rechte anderer Kirchen verletzt werden. Doch das war hier der Fall, so Pater Gregor, denn »durch die Marmorplatte war das katholische Altartuch an seinem Recht gehindert, vom Altar herabzuhängen«. Gottlob ist es nicht zum Streit gekommen, sondern zu einem »salomonischen Urteil«: Man fräste einen Schlitz zwischen orthodoxer Marmorplatte und katholischem Altar, das Altartuch hatte genügend Platz zum Hängen.

Nicht immer gehen Differenzen so friedlich aus, wie auf YouTube-Videos zu sehen ist. Da haben etwa über die Streitfrage »Wer putzt diese Treppenstufe?« Griechen und Armeniern zu Besen gegriffen und aufeinander losgeprügelt. Und mancher Kleriker landete schon im Krankenhaus.

Israel: Wahlen alle zwei Komma drei Jahre

Israelis wählen alle zwei Komma drei Jahre, das ist der Schnitt der letzten 25 Jahre. Von 2019 bis 2021 rief Israel gleich viermal an die Wahlurne. Die jeweiligen Wahlkämpfe waren verbissen, hart, trickreich, giftig und manchmal erschütternd. Binnen Tagen und Wochen wird – normal in Israel – die Parteienlandschaft so kräftig durchgeschüttelt, dass jemand, der einige Zeit keine Medien konsumiert hat, sich kaum mehr auskennt.

Nur drei Beispiele aus der jüngsten Zeit: Der ehemalige Erziehungs- und Innenminister Gideon Sa'ar, ein Kritiker Netanyahus, verließ dessen Likud und gründete die Partei Neue Hoffnung. Die Vereinte Liste, ein Bündnis dreier arabischer und einer arabisch-jüdischen Partei und bis zur letzten Wahl drittgrößte Fraktion der Knesset, musste das Ausscheren der islamistischen Ra'am-Partei verkraften. Beobachter sahen in Netanyahu das Beil der Spaltung. Und am rechten Rand entstand auf sein Drängen hin aus Tkuma (Wiedergeburt) und Otzma Jehudit (jüdische Stärke) das ultrarechte, homophobe Bündnis »Religiöser Zionismus«, wodurch sich Netanyahu offenbar eine leichtere Regierungsbildung erhoffte. Zehn Wochen vor der Wahl ermittelte eine Umfrage, dass nur etwa jeder zweite Wähler seiner Partei treu bleiben wollte.

Wären israelische Parteien Spielkarten, dann gliche die Parteienlandschaft einem Kartenspiel, dem vor jeder Wahl neue Karten hinzugefügt, alte entnommen, manche halbiert und mit anderen zusammengesetzt werden. Parteien kommen und gehen, werden hochgejubelt und verschwinden in der Versenkung. Die Partei Kadima (hebr. Vorwärts), 2005 vom damaligen Ministerpräsidenten und Likud-Vorsitzenden Ariel Scharon gegründet, gewann auf Anhieb die Parlamentswahl! Das scheint für eine Partei in Deutschland, Österreich oder der Schweiz undenkbar. Im Falle der Kadima trug zum Erfolg sicher bei, dass sich ihr prominente Mitglieder anderer Parteien anschlossen, darunter der frühere Vorsitzende der Arbeitspartei Avoda und Ministerpräsident Schimon Peres. Nach Querelen löste sich diese Partei 2015 auf. Als Nachfolgepartei gilt

HaTnua (Die Bewegung), doch hat sich deren Gründerin, die einstige Mossad-Agentin und frühere Außenministerin Zippi Livni (davor Kadima und noch früher Likud) aus der Politik verabschiedet. Auch das kennt man in Mitteleuropa kaum: Israelische Politiker wechseln das Parteibuch wie andere ihren Wagen.

Ein Beispiel für blitzschnellen Auf- und Abstieg bietet Benny Gantz: Um den Jahreswechsel 2018/19 stieg der frühere Generalstabschef der Armee in die Politik ein. Prompt nannte ihn *Die Welt* den Mann, »der Netanyahu gefährlich werden könnte«. Seine neugegründete Partei Chossen LeIsrael (Stärke für Israel) ging dann mit Yair Lapids Zukunftspartei Jesh Atid ein Bündnis unter dem Namen »Blau-Weiß« mit dem Ziel ein, Premierminister Netanyahu zu beerben. Bei den Wahlen im April 2019 zur 21. Knesset erreichte das Parteienbündnis 35 Sitze – genau so viele wie der Likud. Vier Monate später wurde wieder gewählt und Blau-Weiß erreichte mit 33 Mandaten eines mehr als Netanyahus Likud, vermochte es aber nicht, eine Regierung zu bilden. So wählte man im März 2020 schon wieder: Dieses Mal lag Netanyahu vorne (36), der mit Gantz (33) eine nationale Notstandsregierung bildete, in der Gantz nach der Halbzeit Premierminister werden sollte. Dazu kam es wegen des neuerlichen Urnengangs im März 2021 nicht. Bei diesem stürzte der einst gefeierte Gantz auf acht Sitze ab.

Zeigt sich hier die Sehnsucht nach einem starken messiasgleichen Anführer? Sicher spiegelt die Parteienlandschaft die völlige Zersplitterung der israelischen Gesellschaft wider. Professor Yedidia Z. Stern von der Universität Bar Ilan nennt diese »eine Krankheit« und den Preis dafür »zu hoch«. Am 25. März 2021 sind sage und schreibe 13 Parteien oder -bündnisse in die Knesset eingezogen, fünf Fraktionen mehr als bei der Wahl zuvor.

44 Minuten warten lassen

Ich bin wie benebelt angesichts unzähliger Wochen-, Monats-, Jahres- oder Sonderberichte zur Menschenrechtslage in den besetzten palästinensischen Gebieten. Berge an Graphiken und Tabellen haben sich über die Jahrzehnte angesammelt, hinzu kommen Fact Sheets, Flash Updates, Snapshots (Momentaufnahmen), Presseerklärungen oder Appelle – seitens der UNO-Agentur OCHA, Amnesty International, der zwei Dutzend israelischen und palästinensischen Menschenrechtsorganisationen oder des palästinensischen Statistikamtes (PCBS). Sie veranschaulichen schön übersichtlich und bunt, was eigentlich zutiefst hässlich ist: Menschenrechtsverletzungen, Verstöße gegen Genfer Konventionen, Gewalt und Schikanen. Mit dem Thema weniger Befasste dürften sich wundern, was neben Toten und Verletzten, Kontrollpunkten oder Tagen der Abriegelung alles erhoben wird. Hier ist ein Auszug dessen, was gezählt, gemessen und dokumentiert wird:

- Anzahl der Kilometer, die von Palästinensern auf israelischen Siedlerstraßen im Westjordanland *nicht* befahren werden dürfen (B'Tselem)
- Zahl der durch israelische Maßnahmen getöteten Kamele (PCBS)
- Anzahl der Jerusalemer Palästinenser, denen das Aufenthaltsrecht aberkannt wurde (B'Tselem und HaMoked)
- Zahl der von jüdischen Siedlern »vandalisierten«, beschädigten Olivenbäume (z. B. OCHA 2018: 1396 Bäume während der Erntezeit, 8248 im restlichen Jahr)
- Vorfälle, bei denen israelisches Militär denen Erste Hilfe verwehrte, die es zuvor verwundet hatte und die dann verstarben (Al-Haq)
- Zahl der von palästinensischen Hausbesitzern eigenhändig zerstörten »Strukturen« (um israelische Abrissgebühren zu vermeiden). Eine »Struktur« kann ein mehrstöckiges Haus sein, eine Zisterne oder ein Stall. (B'Tselem und Ir Amim)

- Anzahl der Patienten, denen israelische Behörden zur Weiterbehandlung die Ausreise aus dem Gazastreifen erlaubte (Gisha – Legal Center for Freedom of Movement)
- Anzahl der palästinensischen Familien im Gazastreifen, die in der Militäroperation »Starker Fels/Protective Edge« 2014 drei oder mehr Angehörige verloren haben: 142 (OCHA, Humanitarian Snapshot). Allein am 29. Juli 2014 mussten 16 Familien mindestens drei Verwandte betrauern, zusammen 121 Tote.
- Zahl palästinensischer Frauen, die wegen geschlossener Kontrollpunkte, der Verweigerung der Passage durch israelisches Militär oder anderen Gründen an Kontrollpunkten entbinden mussten (Jahresbericht des UNO-Hochkommissars für Menschenrechte)
- Zahl der durch Israel konfiszierten palästinensischen Traktoren (PCHR)

Die Zahl, die mich am traurigsten stimmt, ist die 44 aus der palästinensischen Stadt Hebron. In dessen Zentrum sind seit 1979 fünf jüdische Siedlungen entstanden, seitdem herrschen Anspannung und Gewalt. 1994 tötete der jüdische Siedler und Arzt Baruch Goldstein 29 muslimische Betende in den Patriarchengräbern. Danach wurde die Abrahamsstadt aufgeteilt: Sektor H1 untersteht palästinensischer Kontrolle. H2, das ist die Altstadt samt Patriarchengräbern und den dort lebenden PalästinenserInnen wird von Israel kontrolliert. Laut einer UN-OCHA-Untersuchung von 63 Haushalten im Sektor H2, die im ersten Halbjahr 2018 einen Krankenwagen anfordern mussten, konnte dieser in 18 Fällen das Haus nicht erreichen. »Die durchschnittliche Wartezeit für Krankenwagen (...) betrug 44 Minuten (...).« So heißt es in der Broschüre zur humanitären Lage in H2. Und weiter: »Der Abtransport eines Notfallpatienten wird oft durch Siedlergewalt behindert.« So umringten am 18. November 2018 Dutzende jüdischer Siedler einen palästinensischen Krankenwagen im H2-Viertel Tel Rumeida und zertrümmerten die Scheiben. Diese Siedler glauben sich von Gott gesandt und auserwählt. Ehrlich: Mein Gott ist ein anderer.

170 Sprachen und Dialekte

Frankreich in Jerusalem? Am Eingang weht die französische Trikolore. »Bitte wartet unten auf dem Platz! Bevor ihr diesen linker Hand erreicht, gibt es rechts saubere, christliche Toiletten!« Das pflege ich meinen Gruppen zu sagen, ernte einige Lacher und bezahle den Eintritt bei dem immer gut gelaunten palästinensischen Angestellten der Paternoster-Kirche. Ist er eigentlich Muslim? Zweiter Gedanke: Ist die Antwort wichtig? Christliche Einrichtungen – und Jerusalem hat Dutzende davon – stellen gerne muslimisches Personal ein, als Türwächter oder Köche. So meinen sie sich vor Argwohn oder Anfeindungen muslimischerseits schützen zu können. Zur Klarstellung: Das ist im Vergleich zu national-religiös-jüdischer Gewalt eine winzige Sorge.

Meine Gruppe ist komplett und wir finden im Innenhof einen schattigen Platz unter einer Zypresse. »Da ist mein Suchbild«, ruft eine Frau hocherfreut. Zu Reisebeginn hatte ich alle ein Foto ziehen lassen, das es auf der Reise in realiter, sprich vor Ort, zu entdecken gilt. Einer hatte den Ausschnitt eines Bodenmosaiks erwischt, ein anderer ein Foto mit Säule, besagte Dame das Vaterunser auf Yoruba. Doch bevor ich auf die 170 Sprachen und Dialekte eingehe, will ich das Wesentliche dieser heiligen Stätte erklären und bitte deshalb um Aufmerksamkeit. »Kaiserin Helena, die Mutter von Konstantin«, hebe ich an, »besuchte im vierten Jahrhundert im Alter von 80 Jahren das Heilige Land. Dann ließ sie über drei entscheidenden Höhlen der Heilsgeschichte Basiliken errichten: über der Geburtshöhle die Kirche, die wir gestern besucht haben. Über dem heiligen Grab, das heute auf dem Programm steht, die Anastasis, wie orthodoxe Christen die Grabeskirche nennen. Und dort«, mein Finger deutet in Richtung Kirche, »stand die Eleonakirche, was Olivenhain- oder Ölbergkirche bedeutet.« Von dieser, durch die Hand der Perser 614 zerstört, ist außer dürftigen Überresten nichts erhalten. Die heutige Kirche, 1875 geweiht, gehört einem französischen Karmelitinnenkloster – daher die französische Flagge. »Wo die asiatische Gruppe gerade herauskommt, befindet sich die Höhle der Unterweisung. Dort soll Jesus das Vaterunser gelehrt haben. Die könnt ihr nach unserer Andacht selbst aufsuchen. Vorsicht: Links ist der Eingang, rechts der Ausgang.« Pater Gregor Geiger schreibt dazu: »Die Grotte hat (…) symbolische Bedeutung: Durch die Lehre Jesu kommt man aus dem Dunkel der Unwissenheit heraus.«

Nun liest ein Pilger die Stelle aus dem 11. Kapitel des Lukasevangeliums vor, wir singen das Vaterunser. Auf die Bitte des Pastoralreferenten an die Sprachbegabten erklingt es dann auf Englisch, Französisch, Spanisch, Arabisch und in Gebärdensprache. Wir alle ahmen die ausdrucksstarken Gesten von Claudia nach, der Seelsorgerin für Gehörlose. Mit drei Hinweisen entlasse ich die Gruppe für 20 Minuten in die Freizeit: »Im Andenkenladen kann man ein großes Poster mit Vaterunser in 30 Sprachen erstehen, ein schönes Geschenk für einen Reli-Lehrer. Am Eingang zur Kirche ist das Gebet in mehreren Blindensprachen eingraviert. Während ihr es im Kreuzgang in einigen Weltsprachen findet, ist es im Freien auch auf Friesisch, Plattdeutsch, Luxemburgisch oder in einer afrikanischen Sprache dargestellt wie etwa Yoruba.« Diese Sprache wird vor allem in Nigeria und Benin gesprochen. Eltern wählen dort gerne Vornamen verbunden mit Silben wie »olu« oder »oluwa« aus, die sich vom Wort für Gott ableiten.

Von 35 Sprachen berichtet Vikar Dröder 1925. Bei dieser ersten Pilgerfahrt des Deutschen Vereins vom Heiligen Lande (DVHL) »nach Jerusalem und Rom« nach dem Ersten Weltkrieg notiert er: »Schnell besichtigen wir noch die sog. Vaterunser-Kirche, wo in den Mauern des Kreuzganges in Emailleausführung das Vaterunser in 35 Sprachen zu lesen ist, auch in der deutschen Sprache, doch sind alle Hauptwörter dabei klein geschrieben.« Seitdem sind viele Sprachen dazugekommen – und weitere werden folgen.

27.712 Gerechte unter den Völkern

Der deutsche Dominikanerpater Aurelius Arkenau (1900–1991) rettete im Zweiten Weltkrieg über 100 Menschen: Juden, polnische Zwangsarbeiter, Kommunisten, Deserteure und Arbeiterpriester. 1999 wurde ihm die Ehrung »Gerechter unter den Völkern« zuteil. Österreichern sind vielleicht das Ehepaar Ella und Kurt Lingens oder Dorothea Neff bekannt, auch sie wurden geehrt. Neff, Schauspielerin am Wiener Volkstheater, versteckte ihre jüdische Freundin Lilli Wolff.

Die meisten Männer und Frauen in Nazi-Deutschland oder Österreich stellten sich nicht gegen die Verfolgung ihrer jüdischen Nachbarn, Geschäftspartner, Kollegen oder Vorgesetzten. Nur 638 Deutsche, darunter Oskar und Emilie Schindler, und 112 Österreicher wurden von der Jerusalemer Gedenkstätte Yad Vashem als »Gerechte unter den Völkern« anerkannt und ausgezeichnet.

Insgesamt sind es (Stand: 15.7.2021) 27.712 Menschen, die auf Hebräisch Chasidei Umot HaOlam heißen. Das ist die Bezeichnung für nicht-jüdische Männer und Frauen, die unter Lebensgefahr während der Shoa Juden versteckt, bei der Flucht, mit Papieren oder anderweitig geholfen haben, der Vernichtungsmaschinerie der Nazis zu entgehen. Fortlaufend entdecken Yad-Vashem-Mitarbeiter neue »Gerechte« und forschen nach deren Nachkommen. Diese, oft Enkel, Urenkel, Großneffen oder -nichten erhalten in einer Zeremonie eine Ehrenurkunde und Medaille als Zeichen der Anerkennung und Wertschätzung. Manchen wurde zusätzlich in Yad Vashems Allee der Gerechten mit Namensschild und Baum ein Denkmal gesetzt. Mitunter enthüllt man auch eine Gedenktafel wie im Falle des japanischen Konsuls von Litauen während des Zweiten Weltkriegs, Chiune-Sempo Sugihara, von dem Israels Premierminister Netanyahu im Januar 2019 sagte: »Er rettete Tausende von europäischen Juden während des Holocaust. Ihm zu Ehren verneigen wir uns.«

Einer Ehrung geht eine gründliche Prüfung durch eine Sonderkommission voraus, der ein Richter des Obersten Gerichts vorsteht. »Die

Zahl der anerkannten Gerechten bildet nicht das ganze Ausmaß der Hilfe von nicht-jüdischer Seite ab, da viele Rettungsgeschichten unbekannt bleiben«, erklärt die Webseite der Gedenkstätte Yad Vashem, in der 1000 Menschen arbeiten. Bis heute hat sie im Namen des Staates Israel Menschen aus über 50 Ländern geehrt. An erster Stelle rangiert Polen mit 7112 Gerechten unter den Völkern, gefolgt von den Niederlanden (5851) und Frankreich (4130). 2020 starb im Alter von 107 Jahren ein niederländischer Gerechter: Johan van Hulst, ein holländischer Christ, der 600 Kinder und Babys rettete, wofür er 1972 geehrt wurde.

Die Yad-Vashem-Statistik führt auch Länder mit jeweils einer Nennung auf, die man vielleicht nicht erwartet hätte, darunter Kuba, El Salvador und Vietnam. Auf der Internetseite der Gedenkstätte kann man mit Suchfiltern nach Gerechten suchen, geordnet nach Ländern, Religionszugehörigkeit oder Berufen. Wer es noch genauer möchte, findet in letztgenannter Rubrik Unterkategorien wie Diplomaten, Lehrer oder Sportler. Beispiel: der polnische Fußballer Tadeusz Gebethner.

Kaum bekannt sein dürfte der Ägypter Mod (Mohammed) Helmy (1901–1982), dem 2013 posthum als erstem Araber überhaupt diese Ehrung zuteil wurde. 1922 zum Medizinstudium von Kairo nach Berlin gekommen, heiratete er eine Deutsche. Jahrelang half der Internist der jüdischen Familie Boros, sich vor der Gestapo zu verstecken, zuerst in seiner Berliner Wohnung, dann in einer Gartenlaube. Er versorgte sie mit Lebensmitteln und betreute sie medizinisch. Alle überlebten.

Vielfach wurde über die Aufnahme des ersten Arabers unter die Gerechten berichtet. Ausgerechnet in Berlin ehrte der Staat Israel den ägyptischen Judenretter Helmy, der auch in der deutschen Hauptstadt starb und begraben wurde. Bei der Gedenkfeier begegneten sich sein Großneffe und eine Verwandte der geretteten Familie Boros, die nach dem Krieg in die USA ausgewandert war.

Ivrit: 22 Buchstaben

»Ten li et ha Doppelrohrventil!« Das besagte Ventil solle der Kollege rüberreichen (ten li – gib mir), damals im Bet Cholim Lichtenstaedter in Tel Aviv 1986. Da es von Mai bis Oktober zum Herumreisen und Wandern zu heiß ist, suchte ich mir nach zweimonatigem Trampen, Wandern und Besichtigen eine Arbeit: als Hilfspfleger im obengenannten Haus (hebr. bet oder bajit), einer Mischung aus Seniorenheim und Krankenhaus. Untergekommen war ich bei Matthias, einem Freiwilligen der Aktion Sühnezeichen – Friedensdienste, den ich im zurückliegenden Winter im Kibbuz Be'eri kennengelernt hatte. Dort hatte er mit seiner Gruppe aus Deutschland Zitrusfrüchte gepflückt und im Ulpan (wörtlich: Studio) Hebräisch gelernt. Nach drei Monaten begann Matthias seinen Wehrersatzdienst im Lichtenstaedter und gewährte mir »Asyl«. Unsere Nachbarin Sara Barschi war eine österreichisch-ungarische Jüdin, alleinstehend und im Rentenalter. Eines Tages meinte sie: »Komm mal einen Nachmittag zu mir, dann erkläre ich dir die Grammatik.« Gesagt – getan. Dann wusste ich einigermaßen Bescheid über die 22 Buchstaben des Hebräischen, den einzigen Artikel, eine Vergangenheit sowie die Aussprache. Die ist für Deutsche, Österreicher oder Schweizer im Gegensatz zu Engländern kein Problem, zumal uns ja das »ch« wie in »Nacht« leicht über die Lippen geht. Auch der Wortschatz ist überschaubar: Während das Deutsche über wenigstens 300.000 Wörter verfügt, enthielt mein in Tel Aviv 1986 gekauftes Langenscheidt-Handwörterbuch »den Wortschatz der heutigen hebräischen Sprache«, sprich 30.000 Stichwörter der Umgangs-, Literatur- und Schriftsprache. Kein Wunder, dass Israeli sich das Doppelrohrventil aus dem Deutschen ausleihen. Auch andere Wörter sind ins Hebräische »eingewandert«.

Uriel Adiv, Simultandolmetscher an seinem Geburtsort Jerusalem mit Architektur-Doktortitel aus Berlin, ist ein Wörterdetektiv. Anlässlich einer Ausschreibung des Goethe-Instituts hat er über 1500 deutsche Lehnwörter in seiner Muttersprache ausfindig gemacht. »Wie zum

Beispiel Schablone, Schnurgerüst oder Scheibe. Oder Kant, Oberkant, Unterkant, Oberputz, Unterputz. Die werden bis heute im Hebräischen benutzt.« Das bekannteste sei jedoch »Schlafstunde«. Und das kam so: Die deutschen Juden – bis heute wegen ihrer Jacken »Jekkes« genannt – pflegten besonders im heißen Tel Aviv nach dem Mittagessen zwischen 14 und 16 Uhr zu ruhen, die Kinder durften nicht lärmen. Schon war die Schlafstunde geboren, die bis heute im Hebräischen so fest verankert ist wie das »Zimmer« (Plural Zimmerim), das Gästezimmer oder Ferienwohnung meint.

Zurück zum Hebräischen: »Das moderne Hebräisch (Ivrit) wäre vielleicht ohne Eliezer Ben-Jehuda nicht Wirklichkeit geworden«, erklärt Katja Klammer vom Spracheninstitut der Universität Leipzig. 1858 unter dem Namen Eliezer Jitzchak Perlman im heutigen Weißrussland geboren, ging er zum Medizinstudium nach Paris. »Hier entwickelte er die Idee, Hebräisch zur Alltagssprache zu machen, das heißt, sie nicht allein auf den Gebrauch im religiösen Bereich zu beschränken.« Diese Gedanken wie auch politische Positionen veröffentlichte er unter dem Pseudonym Eliezer Ben-Jehuda. 1881 wanderte er mit seiner frisch angetrauten Ehefrau ins damalige Osmanische Reich ein, wurde Dozent in Jerusalem und setzte sich für den Unterricht auf Hebräisch ein, das er auch mit seinen Kindern sprach. Er erforschte die hebräische Sprache, schöpfte neue Wörter, um Hebräisch alltagtauglich zu machen, verfasste ein Wörterbuch und gründete die Akademie für die Hebräische Sprache. »1922 wurde auf Ben-Jehudas Fürsprache hin Hebräisch zur Amtssprache im damaligen britischen Mandatsgebiet, neben Arabisch und Englisch«, erklärt Katja Klammer.

Als Gerhard Schröder Kanzler war, blätterte ich einmal in einer israelischen Zeitung und musste kräftig lachen. Den Umlaut wusste man auf Hebräisch nicht anders auszudrücken als durch zwei hintereinander gesetzte Vokale. So wurde aus Schröder Schruider.

26,1 Prozent Nichtjuden

Eines der schönsten Lachen, das ich kenne, gehört Nazeh Brik. Nun lebt der Druse nicht mehr auf dem Golan, sondern in Augsburg. Der promovierte Architekt und Menschenrechtsaktivist hatte genug von Diskriminierung, Ausgrenzung und Rassismus. Kennengelernt habe ich ihn im Grenzort Majdal Shams, wo er für die Menschenrechtsorganisation Al-Marsad Besuchern die Lage der syrischstämmigen Drusen erklärte. Wieder ist dem Land eine kluge, gemäßigte, friedliche Stimme verloren gegangen. Ein geborener Vermittler, einer, der arabisch und hebräisch ebenso beherrscht wie Englisch und Deutsch, der mit israelisch-jüdischer wie mit arabischer Mentalität vertraut ist.

Drusen, christliche und muslimische Araber, christliche Armenier, Tscherkessen und »Sonstige« wie Gastarbeiter machen ein gutes Viertel aller Einwohner Israels aus, Tendenz steigend. Trotz hoher Geburtenrate ultraorthodoxer Frauen und jüdischer Einwanderung sinkt der jüdische Bevölkerungsanteil: 2011 lag er bei 75,3 Prozent (7,7 Millionen Einwohner), 2021 sind es bei 9,3 Millionen Einwohnern 73,9 Prozent.

Mancher Pilger oder Tourist, so meine Erfahrung, ist irritiert: Was, nicht jeder Israeli ist ein Jude? Und was bitte sind Drusen, Armenier, Tscherkessen?

Woran Muslime glauben, weiß man grob auch in Mitteleuropa. Aber Drusen? Diese Religionsgemeinschaft spaltete sich im 11. Jahrhundert n. Chr. vom schiitisch-ismailitischen Islam ab. Um Verfolgung zu entgehen, siedelten sich Drusen bevorzugt in gebirgigen, unwegsamen Gegenden an. Heutzutage findet man sie in Syrien und Jordanien, im Libanon, in 18 Dörfern Nordisraels und vier weiteren Orten auf den von Israel 1967 besetzten und 1981 annektierten Golanhöhen.

Im Zentrum ihres Glaubens steht zweierlei: die göttliche Einheit (arab. Tauhid), weswegen sich die Drusen als Muwahhidun, Bekenner der göttlichen Einheit, bezeichnen; und die Doktrin eines von Gott inspirierten und eingesetzten Imams. »Imame sind die nach Gottes Ebenbild geschaffenen perfekten Menschen, die das Göttliche wie ein Spiegel reflektieren. Die letzte dieser göttlichen Manifestationen war der sechste fatimidische Kalif al-Hākim (verschwunden 1021)«, erklärt die Kieler Islamwissenschaftlerin Anja Pistor-Hatam. Ebenso wie die Schiiten glauben die Drusen an die Rückkehr des Imams, der Gottes Reich auf Erden errichten wird. Laut Tobias Lang, Autor des Buches »Die Drusen in Libanon und Israel« weist die Religion »deutliche neoplatonische und mystizistische Einflüsse auf«, was sich etwa im Glauben an die Seelenwanderung zeigt. Die in die Geheimnisse der Religion Eingeweihten (arab. Uqqal) gelten als Wissende. Sie, Väter und älteste Söhne, treffen sich donnerstags im Gebetshaus, um in den Heiligen Schriften zu lesen und zu beten. Drusen streben nicht nach Konvertiten und nehmen auch keine auf. Pflichten des Islams wie die Pilgerfahrt nach Mekka oder das Ramadan-Fasten praktizieren sie nicht, mancherorts jedoch das Fastenbrechen. Noch einmal Tobias Lang: »Die Frage, ob das Drusentum (…) Teil des Islam ist oder nicht, kann nicht befriedigend beantwortet werden.« Als ich einmal an der Grundschule meines Heimatortes bei einem sogenannten Lehrer-Eltern-Schüler-Gespräch dolmetschte, bat der Vater um die Abmeldung seines Sohnes aus dem Islam-Unterricht. Die Lehrerin erstaunt: »Aber Sie sind doch Muslime?« Der Syrer erklärte stolz: »Wir sind Drusen.«

Während Christen und Muslimen im Staate Israel der Militärdienst freigestellt ist, ist er für Drusen seit 1956 verpflichtend. Diese kennzeichne laut Journalistin Mareike Enghusen »bedingungslose Loyalität mit der eigenen Regierung, ob Diktatur oder Demokratie.« Aufgrund ihrer Muttersprache setzen Militär und Polizei sie bevorzugt in den besetzten palästinensischen Gebieten ein.

Soldaten zweimal ausgetrickst

Irgendwann im Jahr 2001, an einem Samstag in der zweiten Intifada, in Bethlehem: Ich, ein anderer Deutscher, der Japaner Aoba und mein palästinensischer Bekannter Elias waren in der einzigen Kneipe der Gegend verabredet. Wir trafen uns mit anderen »Internationalen« und Palästinensern recht früh, da man nach Einbruch der Dunkelheit mit Schusswechseln rechnen musste. Wir zwei Deutsche wollten nur etwa zwei Stunden bleiben, um uns dann ins Jerusalemer Nachtleben zu stürzen. Dieses beginnt schlagartig nach Sabbatende, das kann um 18.54, 19.27 oder 20:03 Uhr sein, je nach Sonnenuntergang. Dann nehmen Stadt- und Überlandbusse ihren Betrieb wieder auf, Geschäfte öffnen, ebenso Bars und Kneipen. Das also, hebräisch Mozäi Shabbat (Schabbatausgang) genannt, wollten wir wieder einmal erleben. Die Uhrzeiger bewegten sich auf 21 Uhr zu, wir kündigten unseren Aufbruch an. Doch was sollten wir mit Elias tun? Wir waren zusammen gekommen, also gingen wir auch gemeinsam.

Natürlich hatte er in der Kneipe Klassenkameraden und Nachbarn getroffen. In Bethlehem kennen sich sozusagen alle, zumal in der christlichen Minderheit. Sollten wir ihn buchstäblich sitzenlassen? Er hatte ja Anschluss und Unterhaltung. Mich reizte es, mit ihm ins benachbarte Jerusalem zu fahren, ins Stadtzentrum waren es keine zehn Kilometer. Als ich ihn direkt darauf ansprach, schaute er entsetzt. Das Fragezeichen in seinem Gesicht deutete ich so: »Um diese Zeit zum Mars fahren, wie soll das bitte gehen?« Erstens hatte er keinen Passierschein, eine Reisegenehmigung, die Palästinenser benötigen, um aus den palästinensischen Gebieten nach Israel inklusive des palästinensischen Ost-Jerusalems reisen zu dürfen. Zweitens: Ein solcher Schein hätte uns nichts genützt, denn die galten bis auf wenige Ausnahmen nur bis 19 Uhr.

Elias, damals Ende 20, schien sich mit meiner Idee anzufreunden. Er habe ja einen US-amerikanischen Führerschein auf den Namen Eli und so könne auch ein Jude heißen, die Abkürzung von Eliahu, meinte er. Es klang, als wollte er sich selbst Mut machen. Wir wagten es. Am

Kontrollpunkt trafen wir auf zwei gut gelaunte Soldaten, die mit uns scherzten. Der eine, nach einem Blick auf meinen Pass, ließ einige deutsche Brocken vernehmen. Von Elias auf der Rückbank verlangten sie keine Papiere, ließen uns passieren und wünschten einen schönen Abend. Kaum waren wir »drüber«, jubelten wir laut. Doch Elias wurde bang. »Auf dem Rückweg erwischen sie mich, schlagen oder verhaften mich vielleicht. Ich hätte es nicht tun sollen!«, meinte er verängstigt. In einem stilvollen Café tauchten wir für zwei Stunden in eine ganz andere Welt ein. Doch Elias konnte es nicht genießen. Bei jedem mit Blaulicht vorbeifahrenden Polizeiauto zuckte er zusammen. Auf dem Rückweg stiegen Aoba und Elias vor dem Kontrollpunkt aus, gingen durch die kirchliche Bildungsstätte Tantur, in der damals Vorder- und Hintereingang immer offenstanden. So konnten Palästinenser ohne Passierschein den Kontrollpunkt umgehen. Trat man durch das südliche Tor, stand man in einem Olivenhain und auf Bethlehemer Gemarkung. »Vielleicht sind Soldaten in Tantur«, befürchtete Elias, »und schießen!« Gottlob geschah nichts dergleichen, alles ging gut.

Wenige Monate später: Mit meinem Bethlehemer Chor sollten wir bei der Gedenkfeier für die verstorbene palästinensische Persönlichkeit Faisal Husseini im Orient-Haus mitwirken. Doch wie sollte ich meine palästinensischen, passierscheinlosen Bässe nach Jerusalem bringen? Tenor Tony benutzte damals schon seit längerem erfolgreich den abgelaufenen Personalausweis eines Deutschen, der ihm diesen überlassen hatte. Meinen, gültigen, übergab ich Osama. Rafat mit seinem Pferdeschwanz sah genau wie der langhaarige Ali sowieso unpalästinensisch aus. Sie hatten gute Chancen, als Ausländer durchgewunken zu werden. Unsere Rechnung ging auf. Wir hatten einen wundervollen Abend.

Sechs deutsche Stiftungen mit zehn Büros

»Der Diebstahl des Jahrhunderts« heißt übersetzt die Ausgabe des *Palestine-Israel Journal,* die dieses in einem Webinar 2020 vorstellte, beide von der Friedrich-Ebert-Stiftung (FES) in Ost-Jerusalem gesponsert. Deren Büroleiter Hannes Alpen erklärte in der virtuellen Diskussion, die FES habe »schon in den 60er-Jahren mit der Arbeiterbewegung in Israel kooperiert«. 1978 eröffnete sie ihr Israel-Büro, 1995 das für Palästina. Auch die Konrad-Adenauer-Stiftung (KAS) ist doppelt vertreten. Das israelische Büro beabsichtigt »zu Israels Existenz in Frieden und Sicherheit beizutragen, indem wir eine friedliche Lösung der Konflikte mit den Palästinensern und arabischen Nachbarstaaten unterstützen.« Dazu organisiert KAS Dialogtreffen für israelische und palästinensische Politiker, Unternehmer, Journalisten und Studenten, die »nicht einmal während der schlimmsten Tage der sogenannten Al-Aqsa-Intifada unterbrochen« wurden. Die KAS-»Schwester« in den palästinensischen Gebieten schätze ich wegen der Meinungsumfragen, die sie mit der Denkfabrik Palestinian Center for Policy and Survey Research durchführt. Steven Höfner, Büroleiter in Ramallah, bearbeitet mit einer Landsfrau und fünf lokalen Mitarbeitern den Dreiklang »Rechtsstaatsarbeit, Medienarbeit, Unternehmertumsförderung«. Zu den Partnern vor Ort gehören unter anderen das Start-up Gaza Sky Geeks, die Nachrichtenagentur Dooz oder die lutherisch-ökumenische Einrichtung Diyar in Bethlehem.

Auch die CSU-nahe Hanns-Seidel-Stiftung unterhält ein Büro: HSS IsraPal besteht aus vier Frauen, deren Fokus auf Umweltbewusstsein und demokratischer Teilnahme liegt. Kooperiert wird mit der Deutschen Journalistenschule sowie der Tel-Aviv-Universität, dem palästinensischen Ministerium für Tourismus und dem I'lam-Arab Center for Media Freedom in Nazareth. Die Friedrich Naumann-Stiftung, seit 1983 in Israel, seit 1994 mit »Palästina Desk«, will mit einem israelisch-palästinensischen Team »(...) zum Fortschritt des israelisch-palästinensischen Dialogs auf dem Weg zum Frieden beitragen«. Gefördert werden sollen zudem »liberale Grundwerte, Rechtsstaatlichkeit und Demokratie, Respekt von Menschenwürde (…), Unternehmertum sowie eine demokratische Kultur von Toleranz und Pluralismus.« Die Heinrich Böll Stiftung in Tel Aviv (seit 1998) setzt allein im Internetauftritt durch ihre Podcasts ein Ausrufezeichen. Sie will den deutsch-israelischen Dialog stärken und für das Thema Umwelt sensibilisieren. Während das Tel Aviver Büro Demokratie mit »Gender« verknüpft, haben die Kollegen in Ramallah (gegr. 1999, zuständig für Palästina und Jordanien) »Menschenrechte« hinzugefügt. Die Büroleiter Steffen Hagemann/Israel und Bettina Marx/Palästina veröffentlichen im Mai 2020 zusammen den Essay »Israel und Palästina: Annexion im Schatten von SARS-CoV-2?«

Im gemeinsamen Büro für Palästina und Jordanien geht es der Rosa Luxemburg Stiftung um Erziehung zur Emanzipation sowie soziale und wirtschaftliche Rechte; zudem betreibt sie einen YouTube-Kanal. Der journalistenfreundliche Internetauftritt der israelischen »Schwester« – Leiter Markus Bickel war für die *FAZ* tätig – listet augenfällig die zehn »meistgenutzten Tags« auf, angeführt im Mai 2021 von »Besatzung« (72 Artikel). Dabei will man »mannigfaltige Stimmen des progressiven Israel hörbar machen« und »Innenansichten hiesiger Verhältnisse und Kämpfe«. Über stolze 25 »Partner und Freunde« verfügt die Stiftung.

Dialog, Demokratie, Menschenrechte, Frieden – das haben irgendwie alle auf ihre Fahnen geschrieben. Was haben sie erreicht? KAS-Direktor Höfner erachtet als Erfolg die Zusammenarbeit mit jungen PalästinenserInnen, »die trotz der schwierigen Umstände eine positive, konstruktive Vision von der Zukunft verwirklichen wollen«. Er sieht jedoch sehr wohl die »weit verbreitete Depression« in den besetzten Gebieten und gesteht: »Trotz zahlreicher internationaler Präsenz vor Ort, gelang es nicht, ein Momentum für dauerhaften Frieden zu erzeugen.«

HCJ 894/09

Tania Nasirs Mann war ich nie begegnet. Bei einem Liedvortrag hatte ich sie auf dem Klavier begleitet, von ihr wusste ich vom 21. November 1974. Hunderte von Studenten an der Universität Bir Zeit demonstrierten damals friedlich, gedachten eines vom israelischen Militär erschossenen Kommilitonen, bekundeten ihre Zustimmung zu Arafats Rede. Vor den Vereinten Nationen hatte er erklärt: »Heute kam ich hierher, in der einen Hand den Ölzweig und in der anderen das Gewehr der Revolution. Lasst den grünen Zweig nicht aus meiner Hand fallen.« Noch in derselben Nacht wurde Uni-Präsident Hanna Nasir an die libanesische Grenze verschleppt. Er bedrohe Israels Sicherheit. Erst nach Unterzeichnung der Oslo-Verträge 1993 durfte er die Heimat wiedersehen.

Das ging mir durch Kopf und Herz auf der Fahrt nach Bir Zeit. Dort begrüßten drei Damen des Referats Öffentlichkeitsarbeit meine Gruppe aus dem Raum München, dann schilderten sie die Geschichte der Universität seit 1972, Höhen, Tiefen, Visionen. Da fiel der fast amerikanische Satz: »Der Himmel ist die Grenze.« Plötzlich fanden wir uns jedoch in den Niederungen der Besatzung wieder, bei Militärerlassen, einer »Liste verbotener Bücher«, der »Beschneidung akademischer Freiheit«. Auf dem Index standen das Alte Testament, ein Werk der »häufigsten Grammatikfehler im Arabischen« und Bücher von Immanuel Kant und Aristoteles. »Wir suchten nach einer Systematik und fanden keine«, sagte eine der Frauen.

Da hatte ich mehr als 100 Bücher zu Israel/Palästina gelesen, dazu Artikel im vierstelligen Bereich – doch nie war mir dieser Aspekt israelischer Kontrolle begegnet. Wiederholte sich hier, was ich andernorts beobachtet hatte: Palästinenser hängen Unrecht oder Schikane nicht an die große Glocke, aus Angst, es könnte schlimmer kommen? Lange nach dem Besuch in Bir Zeit hakte ich bei deren Universitätsbibliothek sowie denen von Bethlehem und Nablus nach. Antwort unisono: Einfuhr von Büchern tadellos. War die Antwort aus Angst geboren? Bei der detektivähnlichen Recherche wurde ich dann doch fündig – zweifach!

In einem in Paris 1982 auf Englisch veröffentlichten Report, in einem meiner Kartons aufbewahrt, las ich:»Am 5. April erlaubte die IDF (Armee) erstmals einem Journalisten, die Liste des Zensors mit den in den besetzten Gebieten verbotenen Büchern einsehen zu dürfen.« 1100 Titel standen auf dem Index, allesamt Übersetzungen aus europäischen Sprachen ins Arabische wie Shakespeares »Der Kaufmann von Venedig«. Grund:»Geringe Abweichungen vom Original mit anti-israelischem oder anti-semitischem Unterton« oder ein »feindseliges Vorwort«.

Der zweite Fundort überraschte mich richtig. Kull Shay, größter Lieferant arabischer Bücher in Israel, bekam 2008 plötzlich ein ernstes Problem. Jahrzehntelang hatte er Bücher aus Jordanien und Ägypten mit dem Segen der israelischen Regierungszensurstelle importiert; gedruckt und veröffentlicht worden waren sie großteils in Syrien oder im Libanon. Adalah/Juristisches Zentrum für die Rechte der arabischen Minderheit in Israel erklärte:»Im August 2008 erhielt Herr Saleh Abbasi, der Inhaber von Kull Shay, ein Schreiben des Ministeriums für Industrie, Handel und Arbeit, in dem ihm mitgeteilt wurde, dass seine Importlizenz für Bücher, die in einem ›Feindesland‹ veröffentlicht wurden, nicht verlängert werde (…).« Das Ministerium berief sich auf einen Erlass von 1939 aus der Britischen Mandatszeit. Adalah zog vor den obersten Gerichtshof und wies in der Klageschrift HCJ 894/09 darauf hin, dass ausschließlich libanesische Verlage Kinderbücher wie »Pinocchio« oder »Harry Potter« auf Arabisch herausbrächten. Der Bücherbann traf auch Shakespeare, Molière, Gabriel Garcia Marquez, den im Libanon geborenen Jubran Khalil Jubran (Khalil Gibran) sowie israelische Schriftsteller wie Amos Oz oder Yoram Kaniuk.

Bleibt als Lösung nur, was die Schlagzeile der *New York Times* vorschlug? »Arabische Leser in Israel müssen auf schlampige Grenzbeamte hoffen.«

270 Kibbuzim: Ein Drittel der Agrarproduktion

Die Deutsche Birgit Gadi bezweifelt, dass es in zehn Jahren noch Kibbuzim gibt. Was früher undenkbar war, ist in ihrem 1937 gegründeten Genossenschaftsdorf Ein Gev am See Genezareth längst Realität: Seit 2006 werden die Chaverim (hebr. Mitglieder) nach Leistung bezahlt, im Speisesaal zu essen ist nicht mehr gratis und jeder fünfte Einwohner ist kein Mitglied, sondern wohnt zur Miete. Für die Frau aus Göttingen, schon über 40 Jahre im Kibbuz, wurde »über die Jahre alles privater«.

Lange vor der Staatsgründung, 1909, entstand nicht weit von Ein Gev mit Degania der erste Kibbuz (hebr. kvutza = Gruppe). Seitdem wurden landesweit 270 Kibbuzim gegründet, 15 sind religiös ausgerichtet. Die Anfänge waren entbehrungsreich. Birgits Kollegin Vivi Carmi beschrieb das Frühstück in den ersten fünf Jahren: »ein halbes Ei, sieben Oliven, zwei Scheiben Brot, eine Tasse Tee.« Mitgründer war der junge österreichische Jude Teddy Kollek, später Dauer-Bürgermeister von Jerusalem.

Denke ich an meinen Aufenthalt 1985/86 im Kibbuz Be'eri unweit des Gazastreifens, fällt mir das wunderbare Essen ein. Die Auswahl war reichhaltig wie beim Hotelbüfett, bestens gestärkt durch Omelett, Käse, Müsli, Joghurt oder Obst ging's ins Pardes. So heißt die Zitrusplantage auf Hebräisch, im Wort Paradies klingt das an. Vorarbeiter Moshe (Moses) fuhr den Traktor mit Anhänger, auf dem wir Volontäre aus Deutschland, Dänemark, England, Schottland und Kanada saßen. Für Kost, Logis und ein Minitaschengeld pflückten wir von Sonntag bis Freitag Zitronen, Mandarinen, Orangen, gelbe und rote Grapefruits und die mir bis dahin unbekannten Pomelos. Uns wurde die Wäsche gewaschen und gebügelt, gelegentlich zeigte das Kibbuzkino einen Film, montags sang ich im Kibbuzchor. Es war ein sehr bequemes Leben in einer autofreien parkähnlichen grünen Oase unweit des Gazastreifens. Damals suchten jährlich durchschnittlich 15.000 junge Volontäre aus der ganzen Welt eine Auszeit in einem Kibbuz, für Monate oder ein Jahr.

Die Kibbuzim sind weltweit wegen der Kinderhäuser bekannt. Vivi aus Ein Gev erinnert sich, dass sie täglich zwischen 16 und 19 Uhr zu den »Liebesstunden« ins Haus der Eltern ging, geschlafen wurde unter Gleichaltrigen. Mittlerweile gehören Kinderhäuser der Vergangenheit an. Geblieben ist die Landwirtschaft, für viele eine wichtige, wenn nicht die Haupteinnahmequelle, Ein Gev etwa ist zweitgrößter Bananenexporteur Israels. Viele Kibbuzim haben ein industrielles Standbein – in »meinem« Be'eri eine hochmoderne Druckerei –, einige leben vom Tourismus, bei etlichen macht's die Mischung. Nach wie vor erwirtschaften die Kibbuzim, sprich knapp zwei Prozent der Bevölkerung, ein Drittel aller Agrarprodukte.

Mitte der 1980er-Jahre erfasste die Kibbuzbewegung eine tiefe Krise, wirtschaftlich, ideologisch und demografisch. Der frühere Generalsekretär der Kibbuzbewegung Gavri Bar-Gil erklärte es mir: »Die junge Generation mag den Kibbuz und glaubt, dass es eine großartige Lebensweise ist.« Doch wollte sie nicht mehr so leben wie ihre Vorfahren in den 1950er- und 1960er-Jahren. Zwischen 1985 und 2000 verließen fast 50.000 junge Menschen ihren Kibbuz. Vivi aus Ein Gev ging nicht, sie hält es für die »beste, gesündeste Art zu leben und sehr demokratisch.« Verschuldet durch die Krise holten sich Kibbuzim externe Berater, suchten neue Einkommensquellen, leiteten Reformen ein und die Privatisierung. Zum Zeitpunkt des Interviews, 2010, glaubte Bar-Gil, dass »die Veränderungen, die der Kibbuz durchmachen musste, genau das ist, was sein Überleben in den nächsten 100 Jahren sichert.« Er könne, so seine Überzeugung, »nur noch stärker werden«. Lydia Aisenberg klingt anders. Die mir als Friedensaktivistin persönlich bekannte gebürtige Engländerin nannte 2017 ihren Kibbuz Mishmar HaEmek »eine Erfolgsgeschichte«, räumte jedoch ein: »Heutzutage üben die privatisierten Kibbuzim nur noch wenig Reiz auf die israelische oder ausländische Jugend aus.«

Sieben Messiasse in Jerusalem

Durch die Via Dolorosa schreitet barfuß ein langhaariger, weißgewande-
ter Mann, ein zerlesenes Buch in der Hand. Später sehe ich ihn vor der
Grabeskirche. Was treibt ihn an? 2019 ist er mir mehrmals aufgefallen.

Jerusalem hat schon immer Christen, Juden, Muslime angezogen.
Manche kamen, um an der Achse der Welt zu sterben und in heiliger
Erde bestattet zu werden. Andere wollten das Ende der Tage erleben und
das (Wieder-)Kommen des Messias. Wieder andere – das dürfte für viele
Pilger zutreffen – suchen Vertiefung ihres Glaubens. Wo aber endet die
gesunde und beginnt die krank(machend)e Glaubenspraxis?

Die heilige Birgitta von Schweden hatte im 14. Jahrhundert Visionen
im Heiligen Land. Der russische Schriftsteller Nikolai Gogol zog 1848
auf einem Esel in Jerusalem ein, »auf der Suche nach seelischer Erleichterung und göttlicher Inspiration«, schreibt der Historiker Sebag
Montefiore. Allein vor dem Ersten Weltkrieg sollen sieben Messiasse in
Jerusalem aufgetreten sein. In den 1930er-Jahren diagnostizierte der Jerusalemer Psychiater Heinz Herman als erster das »Jerusalem-Fieber«,
heute heißt es Jerusalem-Syndrom. Zu den wenigen Experten in Israel
gehört Moshe Kalian, den ich interviewte. Er erkennt bei diesem Phänomen Parallelen zum Weißen-Haus- oder Stendhal-Syndrom. Dem
Jerusalem-Syndrom begegnete Kalian erstmals in den 1970er-Jahren.
Bei Schneetreiben lieferte die Polizei nachts einen italienischen Pilger
ein, der barfuß in die Geburtsstadt Jesu unterwegs war. »Er trug einen
Sack, ein Seil diente als Gürtel, er hatte die heilige Schrift hatte er dabei und behauptete, er ginge in den Fußspuren von Ranieri, dem Stadt-
patron von Pisa.«

Seitdem haben Kalian und Kollegen zahllose ähnlicher Patienten gesehen, aus den USA und Kanada, aber auch Russen, Briten, Franzosen,
Lateinamerikaner und einen Österreicher, Deutsche dagegen nicht. Einige hielten sich für Mose, König David oder Johannes, den Täufer, andere gaben vor, der Messias, dessen Bote, der Teufel oder Gott zu sein.

Eine Patientin aus Irland sagte Dr. Kalian: »Ich bin eigens gekommen, um das Jesuskind zur Welt zu bringen.«

Manche predigen öffentlich und kündigen das Jüngste Gericht oder die Apokalypse an. Identifizieren sich Patienten mit einer biblischen Person, dann entstammt sie immer der eigenen Religion. »Ich habe noch nie eine jüdische Frau getroffen, die sich für Maria hielt oder einen Juden, der glaubte, Jesus zu sein.« Einige Patienten wollten eine neue Religion aus jüdischen und christlichen Anteilen erschaffen.

Nach Jahrzehnten der Forschung versicherte mir Dr. Kalian: »Ich habe noch keinen Patienten gesehen, der vor seiner Reise seelisch kerngesund war und nach der Ankunft in Jerusalem psychotisch geworden wäre.« Die meisten seien ledig, nicht ungewöhnlich, denn Menschen »mit großen seelischen Problemen oder Schizophrene sind normalerweise nicht verheiratet, geschieden oder haben keine Familie. Beim Jerusalem-Syndrom ist es genauso.« Er, wie auch Forscherkollege Eliezer Witztum, warnt davor, Jerusalem als »Krankheitserreger« oder »Auslöser« zu betrachten. »Das wesentliche Phänomen des Syndroms ist, dass die Patienten Jerusalem als Bühne benutzen, um ihren Auftrag auszuführen.« Angesichts von jährlich Millionen Besuchern seien jedoch einige Dutzend solcher Patienten nicht viele. Bemerkenswert sei nicht die Zahl, sondern »das Drama, das Aufheben, das sie machen.«

Dank einer Kollegin wird meine Eingangsfrage doch noch beantwortet. Die Journalistin Brigitte Jünger interviewte den weiß gekleideten James Joseph aus den USA, der seit über zehn Jahren in Jerusalem lebt. »Ich verspürte den starken Drang, ein religiöses Leben zu führen«, sagte er ihr. Der Mittfünfziger lebt in Armut, ohne Geld, Besitztümer oder Zuhause. »Und das tue ich seit etwa 30 Jahren, aber es geht mir nicht darum, einfach nur so zu leben und zu beten, sondern (…) die Botschaft des Evangeliums mit der Welt zu teilen.«

512 Geschäfte zwangsgeschlossen

Hevron (hebr.)/al-Khalil (arab.), Sektor H2: »Der Grund, warum ihr gekommen seid, wir Ausländer hier sind und diese Lage vorfinden, ist das
Buch Genesis, Kapitel 23«, erklärt der englische Friedensaktivist Alwyn
des Christian Peace Maker Teams (CPT) vor meiner Reisegruppe. Was
steht da? Alwyn weiß, seinen Vortrag aufzubauen. Spannungen zwischen
Palästinensern und Soldaten hatten wir schon auf dem Weg vom Bus-
parkplatz gespürt. Jüdische Siedlungen, Kontrollpunkte, Wachtürme,
Tarnnetze, bettelnde palästinensische Kinder und verzweifelte Händler,
Betonblöcke und Stacheldraht beim CPT-Haus, auf dessen Dach wir nun
stehen. Alwyn versichert, dass auch die jüdischen Siedler wegen besagter
Bibelstelle hier seien, dann erzählt er sie nach: »Abraham sucht einen
Begräbnisplatz für Sara. Die Einheimischen sagen, er könne jeden Ort
haben. Wenn ihr das lest, bemerkt ihr, dass Abraham ein Grundstück
kaufen will. Ich bitte euch dringend, diese Geschichte zu lesen, das ist
eure Hausaufgabe, sie ist fast unbeschwert, mit einem Anflug von Humor. Die Einheimischen wollen ihm ein Grundstück schenken, Abraham
will es kaufen. Einige unserer Nachbarn behaupten, dass ihnen dies das
Anrecht auf Hebron und ganz Palästina verleiht.« Mit den Nachbarn
meint Alwyn die jüdischen Siedler. Sein Finger wandert mal hierhin,
mal dorthin, zeigt auf die jüdische Siedlung Beit Hadassah (»hinter den
Wassertanks mit dem Davidstern drauf«), den Abrahamsbrunnen und
schließlich die Patriarchengräber, »der zweitheiligste Ort für Juden und
der viertheiligste für Muslime«.

Aus Gesprächen, Artikeln und Büchern ist mir die Geschichte dieser
uralten Stadt vertraut: Jahrhundertelang lebten beide Seiten friedlich zusammen. 1929 töteten Palästinenser 67 Juden, plünderten Häuser, beschädigten Synagogen; 435 Juden wurden von palästinensischen Nachbarn
gerettet. Zwei Tage nach dem Pogrom evakuierte die britische Mandats-
macht alle 700 verbliebenen Juden. Erst 1967, mit der israelischen Eroberung des Westjordanlandes im Sechs-Tage-Krieg durften Juden Hebron

wieder betreten. Im folgenden Frühjahr mieteten sich 33 Juden unter Leitung Rabbi Mosche Levingers im Park-Hotel in Hebrons Altstadt ein. Sie gaben vor, über das Pessach-Fest zu bleiben, verkündeten jedoch danach, sie blieben »bis zur Rückkehr des Messias«. Geduldet oder unterstützt von israelischen Regierungen, entstanden nach und nach Siedlungen um und in Hebron. Ein messianisch-national-religiöser Siedler, der Arzt Baruch Goldstein aus dem benachbarten Kiryat Arba (gegr. 1972), tötete 1994 durch Schüsse und Handgranaten 29 muslimische Palästinenser beim Ramadangebet in der Abraham- und Sara-Moschee der Patriarchengräber. Auf seinem Grabstein steht »Märtyrer« und »Heiliger«.

Seitdem ist Hebron Absurdistan und Dampfkochtopf. Der Stadt wurden Seele und Herz herausgerissen. Siedler greifen zur Waffe, ekeln palästinensische Bewohner aus ihren Häusern, bewerfen sie mit Steinen und Müll, behindern Kinder auf dem Schulweg, werden jedoch auch selbst Ziel von Angriffen. Sie diktieren der Armee, was zu ihrem Schutz zu tun sei und bestimmen das Leben der Stadt. 512 palästinensische Geschäfte mussten per Militärerlass schließen, weitere 1100 wurden von Inhabern wegen der Bewegungsunfreiheit dichtgemacht. 121 Straßensperren, davon 20 ständig bemannte Kontrollpunkte behindern Bewohner, Besucher, Lieferanten, Kunden, Krankenwägen. Fast sieben Kilometer Straße sind »steril«, dürfen von Palästinensern weder betreten noch befahren werden. Eine solche verläuft neben dem CPT-Haus: die Shuhada-Straße, einst die Geschäftsstraße schlechthin. Die wenigen Palästinenser, die dort noch wohnen wollen, dürfen ihre Häuser nicht durch den Haupteingang, da auf der »sterilen« Seite gelegen, betreten. Ihnen bleibt nur – auf YouTube-Videos zu sehen – der mühsame Weg mittels Leitern über Hinterhöfe, Nachbargrundstücke, Flachdächer. Weil jüdische Siedler nur Gott ehren, Menschen aber gering achten.

60 Kirchenorgeln im ganzen Land

Als Wendelin Eberle am Osterdienstag 2002 das Tor in Bethlehems Milchgrottengasse öffnete, schaute er in einen Gewehrlauf. Eberle rannte ins Haus zurück. Er, seine Kollegen und Pater Lawrence blickten sich an und ihnen war klar: Der Orgelbau wird ruhen müssen. Da schrillte das Telefon, am Apparat war das Franziskanerkloster am Krippenplatz: »Bleibt, wo ihr seid! Die Stadt ist besetzt.« So etwas war den Vorarlberger Orgelbauern der Firma Rieger weder in den waffennärrischen USA noch im Libanon passiert. Schon der Beginn der Arbeiten war mehr als holprig. Tatenhungrig angekommen, verurteilte der israelische Zoll im Hafen von Ashdod die Orgelbauer zur Tatenlosigkeit. Wegen des Zieles Bethlehem/Palästina rührte sich zwei Tage nichts. Dann forderten die Zöllner, die auf drei Container verteilte Orgel auf dem Asphalt auszubreiten! »Das war ein Horror«, so Eberle, »zu viert knapp 17 Tonnen Orgel bei heißer Märzsonne per Hand zu bewegen.« Doch auch dieses Hindernis nahmen die wackeren Männer. Da ahnten sie noch nicht, dass ihr Orgelbau unter die Räder des Nahostkonfliktes geraten sollte.

»Dass es in Israel und Palästina (…) überhaupt Orgeln gibt, erstaunt viele. Wenn ich dann die Anzahl der Instrumente, ungefähr 60, benenne, wird das Erstaunen noch größer. Wo stehen denn diese vielen Orgeln?«, schreibt Gunter Martin Göttsche, von 2013 bis 2018 Organist an der evangelischen Erlöserkirche in Jerusalems Altstadt. Viele Orgeln?, möchte ich ihm zurufen. In meinem Heimatort Goldbach stehen allein fünf Orgeln in vier Kirchen, im benachbarten Aschaffenburg sind es fast 20, in Deutschland etwa 50.000.

Nicht jeder weiß, dass die Christen in Israel nur etwa zwei Prozent, in den besetzten palästinensischen Gebieten nur ein Prozent der Bevölkerung stellen; dass orthodoxe und altorientalische Kirchen die Orgel als Begleitinstrument nicht kennen; dass in den wenigen Reformsynagogen Israels – anders als in den USA – Orgeln nicht erklingen. Somit finden wir die »Königin der Instrumente« nur in katholischen und protestantischen

Kirchen, dazu an Universitäten wie der Brigham Young Mormon University auf Jerusalems Ölberg oder im Tagungszentrum Elma Arts Center in Zichron Ya'akov unweit Haifa, in dem eine Bonner Klais-Orgel ertönt. Die anderen Orgeln stammen von deutschen Firmen wie Eule oder Schuke, aus Frankreich, Dänemark, Österreich, Italien oder den USA.

Die erste deutsche Orgel im Heiligen Land bauten die Gebrüder Paul und Oswald Dinse aus Berlin. 1893 erklang die zweimanualige Orgel mit acht Registern erstmals in der lutherischen Weihnachtskirche in Bethlehem. 2000 wurde sie durch den deutschstämmigen Orgelbauer Roland Rutz aus Minnesota, USA, abgebaut, verschifft und generalüberholt. Ich assistierte Roland, wann immer er in Bethlehem war. Irgendwann kehrte die Orgel zurück, mit elektrischer Traktur, Multiplex-Windladen und einer MIDI-Einrichtung versehen, sodass die Orgel nun auch ohne Organist erklingen kann. Das ist bisweilen nicht nur in Bethlehem nötig, denn laut Experte Göttsche stehen den 60 Orgeln höchstens 30 Organisten gegenüber, von denen nur jeder zweite eine Ausbildung vorweisen kann. Dieses Urteil teile ich, zumal ich als Orgellehrer im Heiligen Land in die überschaubare Organistenlandschaft hineinschnuppern konnte.

Wie ging es mit der Orgel in Bethlehems Katharinenkirche weiter? Zwei Brandbomben der israelischen Armee ließen 2000 Pfeifen im Lagerraum der Franziskaner schmelzen, ein 22-jähriger Palästinenser wurde beim Löschversuch durch israelische Kugeln getötet. Die Orgelbauer mussten alle Pfeifenstöcke ausbauen, nach Hause schicken und die neuen Pfeifen genau einpassen. Erst eineinhalb Jahre später waren die 53 Register und 3000 Pfeifen endlich spielbereit. Für Wendelin Eberle schloss sich nach über fünf Jahren ein »ungewöhnlich großer Kreis«. Für ihn war es faszinierend, »auf geschichtsträchtigem Boden arbeiten« zu dürfen und beeindruckend, »wie die Menschen gelernt haben, auf Sparflamme zu leben«.

Bis zu 7000 Mitarbeiter: der Mossad

Mein Nachbar Mordechai Vanunu in Ost-Jerusalems Nablusstraße war Staatsfeind. Der gebürtige marokkanische Jude arbeitete in den 1980er-Jahren als Techniker im Atomreaktor Dimona in Südisrael. Der Reaktorunfall in Tschernobyl war der letzte Tropfen im Fass seiner Gewissensbisse: Israel stellt atomare Sprengköpfe her – das berichtete er der englischen *Sunday Times* und untermauerte die Aussage mit 60 Fotos. Das Interview in London konnte der israelische Auslandsgeheimdienst Mossad nicht verhindern, lockte Vanunu aber mittels Agentin Cindy von England nach Rom, ergriff, betäubte und brachte ihn auf einem Schiff nach Israel. Unter Ausschluss der Öffentlichkeit wurde ihm der Prozess gemacht. 18 Jahre saß Vanunu im Gefängnis, davon elf Jahre in Einzelhaft. Nach der Entlassung zog er in die Nablusstraße.

Schon 1949 wurde der Mossad le Modi'in we le Tafkidim mejuchadim gegründet, das Institut für Aufklärung und besondere Aufgaben, kurz Mossad. 1960 kam er auf die Titelseiten: Vier Agenten, darunter Zvi Aharoni (als Hermann Aronheim in Frankfurt/Oder geboren) ergriffen Adolf Eichmann bei Buenos Aires, verhörten und brachten ihn nach Israel. Dort wurde er nach einem Gerichtsverfahren durch den Strang hingerichtet.

Einen Kurswechsel beim Mossad markiert für den israelischen Geheimdienstexperten Ronen Bergman der Anschlag der palästinensischen Terrorgruppe Schwarzer September auf die israelische Olympia-Mannschaft 1972 in München. Mitzuerleben, wie dilettantisch die deutsche Polizei die Geiselnahme handhabe, überzeugte Israels Führung, dass man sich nicht auf fremde Hilfe verlassen könne. Für den Mossad, so Bergman in einem *ZDF*-Film von Ina Kessebohm und Duki Dror, galt nun der Imperativ »Steh' auf – töte zuerst!« Das israelische Kabinett unter Golda Meir gab dem Mossad grünes Licht, »palästinensische Kämpfer in Europa zu töten, obwohl das eindeutig alle Gesetze und Regeln verletzte.«

Bereits im Oktober 1972 schlug die Mossad-Sondereinheit Caesarea zu: In Rom wurde der PLO-Repräsentant und Dichter Abdel Wael

Zuaiter getötet, dessen Mittäterschaft am Münchner Attentat jedoch umstritten ist. Einen anderen Drahtzieher glaubte der Auslandsgeheimdienst im norwegischen Lillehammer entdeckt zu haben. Ali Hassan Salameh wurde mit einem marokkanischen Kellner verwechselt, der vor seiner schwangeren Ehefrau erschossen wurde. PLO-Vertreter, mutmaßliche Terroristen oder deren Hintermänner wurden seitdem in Paris und London liquidiert, in Lissabon, Cannes, Nikosia, Athen und auf Malta, in Tunis, Beirut und Dubai. Auch Deutsche kamen ins Visier des Mossad, der über 7000 Mitarbeiter, darunter einige Hundert Agenten, verfügen soll. Dr. Heinz Krug, Münchner Geschäftsmann und Schlüsselfigur der deutsch-ägyptischen Raketenentwicklung, verschwand 1962 spurlos. Ronen Bergmans Recherche, basierend auf den Aussagen des ehemaligen Agenten Oded, ergab: Krug wurde entführt, verhört, gefoltert, getötet und über dem Mittelmeer abgeworfen.

Von mir um ein Urteil gebeten, zieht der deutsche Geheimdienstexperte Wilhelm Dietl dieses Fazit: »Der Mossad war in seinen ersten 20 Jahren sicher der beste Geheimdienst der Welt. Man wusste nur, dass es ihn gibt und ihm alles gelingt. Seine Leute waren sehr diszipliniert, ziemlich ›systemrelevant‹ für den Aufbau des Staates, waren Pioniere und keine Cowboys.« Georg Stein, dessen Palmyra-Verlag ein Buch über die drei Geheimdienste Mossad, Shin Bet und Aman verlegte, sagt: »Er ist verklärt-berüchtigt, kein Mythos und hat wegen ›Kollateralschäden‹ ziemlich viele Unschuldige auf dem Gewissen.« Der Mossad tötete jedoch nicht nur, er stützte beispielsweise auch Diktaturen wie die von Manuel Noriega in Panama in den 1980er-Jahren.

Für den Israeli Shir Hever, Friedensaktivist und Forscher, ist der Mossad »verglichen mit der Größe und dem Budget des Staates Israel ein riesiger Geheimdienst«, die mächtigste Waffe sei indes sein Ruf: »Wer seine Fähigkeiten überschätzt, diszipliniert sich selbst aus Angst, von unsichtbaren israelischen Kräften bestraft zu werden.«

Kein vierter Gang in Palästina

»Warum brauchen palästinensische Autos nur drei Gänge? Gerade wenn du in den vierten Gang schalten willst, bist du entweder an einem Kontrollpunkt, der Trennmauer oder einem anderen Hindernis angekommen.«

Diesen Witz habe ich selbst erfunden. Dachte ich zumindest. Bis ich ihn woanders las. Offenbar hatte jemand dieselbe Idee und einen ähnlichen Humor. Hat der mitunter schwarze palästinensische Humor auf mich abgefärbt? Was scherzten und lachten wir in der zweiten Intifada, im Lehrerzimmer der lutherischen Schule Dar al-Kalima in Bethlehem. Die, mit denen ich engeren Kontakt hatte, waren etwa in meinem Alter, zwischen Ende Zwanzig und Ende Dreißig. Manchmal alberten sie herum wie Teenager. Nicht alles verstand ich, nicht immer konnte oder wollte ich mitlachen. Zur Auflockerung ein Witz gefällig? Der passt sogar zum ersten:

»Weshalb strecken Beamte in Jericho nie ihre Arme aus? Weil sie Angst haben, dabei unerlaubterweise über die Grenze zu greifen.«

Der steht auf dem Umschlag des Buches von Sharif Kanaana und Pierre Heumann. Darin nehmen der palästinensische Ethnologe und der Schweizer Nahostberichterstatter den palästinensischen Witz unter die Lupe. Vor der ersten Intifada, vor 1987, dominieren ihnen zufolge »Selbsthass und Pessimismus«, die Palästinenser »mokieren sich mit makabren Scherzen über ihre Lage«. Im Unterkapitel »Depression und Trübsinn« macht dieser Witz den Anfang:

»Bei einer internationalen Auktion werden Gehirne versteigert. Für das palästinensische wird zur Überraschung aller Anwesenden am meisten geboten. ›Weshalb erzielt ausgerechnet das palästinensische Hirn den höchsten Preis?‹, fragt ein Palästinenser. Antwort: ›Weil es noch nie gebraucht worden ist.‹«

Darauf folgt dieser, den ich etwas abgewandelt wiedergebe:

»Arafat erhält mit anderen Politikern eine Audienz bei Gott. Jeder darf einen Wunsch für sein Land vorbringen. Helmut Kohl möchte die

Wiedervereinigung Deutschlands und Margaret Thatcher die Privatisierung der verstaatlichten Wirtschaft. ›Zu eurer Lebzeit werde ich dies kaum erfüllen können, aber sicher später‹, meint Gott. Als Arafat sich einen palästinensischen Staat wünscht, meint Allah traurig: ›Diesen Wunsch kann ich dir nicht einmal in meinem Leben erfüllen.‹«

Im Kapitel »Arafat baut seinen Staat auf« haben die Autoren Witze über die Verwaltung, korrupte Minister, Wahlen und die Polizei versammelt. Auch wenn es einen palästinensischen Präsidenten, eine sogenannte »Autonomiebehörde« und derzeit 21 (es waren auch schon mal 30) Ministerien gibt – mit einem Staat hat das alles nichts zu tun. Ob Präsident Abbas ausreisen, ein Rosenzüchter aus Gaza nach Italien exportieren oder ein Mann in Bethlehem seine isländische Frau dauerhaft zu sich holen will: Alles bedarf israelischer Zustimmung.

»Ein Kampfgefährte Arafats kommt nach langem Exil nach Nablus zurück. Arafat soll ihm einen Job besorgen. ›Kein Problem, ich ernenne dich zum Minister‹, meint Arafat. ›Mir fehlt leider die entsprechende Ausbildung, hast du nicht etwas Einfacheres für mich?‹ ›Du kannst auch Generaldirektor in einem Ministerium werden‹, schlägt Arafat vor. ›Das scheint mir ebenfalls zu schwierig, da ich ja kaum zur Schule gegangen bin!‹ ›Ich könnte dich zum stellvertretenden Direktor ernennen.‹ ›Auch das scheint mir zu hoch. Kannst du mich nicht als einfachen Angestellten im Büro unterbringen?‹ ›Nein, das ist leider unmöglich. Für diesen Job verlangen wir Qualifikationen.‹«

Auch Palästina hat seine Ostfriesen! Die Einwohner Hebrons, die allein aufgrund eines leichten Singsangs auffallen, wenn sie den Mund aufmachen. Zum Teil kursieren über sie dieselben Witze wie über Ostfriesen oder Burgenländer. Den hörte ich in Palästina:

»Warum stellt der Hebroner zwei Fernsehgeräte übereinander? Er möchte die Beine der Nachrichtensprecherin sehen!«

Pierre Heumann ist übrigens aufgefallen, »dass unter Palästinensern kaum rassistische Witze über Israelis zirkulieren«, sondern nur solche, »die das Verhalten israelischer Soldaten veralbern«.

»Sagt nicht, ihr hättet nichts gewusst«: Nr. 738

Das Gewissen Israels kam mit dem Zug nach Tel Aviv zum Interview. Amos Gvirtz, mittlerweile 75, arbeitete damals noch in der Plastikfabrik im Kibbuz Shefayim. Seit nun 15 Jahren veröffentlicht der Mitgründer von »Israelis und Palästinenser für Gewaltfreiheit« die Serie »Sagt nicht, ihr hättet nichts gewusst«. Gvirtz hatte »massive und systematische Hauszerstörungen im Gazastreifen« während der zweiten Intifada beobachtet. Er wollte anklagen und traf sich mit Friedens- und Menschenrechtsaktivisten. Doch erntete sein Vorschlag Skepsis, mittels Zeitungsanzeigen Israelis regelmäßig über die »schrecklichen Dinge in den besetzten palästinensischen Gebieten zu informieren«. Eine solche Serie sei nicht Erfolg versprechend. So begann Gvirtz 2006 im Alleingang in der Tradition seines Namensvetters, des Propheten Amos – mittlerweile ist die Serie bei Ausgabe 738 angelangt. Die Texte handeln von Siedler- und Armeegewalt, von Hauszerstörung, Razzien, Beschlagnahmung, Plünderung und Wassermangel. Landenteignung, so Gvirtz, geschehe sowohl in den besetzten Gebieten als auch dort in Israel, wo Beduinen leben. »Alle Menschenrechtsverletzungen zielen darauf, die Palästinenser von ihrem Land in ein möglichst kleines Gebiet zu vertreiben.«

Die Quellen des modernen Propheten Amos sind israelische Menschenrechtsorganisationen und die UNO-Agentur OCHA. Manchmal kommt ihm auch via Telefon Himmelschreiendes zu Ohren. Dann überprüft er die Daten und verfasst den Text auf Hebräisch, worauf ihn ein Mitstreiter ins Englische übersetzt. Gvirtz versendet diesen an etwa 200 Landsleute, darunter auch Knesset-Abgeordnete und 600 Interessenten in aller Welt, wünschte jedoch, es wäre umgekehrt. Auch auf Facebook finden sich die Texte, was ihm wütende Reaktionen von Rechten einbringt.

Amos Gvirtz tut sich schwer, in Israel zu leben. Die Besatzung, die Rechtlosigkeit der Palästinenser, der Rassismus machen ihn »sehr niedergeschlagen«. Dagegen kämpft er an. »Die Menschen müssen wissen, dass es täglich Angriffe auf Zivilisten durch die Armee und die Siedler gibt. Das ist gegen jegliches internationale Recht, die Ethik der Armee und Polizei und nicht hinnehmbar. Das Allerschlimmste ist, dass viele Menschen davon nichts wissen wollen.« Der Gedanke an die Leidtragenden motiviert ihn: »Es sind doch die Opfer, die gehört werden müssen.«

Als Advocatus diaboli fragte ich ihn, ob Israel nicht zu diesen Maßnahmen gezwungen sei, um sich zu schützen? Gvirtz' Stimme gewann an Nachdruck: »Siedlungsbau, Hauszerstörung, das Stehlen ihres Wassers, die Ausweisung von Menschen aus ihren Häusern – all das hat nichts mit der Sicherheit Israels zu tun. Was die israelische Armee tut, dient nicht der Verteidigung, sondern der Ausdehnung Israels.« In einer E-Mail fügte er 2021 hinzu: »In unserem Fall ist es die israelische Regierung, die die meisten Angriffe gegen Palästinenser begeht oder sie unterstützt.« Seine Botschaft, gerade an Deutschland, lautet: »Eine der wichtigen Lektionen, die wir von Nazi-Deutschland lernten, ist: Rassismus ist falsch.« Deutschland solle Israel in seinem Rassismus und seiner Besatzungspolitik stoppen. Denn das gefährde letztlich Juden. »Es gibt kein anderes Land der Welt, wo Juden, weil sie Juden sind, so bedroht sind wie hier.« Und so klingt einer der Texte von Amos Gvirtz:

Anfang Oktober 2015 drangen israelische Soldaten in das Dorf Beit Umar südlich von Bethlehem ein. Im Tumult erlitt Ibrahim 'Awwad einen Kopfschuss. Der Vater von zwei Kindern, das dritte war unterwegs, starb einige Tage später. Am Montag, 25. April 2016 drangen frühmorgens Soldaten ins Haus von Ibrahims Eltern ein und durchsuchten es. Eine Soldatin verlangte von Ibrahims Mutter, sich zu entkleiden (…). Die Soldaten verwüsteten das Haus und entwendeten eine große Summe sowie Schmuck im Wert von 3000 Schekel und 150 Jordanischen Dinar (damals ca. € 880).

6000 Hektoliter palästinensisches Bier

Taybeh im Bezirk Ramallah, besetztes Westjordanland. Aus Palästina kommt nur das Wasser. Das Malz bezieht die Brauerfamilie Khoury aus Frankreich und Belgien, den Hopfen aus Bayern und Tschechien, die Flaschen aus Bulgarien und Deutschland und die Verschlüsse liefert eine französische Firma. Bier aus Palästina? Eher ist es ein morgenländisch-abendländisches Gemeinschaftsbier, das die Khourys in ihrem Dörfchen Taybeh, das auch in der Toskana liegen könnte, brauen. Euphorisiert von der Annäherung zwischen Israelis und Palästinensern Anfang der 1990er-Jahre kehrten die Brüder Nadim und David Khoury aus den USA hoffnungsvoll in das Dorf der Kindheit zurück. Das Ende des Unfriedens schien nahe, ein eigener Staat ebenso. Überzeugt, dass »politische von wirtschaftlicher Unabhängigkeit abhängt«, gründeten die christlichen Brüder – ihr Nachname bedeutet »Priester« – eine Brauerei. So machten sie den Traum ihres Vaters wahr: Nach Studien in Boston heimkehren, um »ihre Wurzeln zu bewahren und Werte, Traditionen und den Reichtum der palästinensischen Kultur an die Kinder weiterzugeben«. Nadim wurde Brau-, sein Bruder Bürgermeister. Der arabische Name des Bieres ist mit dem Ortsnamen identisch und bedeutet »lecker«. Von anfangs drei Sorten ist man nun bei sieben angelangt, zwischen 0,0 und 7,5 Prozent Alkoholgehalt (Winter Lager). Das achte aus lokalen Gewürzen wie Za'atar (Thymian), Salbei, Sumaq und Anis soll folgen, erklärte mir Madees, die nach eigenen Angaben seit dem neunten Lebensjahr braut und die einzige Braumeisterin des Nahen Ostens ist. Nach Studien in China und den USA hat sie das Sortiment erweitert, zuletzt um das Orange im belgischen Stil sowie ein Bier in der Machart deutscher Schwarzbiere.

Die kleine Brauerei hat einige gute und sehr viele schwierige Tage gesehen. Im Jahr 2000 kratzten die zwölf Angestellten mit 24.000 Flaschen wöchentlich und 5000 Hektoliter im Jahr fast an der Kapazitätsgrenze. Da verhagelte die zweite Intifada, der Aufstand gegen die israelische Besatzungsmacht, das aufstrebende Geschäft. Ausländische Märkte gingen fast gänzlich verloren, der Export von siebzig Prozent des Ausstoßes nach Israel sackte auf 30 Prozent ab, nur zwei Mitarbeiter konnten gehalten werden. Dazu kamen viele Unwägbarkeiten: Einmal wurde eine Ladung Flaschen über drei Wochen im israelischen Hafen festgehalten, Lager- und Strafgebühren waren die Folge. Ein andermal gab es derart langwierige Kontrollen auf der Fahrt zum »kommerziellen Übergang« zwischen dem Westjordanland und Israel sowie Verzögerungen an demselben beim Umladen vom palästinensischen auf einen israelischen LKW, dass man das Schiff verpasste. Das bedeutete nicht nur Frust, sondern zusätzliche Lagerkosten. Auch einen Streik der Hafenarbeiter musste man einmal aussitzen. »Alles hängt von der Gnade der israelischen Politik ab«, weiß Nadim Khoury aus Erfahrung. Auf eine Flasche deutend teilt er mir mit: »Diese hat gelitten, wenn ihr sie in Jerusalem oder Großbritannien in die Hand nehmt.«

Die Khoury-Familie hat sich nach der Intifada und jedem der vier israelischen Gaza-Kriege, die Tourismus und Bierabsatz einbrechen ließen, zurückgekämpft. 2018 produzierte sie mit 15 Mitarbeitern etwa 6000 Hektoliter. Nun hofft man nach einer pandemiebedingten Pause auf das Oktoberfest im 900 Meter hoch gelegenen 1000-Seelen-Dorf. Eine Woche vor der Münchner Wiesn und nur für ein Wochenende tummeln sich dann fast zehnmal so viele Besucher wie der Ort Einwohner hat: Palästinenser, israelische Friedensaktivisten, Ordensleute und Ausländer, die bei der UNO oder als Reporter arbeiten. Diese »Westbank-Wiesn«, schrieb Noemi Schneider in der *FAZ*, sei »wie ein Ort, an dem der Nahost-Konflikt sich eine Verschnaufpause gönnen kann«. Für Nadim Khoury ist es »ein Ereignis für das ganze Dorf«. Er glaubt trotz vieler Hindernisse an eine Zukunft in Palästina. Alles sei möglich, wenn Palästina frei und unabhängig werde.

Ruhen sollst du alle sieben Jahre: Schmitta

2007/08 hätte ein gutes Jahr für Gazas Bauern werden können. Für Juden war es ein Schmitta-Jahr, in dem Säen, Pflügen und Ernten nicht erlaubt sind, wie es das Buch Exodus gebietet: »Und sechs Jahre besäe dein Land und sammle ein dessen Ertrag. Aber im siebenten lasse es brachliegen und gib es preis, dass davon die Bedürftigen deines Volkes essen.« Damit ist jegliche Arbeit auf Feldern in jüdischem Besitz untersagt, ebenso jeder Gewinn eines solchen Ackers. Der deutsche Publizist Chajm Guski erklärt: »Alles, was zufällig wächst, also nicht gesät wird, ist für den eigenen Verbrauch erlaubt. Diese Produkte wären Keduschat Schewi'it, geheiligt dem siebenten Jahr.«

Angeblich halten sich bis zu 5000 israelische Bauern an das halachische Gebot. Vor dem jüdischen Neujahrsfest 2007 hatten orthodoxe Juden heftig um eine gesetzeskonforme, koschere Regelung gerungen. Nur die allerwenigsten Landwirte wollten aufs Ernten verzichten. Laut der Union israelischer Landwirte hätte die Einhaltung des Schmitta-Jahres den Staat Israel etwa 550 Millionen US-Dollar gekostet. Viele Landwirte überschrieben daher ihre Ländereien vorübergehend an Nichtjuden, etwa Drusen. Heter mechira, zu Deutsch Verkaufserlaubnis, nennt sich das. So konnten jüdische Bauern weiter produzieren, denn das Land gehörte ihnen auf dem Papier gar nicht.

Juden aber, die diesen Trick als unkoscher betrachten, hatten nur einen Ausweg: Sie mussten von Nicht-Juden kaufen, von arabischen Landwirten in Israel oder den palästinensischen Gebieten. Doch auch da war in der Vergangenheit getrickst worden: jüdische Bauern produzierten auf eigener Scholle und brachten ihre Erzeugnisse zu einem arabischen Landwirt. Im Falle einer Kontrolle erschien alles koscher. Jüdische Kunden, die Wert auf koschere Schmitta-Produkte legten, konnten sich daher nicht einmal mehr bei einem arabischen Bauern sicher sein, mit einer Ausnahme: bei denen aus Gaza. Dorthin kann schon lange kein Jude mehr reisen. »Gaza ist ideal aus Sicht der

Eda-Haredit-Kosher-Kontrolleure«, schrieb die *Jerusalem Post* (Eda Haredit heißen die jüdischen Gerichtshöfe).

Während fromme Juden von koscheren Schmitta-Gurken, -Paprika oder -Orangen aus dem Gazastreifen träumten, verfaulten diese dort, wurden zu Schleuderpreisen in Gaza verscherbelt oder ans Vieh verfüttert. Auf Fotos sieht man, wie Landwirte ihre Tomaten und Schnittblumen voller Ärger auf die Straße warfen.

Khalid Alatars Geschichte dürfte die vieler Landwirte, Fischer und Fabrikbesitzer im Gazastreifen sein. Er, einer von 6000 Erdbeerbauern im schmalen Küstenstreifen, hatte ab Mai 2007 kein Einkommen mehr. Seine nierenkranke Tochter Mariam benötigte dringend medizinische Behandlung, die Ersparnisse waren aufgebraucht, der Schmuck der Ehefrau verkauft. Dazu kam die Angst, Agrexco, Israels größter Abnehmer palästinensischen Gemüses und Obstes, könnte sich nach anderen Zulieferern umschauen. Sorgen bereiteten zudem der Mangel an Treibstoff und Strom für Bewässerung und Kühlhäuser und die quälende Frage, wann Israel den Grenzübergang Karni öffnen würde. Khalil Alatar meinte: »Wir können unter Besatzung überleben. Aber wir können ohne die Öffnung von Karni nicht überleben.« Sein Betrieb überlebte nicht. Nur 16 Prozent seiner Erdbeerernte konnte er exportieren, wofür er nur zehn Schekel pro Kilo (damals ca. zwei Euro) erhielt, im Jahr zuvor waren es 25 Schekel. Jüdische Kunden hätten sicher gerne von ihm koschere Schmitta-Erdbeeren gekauft.

Guski zufolge zertifizieren Kaschrutbehörden wie die amerikanische Orthodox Union Lebensmittel aus Israel nur dann als koscher, »wenn das Land im Schmitta-Jahr in nichtjüdischem Besitz war oder die Waren aus Zutaten bestehen«, die vor dem Brachjahr geerntet wurden. Eine unverfängliche Methode ist dagegen das Aufziehen von Pflanzen in Gewächshäusern – in hochgestellten Behältern. Denn sie haben den Boden des Landes nie berührt. Gewusst wie!

Übrigens: Am 7. September 2021 hat ein neues Schmitta-Jahr begonnen!

Wasser: Palästina 82 Liter, WHO 100 Liter, Österreich 130 Liter, Israel 271 Liter

»Wasser«, sagt der Palästinenser Yusef Dagharmeh aus al-Farisiyah im Jordantal, »ist ein großes Problem für uns. Ich habe einen Brunnen, aber mir ist es verboten, Wasser aus ihm zu pumpen.« Trotzdem bezeichnet sich der Vater von neun Kindern als glücklich. Hegt der Bauer keinen Groll gegenüber den benachbarten jüdischen Siedlern, die buchstäblich aus dem Vollen schöpfen? Sie verbrauchen laut dem Hydrogeologen Clemens Messerschmid »für ihre illegale Landwirtschaft über 13.000 Liter pro Tag und Kopf«.

Kibbuzferiendorf Ein Gev, See Genezareth: Wieder einmal übernachte ich mit einer Gruppe in dieser Oase. Wieder erkläre ich dem Rezeptionisten, dass wir den täglichen Handtuchaustausch nicht wünschen. Wieder ernte ich Unverständnis: »Das kann ich meinem Personal nicht vermitteln!« Einmal hörte ich: »Aha, in Deutschland wechselt man nicht täglich …«

Bethlehem, besetztes Westjordanland: Die Österreicherin Martha Tonsern, für die christliche Organisation »Kairos Palästina« tätig, weiß nach jahrelangem Aufenthalt in der Stadt: In manchen Vierteln Bethlehems kommt ab Juli kein Wasser mehr aus dem Hahn.

Streitpunkt Wasser – auch Martin Schulz, Ex-Präsident des Europaparlaments oder seine Parteigenossin Michaela Engelmeier meinten, sich dazu äußern zu können. Engelmeier, laut eigenen Angaben »mit der Situation in den betroffenen Gebieten bestens vertraut«, kritisierte im Jahr 2016 die *ARD* heftig dafür, dass der Sender einen Israel-kritischen Bericht zur Wasserversorgung im Westjordanland ausgestrahlt hatte. Doch allein die letzte Seite der reich bebilderten 132 Seiten-Analyse (!) von Amnesty International regt zum kritischen Nachdenken an. Dort heißt es: Der Zugang zu Wasserressourcen für Palästinenser der besetzten Gebiete »wird von Israel kontrolliert und auf ein Maß beschränkt, das deren Bedürfnisse nicht zu decken vermag und keinen fairen und gleichberechtigten

Anteil an den gemeinsamen Wasservorkommen darstellt. Etwa 180.000 bis 200.000 Palästinenser in den ländlichen Gemeinden der Westbank haben keinen Zugang zu fließendem Wasser. Einige überleben mit weniger als 20 Litern pro Tag, dem für Notfallsituationen empfohlenen Minimum. Selbst in jenen Städten und Dörfern, die an das Wassernetz angeschlossen sind, bleiben die Wasserhähne oft trocken – manchmal über Wochen oder sogar Monate.« Dazu kommt die »Zerstörung von Wasserspeichern, Zisternen, Quellenanlagen« durch die Armee, die sogar das Sammeln von Regenwasser verhindert.

Der deutsche Wissenschafter Clemens Messerschmid, der über den Wassersektor Palästinas promoviert hat, umschreibt die Wasserproblematik seit dem Sechs-Tage-Krieg 1967 mit »Militärbesatzung«. Das Militärregime herrsche seitdem mit Erlassen. »Von denen gibt es Tausende und drei zu Wasser.« Gleich der erste, Militärerlass Nr. 92 »deklariert das gesamte Wasser Palästinas, jeden Tropfen, als israelisches Wasser«. Für Messerschmid war damit die »Annexion des gesamten Wassers de facto zwei Monate nach Kriegsende abgeschlossen«. Qua Militärerlass Nr. 158, auch 1967 erlassen, benötigt jegliche »Arbeit im Wassersektor einen offiziellen Erlaubnisschein des Militärs«. Da sitzen die Palästinenser auf drei Aquiferen, Grundwasserbecken, dem westlichen, nordöstlichen und östlichen. Sie müssen mitansehen, wie sich Israel nach Belieben vor allem aus dem westlichen, das nach Israel abfließt, bedient. Allein an Trinkwasser verbrauchte ein Israeli 2020 genau 271 Liter am Tag (Österreich: ca. 130 l, Deutschland: ca. 120 l), ein Palästinenser laut B'Tselem 82 Liter.

Ich hake nach: Wie viele Brunnen durften Palästinenser seit 1967 im westlichen, dem größten Aquifer neu bohren, um mit ihrem Wasser die rasch wachsende Bevölkerung zu versorgen? Antwort: »Null.« Messerschmid kennt Bewohner in Weilern, die für teures Geld den Wassertanklaster anfordern müssen. »Da geht fast das halbe Einkommen für Wasser drauf«, sagt er, der den Begriff Wasserkrise ablehnt. Er spricht lieber vom »stabilen Notstand, weil wir an das eigene Wasser unter unseren Füßen nicht randürfen, wir dürfen nicht bohren.« Womit wir wieder bei Yusef Dagharmeh im Jordantal wären …

450 Gramm braune Linsen

Hier kommt ein typisch palästinensisches Essen. Bei Christen ist es ein beliebtes Freitagsgericht, ein Fastenessen an Jesu Sterbetag. Das Rezept stammt von der Bethlehemer Christin Luisa, deren Mann Karl-Heinz Fleckenstein aus meiner Heimat (Kreis Aschaffenburg) stammt. Ihr Haus habe ich in der zweiten Intifada ein Jahr lang gehütet, da sie aus Sorge, die Kinder würden durch Ausgangssperren Schultage verlieren, nach Jerusalem zogen.

Megaddara (auch Mjaddara oder Mdschaddara)

- 450 g große, braune Linsen einweichen
- 1 Zwiebel fein würfeln, 2 Zwiebeln in Halbringe schneiden
- 225 g langkörnigen Reis gut waschen
- Salz & Pfeffer, Olivenöl vorbereiten (manche fügen Cumin/Kreuzkümmel oder Zimt hinzu)
- Die Linsen ca. ½ Std. köcheln lassen. Das Wasser muss dabei die Linsen um 1 cm übersteigen, diese müssen am Ende zart sein.
- Die gewürfelte Zwiebel in 1-2 EL Öl anrösten, bis sie weich und golden sind.
- Dann zu den Linsen dazugeben, mit Salz & Pfeffer abschmecken.
- Alles durchmischen, den Reis dazugeben, nochmals salzen und pfeffern, mit Wasser auffüllen (1 cm über Kochgut) und bei niedriger Hitze, zugedeckt, ca. 20 Minuten köcheln lassen, bis der Reis weich ist. Bei Bedarf Wasser nachfüllen!
- Die Zwiebelringe in 2 EL sehr heißem Öl anbräunen, bis sie dunkelbraun und süß sind, fast karamellisiert.
- Den Reis samt Linsen in einer Schüssel servieren, mit den gerösteten Zwiebeln garnieren.
- Dieses Gericht schmeckt heiß und kalt, am besten mit Joghurt. SaHteen! (arab.: Doppelgesundheit!)

Der aus dem Heiligen Land stammende und bei Köln lebende Jalil Schwarz nennt das Gericht Esau-Gericht oder Biblisches Linsengericht. 1985 begann er, Mjaddara und andere orientalische Gerichte für Feste bis 1000 Personen deutschlandweit zu kochen. Mit dem Erlös hat der als »Friedenskoch« bekannte Palästinenser interreligiöse Projekte und Einrichtungen seiner Heimat unterstützt. 2001 wurde ihm dafür das Bundesverdienstkreuz am Bande verliehen.

So wie seine Festessen sind auch israelische Krankenhäuser Orte, an denen Licht im dunklen Tunnel aufstrahlt: Palästinensische Ärzte behandeln jüdische Patienten und umgekehrt. Auch Küchen und Kantinen des Landes sind Orte der Hoffnung. Juden, Christen, Muslime und Drusen beweisen dort: Das Miteinander ist möglich! Einmal fragte ich den Küchenchef in einem israelischen Kibbuzferiendorf: Darfst du als Muslim alles in dieser koscheren Küche? Antwort: »Bis auf eine Sache. Den Herd anschalten, das muss ein Jude.«

Die in England lebenden Yoram Ottolenghi und Sami Tamimi, Jude und Palästinenser, sind mit »Jerusalem – Das Kochbuch« weltbekannt geworden. Bereits 2001, mitten in der zweiten Intifada, gründete der Armenier Kevork Alemian, Maitre d'Hotel im legendären American Colony in Ost-Jerusalem, die Chefs for Peace, die Chefköche für Frieden. Seitdem kochen sie Galadinner für Feinschmecker. Auslöser der Initiative: Alemian hatte drei andere Chefköche, einen jüdischen Israeli, einen christlich-arabischen Israeli und einen muslimischen Palästinenser bei einem Kochfestival in Italien kennengelernt. Da erst merkten die vier, wie viel sie voneinander lernen konnten. Porträtiert hat die Köche der Filmemacher Uri Schneider. Urteil des *Gourmet-Reports* dazu: »Das Ergebnis ist ein Film, der zeigt, dass viele Israelis und Palästinenser zusammenleben wollen und können, wenn sie sich darauf besinnen, was sie verbindet.«

Der siebte Engel

Burgen und Blut, Kirchen und Kadaver, Mosaike und Misstrauen – all das haben die Kreuzfahrer hinterlassen, im Heiligen Land und auf dem Weg dorthin. Ein Misstrauen, das bis heute das christlich-muslimische Miteinander, aber auch das Verhältnis zwischen der römisch-katholischen Kirche und den orthodoxen Kirchen belastet. Doch wollen wir jetzt über Erfreuliches sprechen – über die Wandmosaiken der Geburtsbasilika im palästinensischen Bethlehem. Durch die Jahrhunderte stark zerstört und rußgeschwärzt, ist nur noch die Hälfte der ursprünglichen Mosaikfläche zu sehen. Erkennen kann man den Stammbaum Jesu nach Matthäus und die ersten sieben ökumenischen Konzilien auf der rechten, südlichen Seite des Hauptschiffs. Die Darstellung von Provinz- und Lokalsynoden findet man an der gegenüberliegenden Wand. An dieser ganz oben »ziehen« gleichsam Engel zwischen den Fenstern nach rechts, vom Eingang, dem »Tor der Demut«, nach vorne. Ziel der himmlischen Prozession ist der Geburtsort des Erlösers, lokalisiert in der tiefer gelegenen Grotte unter der griechisch-orthodoxen Kirche.

2008 nahm man die konstantinisch-justinianische Basilika in die UNESCO-Liste der 100 Natur- und Kulturerbe-Stätten auf, die weltweit am stärksten gefährdet sind. 2010 unterzeichneten die drei zuständigen kirchlichen Autoritäten – der griechisch-orthodoxe und der armenische Patriarch, dazu der Kustos der Franziskaner – in Gegenwart von Vertretern der palästinensischen Autonomiebehörde einen Renovierungsvertrag. Dann konnte die längst überfällige Sanierung und damit Rettung der Kirche beginnen. Noch vor Arbeitsbeginn wurde 2012 die Basilika in die Liste des UNESCO-Weltkulturerbes aufgenommen. Ein Jahr später trafen fast 30 italienische Restauratoren und Arbeiter unter der Leitung von Gianmarco Piacenti ein. Zusammen mit palästinensischen Kollegen nahmen sie sich des Gebälks, der Fenster, der Tore sowie der Wand- und Bodenmosaiken an. Letztere mussten zweimal gründlich gereinigt werden, die Lücken bei fehlenden Mosaiksteinchen wurden mit einem

Belag gefüllt und damit markiert: Der Betrachter soll die Beschädigung durch Erdbeben, Regen, Ruß und Staub erkennen können.

Nun strahlen die Gesichter, Kirchenkuppeln, Buchstaben, Pflanzenfriese und Ornamente auf Boden- und Wandmosaiken wieder – vermutlich so wie damals nach ihrer Fertigstellung vor etwa 850 Jahren. Nach seiner Pilgerfahrt 1661 schrieb der Kanoniker Jean Doubdan begeistert über die byzantinisch inspirierten Mosaiken aus der Hand der syrischen Meister Efrem und Basil: »Über den Säulen des Kirchenschiffs ist eine Mauer, die ganz mit einem der schönsten und feinsten Mosaike, das man sehen kann, bedeckt und bemalt ist, aus kleinen, feinen wie Kristall transparenten Steinen in allen Farben zusammengesetzt.«

Ein Gänsehautmoment war für alle Beteiligten an der Sanierung die Entdeckung eines unter Putz verschwundenen Wandmosaiks. Über Jahrhunderte wusste man von diesem verborgenen Engel nichts. Eine Wärmebildkamera holte ihn, den siebten Engel, aus dem Dornröschenschlaf. »Wir fingen an, tiefer zu kratzen und so legten wir ihn frei. Er war unter dem Putz. Das hat ihn geschützt. Überliefert ist, dass es zehn Engel sein sollten, (...) drei fehlen. Die sind wohl weggeflogen«, erzählte Piacenti dem Bayerischen Rundfunk. Franziskanerpater Dr. Gregor Geiger dagegen geht von ursprünglich 24 Engeln aus.

Dank der erfolgreichen italienisch-palästinensischen Anstrengungen nahm die UNESCO die Kirche über der Geburtsstätte Jesu von der Liste des gefährdeten Welterbes. Franziskanerbruder Petrus Schüler bat im Mai 2018, nach langen Jahre in Jerusalem, am Tag vor dem Abflug nach Deutschland einen Freund, ihn nach Bethlehem zu fahren. »Ich wollte die Geburtskirche ohne Gerüste erleben und es war ein unbeschreibliches Erlebnis, die Basilika fast fertig renoviert zu sehen. Besonders die Mosaiken geben der Kirche ihre Schönheit und Würde zurück, deren sie so lange beraubt schien.«

27 Jahre Lebenszeit

Der palästinensische Christ Elias ist mit der Jordanierin Rana verheiratet. Was ich nun schildere, hat mir dieses Paar, dessen Namen ich geändert habe, selbst erzählt: Vor einigen Jahren lebte Rana im Westjordanland in völliger Ungewissheit. Israelische Behörden bearbeiteten Anträge auf Familienzusammenführung zwischen Palästinensern und ihren ausländischen Partnern plötzlich nicht mehr; davor hatten sie pro Jahr 2000 Anträge positiv beschieden, zwischenzeitlich sogar 4000. Als im April 2006 Ranas israelische Aufenthaltsgenehmigung ablief, lebte sie in Palästina aus Sicht Israels illegal. Aus Angst, in eine Armeekontrolle zu geraten und abgeschoben zu werden, verließ Rana von April 2006 an das Dorf nicht, in dem sie mit Mann und Sohn lebte. Als sie im November desselben Jahres ihr zweites Kind erwartete, machte sie sich mit ihrem Mann bangen Herzens zum Krankenhaus auf, eine Fahrt von etwa zehn Kilometern. Elias hatte ihr vorsorglich den palästinensischen Ausweis seiner Schwester ausgehändigt. Prompt kamen sie in einen »fliegenden« Kontrollpunkt, eine spontan errichtete Straßensperre des israelischen Militärs. Trotz andersartigen Aussehens verhalf der Ausweis der Schwägerin zur Passage auf dem Weg in den Kreißsaal. Alles ging gut. Eineinhalb Jahre später genehmigten die israelischen Behörden die Familienzusammenführung.

Ein Blick zurück: 1979 waren 150.000 Anträge anhängig, zehn Jahre später deportierte Israel über 200 Frauen und Kinder, die vergeblich auf die Genehmigung ihres Antrags gewartet hatten. Mit dem Ausbruch der zweiten Intifada fror Israel die Bearbeitung solcher Anträge komplett ein, Gleiches geschah nach dem Wahlsieg der Hamas 2006. Zwei Jahre später beschied die israelische Regierung als Zeichen des guten Willens – »politische Geste« genannt – 35.000 Anträge positiv. 2018 reichte die israelische Menschenrechtsorganisation HaMoked eine Petition beim Obersten Gerichtshof mit dem Ziel ein, den Bearbeitungsstopp aufzuheben; die Petition wurde abgelehnt.

Immer noch warten Zehntausende palästinensische Paare, zum Teil seit zwei Jahrzehnten, auf die Bearbeitung ihres Antrags. Manche leben »untergetaucht« im Westjordanland, andere getrennt und sehen sich nur einige Male im Jahr. Eine Palästinenserin in selber Lage, meine Sitznachbarin im Flugzeug, berichtete mir, dass sie und ihr Mann, zermürbt vom sich hinziehenden Verfahren und Anwaltskosten, sich schweren Herzens zur Scheidung durchgerungen hatten.

Israel kontrolliert bis heute das Bevölkerungsverzeichnis der besetzten palästinensischen Gebiete mit solch schwerwiegenden Folgen. Möchte ein Palästinenser aus Ramallah oder Bethlehem seine deutsche oder jordanische Ehefrau zu sich holen, bedarf dies israelischer Zustimmung. Zieht ein Palästinenser etwa von Nablus nach Hebron, benötigt er grünes Licht von Israel für die Adressänderung.

Auf der Internetseite von HaMoked las ich von einem Schicksal, das mich tief bewegte. Ein Palästinenser wurde bei einer Razzia verhaftet und dann nach Jordanien abgeschoben. Mit seiner Frau traf sich der damals Frischverheiratete von Zeit zu Zeit in Jordanien, nach einigen Jahren erfreuten sie sich ihrer sechs Kinder. Das Paar erbat juristischen Beistand von HaMoked. Briefe und Anhörungen folgten, fehlende Dokumente mussten wiederholt nachgereicht werden, die Jahre gingen ins Land. Eines Tages landete die Sache vor dem Obersten Gerichtshof Israels. Der genehmigte die Familienzusammenführung. Als man die Familie kontaktierte, konnte diese nur Trauriges berichten: Kurz zuvor war der Verbannte in der Fremde gestorben – 27 Jahre getrennt von Frau, Kindern, Verwandten, dem Heimatort. »Bürokratie kann dein Leben ruinieren«, hatte mir Dalia Kerstein, die langjährige Direktorin von HaMoked, vor Jahren schon erklärt. Auf Zeit spielen oder Eis legen und mit Formularen quälen: Diese Art von Terror hat das Leben von Tausenden Palästinensern verbittert und ruiniert und tut es immer noch.

Städtepartnerschaften 103:16

Ahmed hatte mich fertig frisiert, da meinte er: »Kürzlich war ein Deutscher hier, da liegt die Visitenkarte.« Ich las: Oberbürgermeister der Stadt Köln. Dem Friseur unweit des Bethlehemer Krippenplatzes war nicht bewusst, welcher Prominente seine Haare in Jesu Geburtsstadt gelassen hatte. Auf dem Weg zu meiner Wohnung fiel es mir ein: Bethlehem und Köln sind doch Partnerstädte! Klar, da gab es Schüleraustausch, Delegationen, … und da fallen auch mal Haare!

Lange vor palästinensisch-deutschen Städtepartnerschaften gingen westdeutsche und israelische Städte eine Kooperation ein. Ziel war Annäherung und Aussöhnung. Vorreiter waren 1966 drei Westberliner Bezirke: Charlottenburg-Wilmersdorf schloss mit Or Yehuda, Reinickendorf mit Kiryat Ata und Steglitz-Zehlendorf mit Kirjat Bialik eine Partnerschaft; den Status einer Stadt erhielten die israelischen Orte erst später. Markiert man auf einer Deutschlandkarte Städte mit israelischer Partnerstadt, dann ballt es sich in Nordrhein-Westfalen (NRW), vor allem im Ruhrgebiet. Laut *Zeit* war man dabei »in NRW (…) so eifrig, dass es manchem in Israel zu viel wurde.« Nazareth Illit, 2019 in Nof HaGalil (Blick über Galiläa) umbenannt, zog Kritik auf sich, da es mit Leverkusen (seit 1980) und Klagenfurt (1992) zwei Partnerstädte hat, in denen laut *Ha'aretz* »die NSDAP sehr aktiv war«. Der langjährige Oberbürgermeister Menachem Ariav (1977–2008) gab zu bedenken, man dürfe die Shoa nicht vergessen, »aber wir (…) sollten uns nicht isolieren«.

Im Süden, Norden und Osten Deutschlands sind Kommunen mit Partnerstädten dünn gesät, in Bayern sind es lediglich acht. Bis heute bemüht sich Dachau vergeblich um einen Partner. Auch Bayreuth ist auf der Suche. 2020 hat Stephan Müller von der Fraktion Bayreuther Gemeinschaft den Antrag gestellt, Schritte für eine Partnerschaft einzuleiten. Darin sieht er einen »wichtigen Beitrag gegen Antisemitismus«. Aufgrund der »dunklen Kapitel in der Stadtgeschichte« sei Bayreuth geradezu prädestiniert.

In den neuen Bundesländern ist die ebenfalls geringe Zahl der Tatsache geschuldet, dass sich die DDR mit dem Staat Israel schwer tat und ihn erst kurz vor dem eigenen Ende anerkannte. 1992 machte das thüringische Nordhausen den Anfang und ging mit Beit Shemesh, zwischen Jerusalem und Tel Aviv gelegen, eine Partnerschaft ein. Eine solche unterhält in Mecklenburg-Vorpommern allein Neubrandenburg (Nazareth, 1998). Berlin bemühte sich 2005 erstmals um Jerusalem – und bekam einen Korb. Wegen seiner »Einzigartigkeit« habe Jerusalem keine Städtepartnerschaft, erklärte ein früherer Bürgermeister.

Auffallend viele deutsche Städte sind mit kleinen Orten verbunden. Wer kennt schon Emek Chefer (Kreis Siegen-Wittgenstein, 1973), Kadima (Frankfurt/Oder, 1997) oder Kirjat Tivon (Braunschweig, 1985)? Mit Großstädten sind beispielsweise Köln, Bonn, Essen, Freiburg, Frankfurt verbrüdert (alle mit Tel Aviv), Mainz und Bremen jeweils mit Haifa. »Deutschland unterhält mit Israel so viele Städtepartnerschaften wie mit keinem Land in Afrika, Asien oder Südamerika«, berichtet Matthias Stolz von der *Zeit*: genau 103.

Bei Palästina dauerte es genau 30 Jahre länger: 1996 wurde die erste deutsch-palästinensische Städtepartnerschaft mit Köln–Bethlehem besiegelt. Gegenwärtig gibt es 16 Abkommen zwischen deutschen und palästinensischen Städten, sechs davon sind Städte-, zehn Kooperationspartnerschaften. Starke Bande verbinden Bethlehems Nachbarstadt Beit Jala mit Bergisch-Gladbach. Heinz-D. Haun und Jörg Bärschneider vom Städtepartnerschaftsverein Bergisch Gladbach – Beit Jala e. V. bitten regelmäßig um Spenden für soziale Einrichtungen in Beit Jala, informieren über die dortige Lage oder verfassten angesichts der »geplanten Annexion großer Teile des Westjordanlandes durch Israel, die auch Beit Jala direkt betrifft« eine Petition an Bundeskanzlerin, Außenminister und Auswärtigen Ausschuss. Wurden diese engagierten – schon wieder NRW! – Stimmen gehört?

800.000 Menschen an einem Ort

Vier Gruppen oder Lager haben es in der Geschichte des Staates Israel vermocht, Massen zu mobilisieren: die ultraorthodoxen JüdInnen (hebr. Haredim/Charedim = Gottesfürchtige), die jüdischen Siedler und ihre nationalreligiöse Anhängerschaft, das mittlerweile geschwächte Friedenslager und jene, die es aus innenpolitischen Gründen auf die Straße treibt. 2011 waren es landesweit bis zu 400.000 Personen, die für bezahlbare Mieten, Reform des Gesundheitssystems und kostenlose Kinderbetreuung ab der Geburt demonstrierten und Zeltstädte errichten. 2020/21 richtete sich die Wut von Zehntausenden allwöchentlich gegen den der Korruption angeklagten Premierminister Netanyahu und dessen Corona-Politik. Auf Schildern und Postern stand beispielsweise »Bibi, geh' heim!«, »Crime Minister« oder »Netanmao« (Anspielung auf Mao Tse-tung). Im März 2021, nur drei Tage vor der vierten Wahl binnen zwei Jahren, forderten über 50.000 vor Netanyahus Residenz dessen Rücktritt. Ein Banner verlangte »Chuka achshav!« (Verfassung jetzt!), denn auch 73 Jahre nach Staatsgründung hat Israel keine.

Bei Menschenmassen sind allerdings die Haredim klare Nummer eins. »Die Demonstration der vereinten Ultraorthodoxie (…) gegen die Demokratie in Israel und besonders gegen sein Rechtswesen war die größte Demonstration orthodoxer Kreise in der Geschichte des jungen Judenstaates«, behauptete die Quartalsschrift der Israel Interfaith Association. Über 1000 angemietete Busse und eine Viertel Million Haredim legten im Februar 1998 den Verkehr derart lahm, dass Jerusalem stundenlang abgeschnitten war. Das widerfuhr der Heiligen Stadt im Oktober 2013 erneut – wegen einer Beerdigung. Mehr als 800.000 Menschen sollen Rabbi Ovadia Yosef die letzte Ehre erwiesen haben – die historisch größte Trauergemeinde Israels. Ihre Zahl war damit »doppelt so hoch wie die der Demonstranten, die sich im vorvergangenen Sommer den Sozialprotesten gegen die hohen Lebenshaltungskosten anschlossen«, schrieb Hans-Christian Rößler in der *FAZ*. Der 93-jährig verstorbene

Rabbi und Ratgeber war vor allem orientalisch-stämmigen Juden die wichtigste religiöse Autorität. Kein anderer Rabbiner war so einflussreich wie der frühere sephardische Oberrabbiner und Gründer der Schas-Partei (1984). Die Stimme des in Bagdad geborenen Yosef war oft Zünglein an der Waage, wenn Koalitionen gebildet und Entscheidungen getroffen werden mussten. Noch einmal Korrespondent Rößler: »In den neunziger Jahren unterstützte er die Oslo-Verträge mit den Palästinensern, später bat er Gott darum, er möge die Araber ›mit der Pest strafen‹.«

Kein halbes Jahr später gingen 2014 erneut Haredim auf die Straßen – gegen ein Gesetz, das erstmals verpflichtenden Wehrdienst für sie festschrieb. Die Journalistin Ulrike Schleicher: »Hunderttausende Haredim tanzten, sangen und beteten gemeinsam.« Sie riefen dabei: »Die Thora steht über allem« und »Ihr werdet unsere Welt nicht verändern, sie ist von Gott befohlen«.

Auch jüdische Siedler und ihre national-religiösen Sympathisanten schaffen es, Massen zu bewegen. 2004 protestierten zwischen 130.000 und 200.000 Menschen gegen Sharons Abzug der jüdischen Siedlungen im Gazastreifen. Bis zu diesem reichte die 90 Kilometer lange Menschenkette von der Klagemauer.

Solchen Ansammlungen vermochte das Friedenslager in den letzten 20 Jahren höchstens eine vierstellige Zahl entgegenzusetzen, wogegen noch im ersten Libanonkrieg 1982 circa 400.000 gegen Israels Schützen- und Waffenhilfe für libanesisch-christliche Milizionäre beim Massaker in den palästinensischen Flüchtlingslagern Sabra und Shatila protestierten. Die britische Zeitung *The Guardian* nannte das Massaker »eines der barbarischsten Ereignisse unserer Tage«, US-Präsident Reagan empörte sich über den neuen »Goliath Israel«. Israelis beschimpften in Sprechchören den »Kindermörder« Begin und den Verteidigungsminister Ariel Scharon als »Faschisten« und forderten deren Rücktritt.

Moscheebauphase: von 200 auf 600

Bei Artas, Bezirk Bethlehem. Ali erzählt mit ruhiger Stimme von seinem Gefängnisaufenthalt. Auf die Frage im Verhör »Gehörst du der Hamas oder dem Islamischen Jihad an?«, hatte er geantwortet: »Weder noch.« Der Verhörende insistierte, er müsse sich entscheiden, dementsprechend werde er einer Zelle zugeteilt. Seine Beteuerung, er gehöre keiner Gruppierung an, verhallte ungehört. Das teilte mir der Muslim, Mitglied in meinem Chor am Begegnungszentrum Dar an-Nadwa in Bethlehem, bei Hähnchen mit Reis und Mandeln mit. Sein Haus zwischen dem Örtchen Artas und den gigantischen Salomonsteichen lag idyllisch, wären da nicht die nahegelegenen Siedlungen und die Trennbarriere. Beim obligatorischen Minztee mit Unmengen Zucker sprachen wir über seine Familie, er reichte mir Familienfotos. Nirgendwo ein Hidschab, ein Kopftuch. Wann begannen Frauen, sich zu verschleiern?

Ich stellte die Frage in meinem überwiegend christlichen Umfeld in Bethlehem, ich recherchierte und las. Und stieß immer wieder auf den Namen Ayatollah Khomeini, der 1979 aus dem Pariser Exil nach Teheran zurückgekehrt war. Die sogenannte »Islamische Revolution« strahlte in den gesamten Nahen Osten aus. Susanne Schröter, Direktorin des Frankfurter Forschungszentrums Globaler Islam bezieht in ihrem Urteil Entwicklungen anderswo mit ein: »Diese Entwicklung in Afghanistan, (…) in Saudi-Arabien und im Iran – alles führte letztendlich dazu, dass es in der islamischen Welt eine neue Hinwendung zu einem fundamentalistischen Islam gegeben hat.« Aufbruchstimmung spürte man fortan in muslimischen Ländern, ergänzt der Islamwissenschaftler Patrick Franke. Religiös motivierte Aktivisten fühlten sich ermutigt, mit einem religiösen Programm einen politischen Kampf zu führen, denn – so Susanne Schröter – »im Iran hat das doch funktioniert«. Ihr zufolge galt von Indonesien bis Mauretanien, von Saudi-Arabien bis zum Balkan die Parole: »Der Islam ist die Lösung.«

Auch im besetzten Palästina ging die iranische Saat auf. Den Boden bereitet hatte letztlich die israelische Besatzung. Was von 1948 bis zum

Sechs-Tage-Krieg 1967 unmöglich war, ging nun: Jederzeit im eigenen Wagen von Gaza nach Bethlehem, Jerusalem oder Nablus fahren und umgekehrt. Das kam den Muslimbrüdern zupass. Ihr Fokus war bis dahin Bildung und Erziehung sowie die Glaubensweitergabe gewesen. »Neu«, schreibt die Politologin Helga Baumgarten, »war eine landesweite Initiative (...), in der sich die Muslimbrüder intensiv auf den Bau neuer Moscheen konzentrierten.« Von 1967 bis 1987 stieg die Zahl der Moscheen im Westjordanland von 400 auf 750, im Gazastreifen verdreifachte sie sich von 200 auf 600.

Die in Jerusalem lebende Hamas-Expertin Baumgarten zitiert David Shipler, den ehemaligen Korrespondenten der *New York Times*. Ihm vertraute der damalige israelische Militärgouverneur für Gaza Yitzhak Segev an, dass er die islamische Bewegung in Gaza, aus der 1987 die Hamas entstand, »als Gegengewicht gegen die PLO und die Kommunisten finanziert« habe. Wie bitte? Eine Parallele zur US-amerikanischen Unterstützung der Taliban-Vorläufer, der Mudschahedin dank »Operation Cyclone«?

Ich konfrontierte damit den Palästinakenner Danny Rubinstein. Als er Ende der 1960er-Jahre als Journalist anfing, so berichtete er mir, »waren überall in der Welt die marxistischen Organisationen der Feind«. Der israelisch-jüdische Journalist führte die Baader-Mainhof-Gruppe an, »die den Palästinensern geholfen hat, das Flugzeug nach Uganda zu entführen«. Er nannte den Anschlag der japanischen Roten Armee auf den Flughafen Tel Aviv (1972, 26 Tote). Nun kommt's: »Es gab eine Art Zusammenarbeit zwischen Israel und den Frommen, den islamischen Organisationen. Sie waren zusammen im antimarxistischen Block. Vor diesem Hintergrund unterstützte Israel, nein, das ist das falsche Wort, es ebnete der islamischen Bewegung den Weg. Vor dem Dilemma Islam oder Marxismus, entschied sich Israel für den Islam.«

805 Tote durch
palästinensische Selbstmordattentate

Ich war auf dem Weg zum wohl schwierigsten Interview meiner Jerusalemer Zeit. Das Taxi kämpfte sich durch den Feierabendverkehr zur
Autobahn nach Tel Aviv durch, vorbei am großen jüdischen Friedhof
Kiryat Shaul. Wenig später schraubte sich der Mercedes langsam den
Hang empor nach Motza, einen grünen Vorort Jerusalems. Was sollte ich
die Mutter fragen, der die 14-jährige Tochter durch einen Selbstmord-
anschlag entrissen wurde? Ich ging an Blumenbeeten und Topfpflanzen
vorbei zur Treppe. Da stand Frau Peled-Elhanan. Ein kurzes »Schalom«,
dann bat sie mich ins Haus, ließ mich Platz nehmen und brachte Ge-
tränke. Ich fühlte mich befangen, gefangen und wünschte, ich hätte diesen
Termin nie vereinbart. Wozu sollte das Interview gut sein?

Um die Stille zu vertreiben, äußerte ich meine Begeisterung über das
satte Grün und die wunderbare Aussicht, sprach von mir und dass ich
Gila Svirsky von den Frauen in Schwarz kannte; sie nämlich hatte den
Kontakt hergestellt. Wie um Gottes willen beginnen? Ich erwähnte den
Auftrag für die Zeitung *Das Parlament* und das Attentat, bei dem Smadar
getötet worden war. »Darüber werde ich nicht sprechen«, meinte Nurit
Peled-Elhanan bestimmt. Alles Gesagte könne man nachlesen. Wie würde
die Zeitung reagieren, nun, wo sich der Fokus verschieben würde? Ich
wollte mich vom Gefühl leiten lassen. »Welche Hilfe hast du nach dem
Tod deiner Tochter erfahren?«, begann ich. Israel kümmere sich sehr
gut um seine Toten, »man bekommt viel Geld. Es dreht sich im Grunde
nur darum. Man ist steuerfrei und muss nichts mehr für zahnärztliche
Behandlung bezahlen. In Israel existiert ein System, das dich wirklich
in die Arme schließt. Und das Blut und Tod zelebriert. Ich glaube, es
gibt kein anderes Land, das totes Fleisch so idealisiert wie Israel das tut.
Niemand interessiert sich für die Lebenden, aber die Toten werden zu
Heiligen.« Sie fragt sich, ob man das wirklich Hilfe nennen könne. Ein
deutlicher Satz folgte dem nächsten, etwa: »Die israelische Regierung

benutzt Angehörige von Terroropfern auf zynische Weise und hetzt sie auf. Der Ärger sollte sich jedoch an die richten, denen man eigentlich die Schuld geben muss.« »Wer ist das?«, fragte ich. »Das Regime der Besatzung und Unterdrückung. Denn die Palästinenser haben überhaupt keine Tradition des Selbstmordes. Derjenige, der sie dazu gebracht hat, ist der wirklich Schuldige. Was kann man schon über diese Jungen und Mädchen sagen, deren Gehirn verseucht ist und die sich zusammen mit dem Feind umbringen wie Samson in der Bibel? Sie und wir alle sind Opfer desselben Besatzungs- und Unterdrückungsregimes.«

Ich brach auf. Da hatte ich eine Frau gesprochen, die an Klarheit übertraf, was ich je an israelischer Kritik der eigenen Regierung gehört hatte. Ich war einer unerschrockenen Kämpferin gegen die israelische Besatzung begegnet, die ihren Schmerz in Energie umwandelt – für Dialog und Versöhnung. Sie und ihr Mann Rami engagieren sich im Elternkreis/Familienforum – so wie 600 weitere Hinterbliebene beider Seiten.

Die Organisation AVIOR hat einen anderen Fokus: Sie unterstützt »jüdische Terroropfer« und hilft ihnen, »ihre Bedürfnisse zu stillen und ihre Rechte in Anspruch zu nehmen, wodurch ihnen Hoffnung, Unterstützung und Linderung zuteil wird.«

Vom ersten solchen Anschlag bis heute beweinen israelische Familien einen von 805 Getöteten. Über 100 Familien gründeten das Choose Life Forum und fordern von der Politik ein »Abschreckungspaket« zur Verhinderung weiteren Terrors, das unter anderem diese Punkte enthält: das Haus des Terroristen abreißen, Arbeitsgenehmigungen seiner Angehörigen für nichtig erklären, den Leichnam eines getöteten Terroristen einbehalten bis hin zur Todesstrafe für Terroristen. Der Generalstaatsanwalt im Jahr 2021 lehnt wie auch seine Vorgänger den Gesetzesentwurf für die Todesstrafe ab, doch über 70 Prozent der Bevölkerung sind dafür.

724 Pilger »nach dem Heiligen Lande«

724 Pilger, die größte Wallfahrt der Vereinsgeschichte, brach 1910 zur Einweihung der Marienkirche Dormitio (Entschlafung Mariens) nach Jerusalem auf. Es handelte sich um den Deutschen Verein vom Heiligen Land (DVHL), der 1895 aus dem Zusammenschluss des Vereins vom Heiligen Grabe und des Palästina-Vereins der Katholiken Deutschlands entstanden war. Bevor deutsche Katholiken begannen, Pilgerfahrten zu organisieren – Ziel der Vereinsarbeit – hatten sich Vereinsmitglieder französischen und österreichischen Pilgerzügen angeschlossen. DVHL-Reisen führten damals von Köln per Bahn nach Genua, Venedig oder Brindisi, wo man sich nach Alexandria, Beirut, Jaffa und Haifa einschiffte. Im Heiligen Land reiste man mit Eseln und Pferden. »In den beiden Jahrzehnten vor dem ersten Weltkrieg sind insgesamt mindestens 15 offizielle Pilgerkarawanen des Vereins von Köln nach einer heiligen Messe am Drei-Königen-Altar im Dome nach dem Heiligen Lande gezogen«, heißt es in den Annalen des Vereins. Bei der fünfwöchigen Wallfahrt »Mit dem Peer Gynt ins Heilige Land« im Herbst 1925 besuchten 183 Pilger nicht nur die üblichen heiligen Stätten, sondern auch Kairo und Unterägypten. Bei der Jubiläumswallfahrt fünf Jahre später starben zwei Geistliche, »einer an Altersschwäche, der andere beim Schwimmen in Haifa (ohne Strohhut!) an einem Hitzschlag«.

Dank dieses rührigen und emsigen Vereins finden sich im Heiligen Land neben russischen, griechischen, italienischen, österreichischen und britischen auch deutsche »Inseln« wie die Dormitio-Kirche auf dem christlichen Zionsberg, die von deutschen Benediktinern im Auftrag des DVHL betreut wird. Pater Nikodemus Schnabel schreibt dazu: »Auf Initiative des Deutschen Vereins vom Heiligen Lande erwarb der deutsche Kaiser Wilhelm II. für 120.000 Mark persönlich von Sultan Abdul Hamid das Gelände gegenüber dem von den Muslimen damals hoch verehrten Davidsgrab.« Auf seiner Orientreise 1898 nahm er das Grundstück in Besitz und übergab es am Reformationstag dem DVHL, nachdem er am

Vormittag desselben Tages die evangelische Erlöserkirche in Jerusalems Altstadt eingeweiht hatte. Pater Nikodemus: »Er wollte damit (…) eindeutig dokumentieren, dass er Kaiser aller Deutschen sein wollte, der Protestanten wie der Katholiken.«

Der Kölner Diözesanbaumeister Heinrich Renard wurde beauftragt, Kirche und Kloster zu planen. Als Hinweis auf die Geburtsstädte des Vereins ließ er sich von der Kölner Kirche St. Gereon und der Aachener Pfalzkapelle inspirieren. Elemente dieser Kirchen zitierend, entwarf er ein neoromanisches Ensemble mit Rundbau. Der abseits stehende Glockenturm, weiß Pater Nikodemus Schnabel, ist muslimischen Forderungen geschuldet. Andernfalls wäre, so ihre Sorge, Schatten auf das benachbarte Heiligtum ihres Propheten David (arab. Daoud) gefallen.

Alle deutschen Bischöfe riefen zu Spenden für das Heiligtum auf. Trotzdem war ein Kredit nötig, um die etwa eine Million Goldmark aufbringen zu können. Nach zehnjähriger Bauzeit waren Kirche und Kloster fertiggestellt. Später gerieten sie zwischen die Kriegsfronten. »1948 besetzte die israelische Armee die Kirche, die somit zum Ziel für arabische Granaten wurde«, schreibt das Historikerduo Mock/Schäbitz, auch im Sechs-Tage-Krieg wurde die Kirche schwer beschädigt.

Heutzutage bringt der DVHL jährlich etwa 2000 Menschen ins Heilige Land, bietet »Exerzitien am See Genesareth« an, »Pilgerreisen für Ehepaare im Lande Jesu« oder »Biblische Orte beiderseits des Jordans«. Zudem versteht sich der Verein als Hilfswerk für die Christen des Nahen Ostens, fördert die Verständigung der Religionen und nimmt zusammen mit Ordensgemeinschaften soziale und pastorale Aufgaben wahr.

Die größte Pilgergruppe, die ich bei 60 Reisebegleitungen im Heiligen Land antraf, waren 350 Äthiopier, auf sieben Busse aufgeteilt, mit Bischöfen und Pfarrern. Wie meine Gruppe warteten sie auf Großraumtaxis, die die Pilger im Affenzahn die Serpentinen zum Berg Tabor hinauffahren.

150.000 Haushalte in Israel leben vom Konflikt

Protest gegen Israels Barrierebau im palästinensischen Bil'in, 2005. Kurz bevor wir mit Tränengas beschossen wurden, hatte ich die Friedensaktivistin Kerstin Sodergren interviewt. Die Israelin mit schwedischen Wurzeln hatte die wöchentliche Demonstration »Versuchslabor für neue Waffen« genannt und als Beispiel »Schwamm und Bohnensäckchen«, die die Haut ablösen. Ortswechsel Gaza-Stadt, ein Jahr später: Ein Menschenrechtsanwalt und Ärzte äußern mir gegenüber die Vermutung, Israel habe im Gaza-Krieg, bei der »Operation Sommerregen«, neue Waffen eingesetzt. »Wir sind mit neuen Verletzungen konfrontiert, Schrapnelle schmelzen im Körper, es kommt zu Verbrennungen dritten Grades. Gewebe sieht wie gekochtes Fleisch aus und kann nicht mehr genäht werden. Immer wieder müssen Arme und Beine amputiert werden.« Das erklärte mir Raji Sourani von der Menschenrechtsorganisation PCHR.

Der britisch-israelische Journalist Jonathan Cook meint, dank andauernden Konflikts könne Israel Neuentwicklungen »im Ernstfall« testen. Das Prädikat combat proven (kampferprobt) erweist sich als Gütesiegel, Alleinstellungsmerkmal und kaufentscheidend. Schlagzeilen wie »Indiens Premier auf Einkaufstour in Israel« oder »Israelische ›Suizid-Drohnen‹ in Berg-Karabach« waren ebenso in internationalen Medien zu lesen wie »Waffen aus Israel für Exekutionen in Manila«.

Israel exportiert nicht nur Panzer, Drohnen, Luftabwehrraketen, das Tabor-Sturmgewehr oder die Jericho-Pistole, sondern auch das MG-16-Gewehr, das um die Ecke schießt oder den fahrerlosen Kampfroboter Guardium. Dazu verkauft Israel Erfahrung und Wissen. Mitarbeiter der Armee oder der Polizei schulen weltweit Kollegen in der Terrorbekämpfung. Zu Geld macht Israel verstärkt Cyberprodukte mit Namen wie C^{4}ISTAR oder Überwachungs- und Früherkennungssysteme zum Aufspüren und Entfernen gefährlicher Materialien und zur Personen- und Zielerkennung. Sie kommen weltweit an Flughäfen (z.B. Hannover) oder in Stadien zum Einsatz, im Vatikan oder Buckingham-Palast, in

Atomreaktoren, Häfen und auf Ölbohrinseln. Dank der Spionagesoftware Pegasus der israelischen Firma NSO konnten die Mobiltelefondaten von Menschenrechtsanwälten, Diplomaten oder Journalisten aus Aserbaidschan, Mexiko oder Ungarn ausgelesen werden, allem Anschein nach wurde es auch im Mordfall am saudischen Journalisten Jamal Khashoggi eingesetzt.

Etwa drei Viertel der Rüstungsgüter werden in 130 Länder ausgeführt: nach Aserbaidschan, Botswana, Kolumbien, Deutschland (Heron-1-Aufklärungsdrohnen für Afghanistan), Österreich, in die USA und Vietnam, in demokratische Länder und Diktaturen. Die israelische Anti-Militarismus-Aktivistin Sahar Varda ergänzt: »Ohne Regulierung und Transparenz werden aus Israel Waffen und Militärtechnologien in die ganze Welt exportiert.« Tendenz steigend: Im Juni 2021 meldete die Zeitung *Ha'aretz* beim Export israelischer Rüstungsgüter einen Anstieg gegenüber dem Vorjahr um 15 Prozent. Gesamtvolumen: 8,3 Milliarden US-Dollar. 44 Prozent der Exporte gingen nach Asien und Ozeanien, allein die Golfstaaten kauften für 800 Millionen Dollar ein. Die fünf großen, teils staatseigenen, Firmen Israel Aerospace Industries, Elbit Systems, Rafael Advanced Defense Systems, Israel Military Industries (Standorte u. a. in Thailand) und Israel Weapon Industries beschäftigen zusammen fast 40.000 Angestellte. Zusätzlich handeln 6800 Israelis mit Waffen. »Viele der Politiker, die über die nächste Operation in Gaza entscheiden, sind persönlich mit der Waffenhandelindustrie verstrickt«, sagte Yotam Feldman, Regisseur des Films »The Lab«, im Interview mit Shir Hever. Auch er nennt die Zahl von 150.000, die ich bei Jonathan Cook fand. Der hatte schon 2013, den früheren Verteidigungsminister Barak zitierend, geschrieben: 150.000 Haushalte leben von der Militärindustrie. Auch Sahar Vardi ist überzeugt, die Rüstungsindustrie »ist davon abhängig, ihre Produkte weiterhin testen, entwickeln und als ›kampferprobt‹ vermarkten zu können, das heißt, sie ist davon abhängig, dass der Konflikt fortbesteht«.

Fall Nr. 111.328

»Wenn du in Nablus lebst, deinem Ausweis nach jedoch aus Gaza stammst und man fasst dich an einer Straßensperre, dann schickt man dich nach Gaza zurück. Dabei hast du Frau und Kinder in Nablus, hast dort die letzten zwanzig Jahre gelebt, hast ein Geschäft, lebst ein normales Leben. Heute wolltest du nur zur Hochzeit deines Cousins fahren. Aber im Ausweis steht Gaza. Dann bist du am nächsten Morgen in Gaza.« So erklärte mir HaMoked-Direktorin Dalia Kerstein die Not vieler Palästinenser. Wer weiß außerhalb Palästinas, dass das Westjordanland und der Gazastreifen – kaum 50 Kilometer voneinander entfernt – für Palästinenser auf zwei Planeten liegen? Der Film »Missing Gaza« von Sobhi al-Zobaidi zeigt auf schmerzlichste Weise, dass Israel es nicht einmal zulässt, für eine Beerdigung vom Westjordanland nach Gaza zu fahren. Dalia Kersteins folgenden Satz vergesse ich nie: »Bürokratie kann dein Leben ruinieren.«

Mit diesen fünf Worten im Gepäck, seitdem zigfach bestätigt durch Presseerklärungen und Berichte, suchte ich 2019 erneut die israelische Menschenrechtsorganisation HaMoked in Ost-Jerusalem auf. Kersteins Nachfolgerin Jessica Montell ist verantwortlich für 27 Mitarbeiter in Vollzeit. »Welcher Fall hat dich besonders berührt?«, lautete meine Eingangsfrage. »Da gibt es viele.« Dann schildert mir die sympathische 51-Jährige die Sorge vieler palästinensischer Bauern, deren Ländereien westlich der israelischen Trennmauer liegen. »Das sind absolut verheerende Fälle.« Die Bauern benötigen Passierscheine, um Felder oder Bäume durch Tore in der Barriere zu festen Zeiten erreichen zu dürfen. »Diese ganze Bürokratie ist wirklich katastrophal.« Da ist wieder das B-Wort. Bürokratie. So erzählt Jessica Montell von einem Bauern, der 19-mal erfolgreich einen Schein beantragte. Dann war Schluss. »Nun sagte man ihm plötzlich, dass er seinen Landbesitz nicht nachgewiesen habe. Jetzt ist er in diesem bürokratischen Alptraum und rennt von A nach B, um es zu beweisen.« Frau Montell verdeutlichte mir das Prozedere, gemerkt habe ich mir lediglich die »Zwischenebenen der Bürokratie«. Es klingt nach Irrgarten mit Schreibtischen, Stempeln und Formularbergen.

HaMoked nahm sich des Falls an, lag den »betreffenden Stellen damit immer wieder in den Ohren« und erstritt nach neun Monaten den Passierschein für den Mann, der genau so lange nicht auf seiner Scholle war. »Bei ihm sind es Olivenbäume, um die man sich nicht täglich kümmern muss. Trotzdem muss man sie stutzen und bewässern. Der Ernteertrag, den man von Bäumen jenseits der Barriere erhält, ist viel geringer als früher.« Dazu existieren mittlerweile Studien.

»Welcher andere Fall hat dich bewegt?«, fragte ich nochmals. »Ich habe in einem Jerusalemer Krankenhaus entbunden. Bei der Entlassung hat mein Kind als Bürger des Staates Israel bereits eine ID-Nummer. Das Krankenhaus benachrichtigt das Innenministerium, es läuft automatisch.« Palästinenserinnen aus Jerusalem jedoch benötigen dafür einen Termin. »Ich weiß nicht, ob du die Zustände der ministerialen Büros in Ost-Jerusalem kennst. Es ist unmenschlich, man steht in der Sonne, wartet stundenlang mit dem Neugeborenen, dann findet eine Art Verhör statt.«

Worum ging es in den mehr als 100.000 Fällen seit eurer Gründung? »Wir sind aktuell bei Fall 111.328. So viele haben sich hilfesuchend an uns gewandt. Circa 85.000 Mal ging es darum, Menschen in Haft aufzuspüren. Die Armee benachrichtigt die Familien nicht.«

Erschöpft verlasse ich das Büro. Die Broschüren und Infoblätter, die mir Jessica mitgegeben hat, lese ich Wochen später, darunter eine Seite zum 30-jährigen Bestehen. Da! Erfolge! HaMoked hat »über 3815 Palästinensern« geholfen, die nicht ins Ausland reisen dürfen, Erfolgsquote: über 80 Prozent. Immerhin! Gefreut hat mich auch der Jahresrückblick 2020: Die Menschenrechtsstreiter konnten 3079 Häftlinge aufspüren und ihre Familien benachrichtigen. Wenigstens Gewissheit, wenn schon keine Freiheit.

7,1 Kinder pro Frau

Mea Shearim, West-Jerusalem. »Wann wird das Chanukka-Licht entzündet?«, fragte ich einen Jugendlichen vor der Breslov-Synagoge. Der
bringt mich zu Rabbi Nathan Arush. Dieser begrüßt mich herzlich, das
ist mir in diesem Viertel selten passiert. Der Rav (Rabbi) trägt lange
Schläfenlocken, weißes Hemd, schwarze Kippa und Hose – die Standard-
kleidung der Männer im Viertel Mea Shearim, zu deutsch »100 Tore«.
Ultraorthodoxe Juden nennen sich selbst Charedim (auch Haredim geschrieben), Gottesfürchtige, tragen unterschiedliche Mäntel, die Pelz-
mütze Schtreimel oder den Homburg-Hut. Angeblich kleideten sich so
die polnischen Adligen im 17. Jahrhundert.

In besagter Synagoge folgt man den Weisungen des Rabbi Nachman
von Breslov (gestorben 1810) in der heutigen Ukraine. Peter Lintl von der
Stiftung SWP in Berlin erkennt drei Hauptströmungen unter den »Charedim«: die europäisch-aschkenasischen Traditionen der Litauer und der
Chassiden, sowie die nicht-europäischen sephardischen Charedim, die
ihrerseits weiter unterteilt sind. Zusätzlich existieren antizionistische
Gruppen wie Edah Charedit oder Neturei Karta, »die den Staat Israel
ablehnen, sich nicht an Wahlen beteiligen und jegliche Staatsförderung
ausschlagen«. Solch ein Frommer erklärte mir einmal am israelischen
Unabhängigkeitstag, für ihn sei es ein Trauertag. David Ben Gurion habe
1948 vorschnell gehandelt, anstatt auf den jüdischen Messias zu warten,
der Israel errichten werde.

Zurück in der Breslov-Synagoge: Es riecht muffig. Liegt es an den
Fräcken? Manche plaudern, diskutieren, andere beten, wippen dabei
hin und her oder wedeln mit den Armen, den Blick in Richtung Klagemauer, dem heiligsten Ort im Judentum. Nachdem Rabbi Nathans Vater
Rabbi Shalom das zweite von acht Lichtern entzündet hat, klatschen,
singen und tanzen die überwiegend jungen Männer. »Hier in diesem
Bethaus wirst du keinen mit traurigem Gesicht sehen, alle sind fröhlich«, meint einer.

Fröhlich – das ist manche Frau nicht. Isabelle Neulingers autobiographisches Buch »Meinen Sohn bekommt ihr nie« gewährt schockierende Einblicke in diese männerdominierte, sektenähnliche Welt. Die weltoffene Schweizer Jüdin verliebt sich in Israel in den Sportlehrer Shai. Der entdeckt allmählich seine Religion und verlangt, dass auch seine Frau sich an ihr orientiert. So stellt sie das Autofahren, Rauchen und Fernsehen am Sabbat ein, beginnt, koscher zu kochen, ohne Schinken und Shrimps. »Ich liebe ihn, er liebt mich, das ist mir durchaus ein paar Kompromisse wert«, denkt sie. Immer weiter stellt sie sich um. Während der fünf Menstruations- und der folgenden sieben Reinheitstage schläft sie von ihrem Mann getrennt. Als sie an einem Sabbat unter heftigsten Bauchkrämpfen leidet, weigert sich ihr Mann, sie vor Sabbatende ins Krankenhaus zu bringen. Am Ende fährt er doch, seine Frau wird an der Galle operiert. Die beiden entfremden sich noch mehr. Am Ende flieht sie mit Sohn Noam dank eines Schleusers über den Sinai nach Europa.

Ähnliches erzählt Deborah Feldman im Bestsellerbuch »Unorthodox«. Als ihre Ehe in New York-Williamsburg angebahnt wurde, litt sie längst unter der Engstirnigkeit ihrer chassidischen Satmar-Gemeinde und wünschte sich einen weltoffenen Mann: »Ich möchte jemanden, der mich Bücher lesen und Geschichten schreiben lässt und der mir gestattet, die U-Bahn zum Union-Sqare zu nehmen, damit ich den Straßenmusikern und ihrem Spiel zuhören kann.« Sie entfloh dieser Welt wie jährlich zwischen zehn und 18 Prozent der Charedim in Israel. Unterstützt werden Aussteiger von der Organisation Hillel mit landesweit vier Filialen.

Fröhlich dürften Frauen auch wegen weitverbreiteter Armut und des Fortpflanzungsdrucks nicht sein. Laut Peter Lintl gebären ultraorthodox-jüdische Frauen im Schnitt 7,1 Kinder. Zählten die Charedim 1948 gerade einmal 40.000 Personen, so sind es 2021 über eine Million und stellen damit zwölf Prozent der Bevölkerung. Bei gleicher Geburtenrate könnte ihre Zahl bis 2037 auf 2,3 Millionen hochschnellen.

Nr. 1 im Diamantenhandel

Touristen und Pilger werden von ihren örtlichen Reiseleitern mitunter in eine israelische Diamantenschleiferei, tja, geschleift. Sie und die Busfahrer reiben sich die Hände, vor allem bei nordamerikanischen und asiatischen Gruppen, die gerne großes Geld ausgeben. Guide und Fahrer erhalten eine Provision. Ein mir bekannter Chauffeur aus Galiläa freute sich einmal über einen vierstelligen Dollarbetrag.

Diamanten sollen bereits im vierten Jahrtausend v. Chr. in Indien gefunden worden sein. Plinius d. Ä. beschreibt deren Einsatz als Werkzeug. Im 13. Jahrhundert entdeckte man, dass sich Diamanten bearbeiten lassen, der typische Brillantschliff wurde allerdings erst im 20. Jahrhundert entwickelt. 1955 gelang es erstmals, einen Diamanten künstlich herzustellen. Hauptlieferant der begehrten Steine ist Russland. Große Vorkommen finden sich auch in Südafrika, Namibia, Angola, Botswana, in Sierra Leone, Australien, Kanada und Brasilien. Mikrodiamanten kann man etwa am Nördlinger Ries und bei Forchheim finden.

Wie kommt nun Israel zum Diamantengeschäft? Alexandra Föderl-Schmid von der *Süddeutschen Zeitung* erklärt die Anfänge in der vorstaatlichen Zeit: »Was 1937 sechs Pioniere mit dem ersten Handel und Schleifarbeiten im damaligen Palästina begonnen haben, hat sich zu einem der wichtigsten Wirtschaftszweige in Israel entwickelt.« Laut Internetseite der israelischen Diamantenbörse gab es vorher schon Überlegungen, doch »erst 1936, als die Britische Mandatsregierung darauf verzichtete, Zölle auf Diamantenimporte zu erheben, entwickelte sich die Diamantenindustrie in Israel.« Israel? 1936? De facto handelte es sich um das britische Mandatsgebiet Palästina.

Juden aus Belgien und den Niederlanden mit Vorwissen wurden fortan zu federführenden Händlern. Bereits 1956 tagte der Internationale Kongress des Weltverbandes der Diamantenbörsen (WFDB) in Israel. Seitdem spielt das Land in der ersten Liga der Diamantenbranche und stellte schon den Präsidenten des Weltverbands. In den 1960er-Jahren erkor man Tel Avivs Nachbarstadt Ramat Gan als idealen Ort der Diamantenbörse. 1968 wurde dort der 23 Stockwerke hohe Shimshon-Turm eingeweiht. »Inzwischen sind es vier Türme, die über Brücken miteinander verbunden sind«, weiß Föderl-Schmid. »100.000 Quadratmeter mit 2200 Räumen ist die Gesamtfläche groß, 1400 Firmen haben hier Niederlassungen, 12.000 Menschen arbeiten in dem Gebäudekomplex.« In dieser eigenen Welt existieren Restaurants, Synagoge, Arztpraxis, Frisör und Zahnarzt, Expressdienste, Filialen israelischer Banken, eine Zweigstelle der indischen Nationalbank und ein eigenes Telefonnetz. »Mit Kurzwahlen können sich die Händler auf ihren Handys erreichen«, schreibt Föderl-Schmid.

Die Börse verfügt über zwei Handelssäle – einen für Rohdiamanten, einen für geschliffene Edelsteine. 3000 Händler sind akkreditiert. Vor der Zulassung mussten sie Kurse in Edelsteinkunde, Marketing und Ethik absolvieren, zwei Bürgen beschaffen und einen Lügendetektortest bestehen. Erez Nofarber, einer von ihnen, verriet der Zeitung *Die Welt*: »Diamantenhandel macht süchtig. Wer einmal angefangen hat, kann nicht mehr aufhören.«

Laut Korrespondentin Föderl-Schmid hat die Börse zwar den weltgrößten Saal für Diamantenhandel, »in puncto Umsatz sind Antwerpen und die erst 2010 gegründete Konkurrenz in Mumbai größer«. Dagegen behauptet die Internetseite der Unternehmung unter der Rubrik »Geschichte« ganz unbescheiden: »(...) [D]ie israelische Diamantenbörse ist die größte und weltweit führende.« Israel importiere jährlich Rohdiamanten im Wert von etwa fünf Milliarden US-Dollar, »was etwa 40 Prozent der Roh-Diamantenproduktion der Welt darstellt«. Der Jahresumsatz der Börse liegt zwischen 25 und 30 Milliarden US-Dollar. Jeder zweite Diamant, der in den USA verkauft wird, stammt aus Ramat Gan. Landesweit arbeiten etwa 20.000 Menschen an und mit Diamanten.

Vier Wiener in Israel

Vier gebürtige, längst verstorbene, Wiener erwähne ich: Minister Israel Katz, Rabbi Mordechai Piron (geboren 1921 als Egon Pisk), den Schriftsteller Amos Elon (geboren 1926 als Heinrich Sternbach) und den Generalstabschef Chaim Bar-Lev (geboren 1924 als Haim Brotzlewsky). Vier weiteren möchte ich einige Zeilen widmen. Ari Rath (geboren 1925) floh zusammen mit dem Bruder 1938 nach Palästina. Im Kibbuz hat er 16 Jahre lang »Kühe gemolken und schwere Arbeit geleistet«, erzählte er mir, dann heuerte er bei der *Jerusalem Post* an, bei der er es zum Chefredakteur und Herausgeber brachte. Vermittelt durch Inge Günther (*Frankfurter Rundschau*) interviewte ich ihn zum syrisch-israelischen Verhältnis. Was er über ein zum Greifen nahes Friedensabkommen mit Syrien um die Jahrtausendwende wusste, klingt nahezu unglaublich. »Der große strategische Fehler von Barak (israelischer Premierminister, JZ) war: Dass er in letzter Minute sein Versprechen an den syrischen Präsidenten Assad für einen Ausgleich nicht nur auf den Golanhöhen, sondern auch bezüglich des Verzichts auf zehn Meter Küste in der nordöstlichen Ecke des Sees Genezareth zurückgezogen hat.« Assad sen. saß schon im Flugzeug nach Genf, Bill Clinton ebenso – und dann der Rückzieher Israels. Solch ein Abkommen hätte, ist Rath überzeugt, zum Abzug der Hizbollah aus dem Libanon geführt und bis nach Palästina ausgestrahlt. »Arafat hätte es nicht gewagt, die 2000er-Intifada zu unterstützen.« Wäre uns vielleicht sogar der Bürgerkrieg erspart geblieben?

Ein Jahr älter als Rath war David Rubinger (geboren 1924). Auf dem Boden liegend schoss er das berühmteste Bild des Sechs-Tage-Krieges: die fünf Fallschirmjäger an der Klagemauer, ergriffen, fast andächtig. Rubinger hat Marc Chagall, Golda Meir und John F. Kennedy ebenso wie Papst Paul VI. abgelichtet; ihm verdanken wir Bilder von David Ben Gurions Kopfstand am Strand oder vom gefundenen Nonnengebiss im Niemandsland. Der Bildband »Israel durch mein Objektiv« schildert amüsant, wie Rubinger dank einer Fotoreportage über Bruno Kreisky mit diesem in Kontakt kam und dadurch wieder, obwohl die Frist längst abgelaufen war, zu einem österreichischen Pass.

Ebenfalls hoch betagt wie die beiden starb Teddy Kollek im Jahr 2007. 1911 kam er, je nach Quelle, in Wien, bei Budapest oder am Plattensee zur Welt. Eines steht jedoch fest: Kollek, nach Herzl benannt, lebte mit der Familie bis 1935 in Wien. Zwei Jahre später gründete er mit Gleichgesinnten den Kibbuz Ein Gev am Ostufer des Sees Genezareth, in dessen paradiesischem Feriendorf ich schon oft logiert habe. Schon früh zeigte sich Kolleks Geschick für Diplomatie. Er vermochte Adolf Eichmann zu überzeugen, 3000 jüdische Jugendliche aus Konzentrationslagern zu entlassen. Als Kandidat der Ben-Gurion-Partei Rafi wurde Kollek 1965 Bürgermeister von Jerusalem und blieb es dank fünfmaliger Wiederwahl 28 Jahre lang. Das legendäre Stadtoberhaupt habe wie ein Hirte den Übergang Jerusalems von einem »rückständigen Nest mit einer glorreichen Vergangenheit zu einer Weltstadt der Kultur und Politik« geleitet, schrieb die israelische Zeitung *Ha'aretz* im Nachruf.

»Kaum ein anderer Denker und Schriftsteller hat die deutsche und die jüdische Kultur- und Geisteswelt so umfassend durchdacht und miteinander verbunden (…) wie Martin Buber«, erklärt die Internetseite der Penguin Random House Verlagsgruppe. In Wien 1878 geboren, wuchs Buber beim Großvater im südpolnischen Lemberg auf und wanderte 1938 nach Palästina aus. Dort zählte der Religionsforscher und Philosoph zur Minderheit derer, die ein jüdisch-arabisches Miteinander für lebensnotwendig und möglich hielten. Von dem 1965 Verstorbenen sagt der deutsch-jüdische Erziehungswissenschaftler Micha Brumlik im Hinblick auf den Konflikt: »Und wenn es nur eine Ein-Staat-Lösung gibt, dann muss die früher oder später, wenn sie kein Apartheidsregime sein soll, eine Konföderation sein zwischen jüdischer und arabischer Bevölkerung. Buber hätte – prophetisch gesehen – am Ende das letzte Wort.«

65 Millionen Euro Verlust
durch israelische Zerstörung

Gaza-Stadt, Sommer 2006: Ich stehe im Schutt, um mich herum fliegen Papiere, die der leichte Wind aufgewirbelt hat: eine Krankenversicherung und das Zeugnis von Ahmed Mohammed H. über einen Computerkurs. Hier stand das Gebäude des Gewerkschaftsverbands. Hämmern dringt an mein Ohr. 20 Meter weiter klopfen Jugendliche Fliesen aus dem Schutt heraus, neben mir steht Mohammed Mansour vom Hamas-Sender *Al-Aksa*. Er mutmaßt über das Motiv der israelischen Regierung: »Vielleicht dachten sie, wenn wir das Gebäude der Gewerkschaften zerstören, dann werden die Arbeiter vielleicht die Hamas stürzen.« Schaden in Höhe von 800.000 Dollar entstand, der Radiosender der Arbeiter wurde zerstört, Computer und Mobiliar. Ohne Vorwarnung griff die israelische Luftwaffe dieses zivile Ziel an, im Umkreis von einem Kilometer zerbarsten Fenster.

Mit der zweiten Intifada ist der Schaden auf palästinensischer Seite in die Höhe geschnellt: zersprungene Fensterscheiben und durchschossene Wassertanks gehören zu den kleinen Schäden. Neue Gebäude wie das Planungsministerium oder Brücken wurden zerbombt, Plantagen eingeebnet, Fischerboote beschossen, Bäume entwurzelt, Panzer zermalmten im Weg stehende Autos, Soldaten durchbrachen bei Razzien die Trennmauer zum Nachbarn. Bereits im Oktober 2000 bombardierte Israel die Baustelle des Seehafens in Gaza, als Antwort auf die Tötung zweier Soldaten in Ramallah. 2001 war der Flughafen das Ziel der Jagdbomber, einen Monat später zerstörten Bulldozer die Startbahn. Am Bau hatte sich Deutschland großzügig beteiligt. Auf eine Kleine Anfrage der Partei DIE LINKE antwortete die Regierung: »Die Gesamtschadenssumme an Vorhaben der EU und der Mitgliedsstaaten in den Palästinensischen Gebieten beläuft sich auf ca. 32 Mio. Euro (davon ca. 9 Mio. Euro Schäden an EU-finanzierten Projekten). Die Schadensumme an Vorhaben der deutschen Entwicklungszusammenarbeit beläuft sich auf unter 1 Mio.

Euro zuzüglich einem nicht bezifferten Teilschaden an der Warenhilfe in Höhe von 7,7 Mio. Euro für den Flughafen Gaza.«

Der palästinensisch-katholische Priester Rafiq Khoury kommentierte die Zerstörung so: »Ist es nicht interessant, dass Herr Sharon, dieser Inbegriff der Un-Kultur, alles daran gesetzt hat, Gazas Seehafen zu zerstören und Gazas internationalen Flughafen zu schädigen, beides Tore zum Mittelmeer und zur Welt?« Gerade einmal 18 Monate war der Flughafen in Betrieb gewesen, Arbeitsplatz für 500 Menschen.

2002 meldete der *Spiegel*, israelische Angriffe hätten an Projekten der Europäischen Union in Palästina Schäden von knapp 20 Millionen US-Dollar angerichtet. »Die Gesamtkosten der Zerstörung kalkuliert die Weltbank auf 305 Millionen Dollar. Die EU schließt eine Schadenersatzklage gegen Israel nicht aus.« Lord Chris Batten, Ex-EU-Außenkommissar und damals für die International Crisis Group tätig, stellte die Frage: »Wie wurde durch die Zerstörung von Führerscheinen in Palästina die israelische Sicherheit gewahrt? Wie wurde sie durch das Umgraben von Start- und Landebahnen, die Entwurzelung von Olivenbäumen und das Verunreinigen von Brunnen geschützt?«

Die Reihe »Friday's Fact« der Friedrich-Ebert-Stiftung (Ost-Jerusalem) berichtete unter Berufung auf den Euro-Mediterranean Human Rights Monitor von einem Verlust von 65 Millionen Euro für die Europäische Union im Zeitraum 2001 bis 2015. Hinter dem »jüngsten, starken Anstieg israelischer Zerstörung EU-finanzierter Gebäude und Projekte« vermutet die Stiftung: Israel »bestraft die EU dafür, dass sie ihre traditionell unpolitische Rolle im Konflikt Palästina/Israel verlässt«. Starker Anstieg – das lese ich seit Jahren. Nach wie vor wird im Tagestakt beschädigt, abgerissen, vernichtet. Die UNO-Agentur OCHA informierte im Februar 2021: »Von Jahresbeginn bis heute haben israelische Behörden mindestens 227 palästinensische Strukturen, darunter 93 von Spendern finanzierte, zerstört, beschlagnahmt oder die Eigentümer gezwungen, diese zu zerstören.«

500.000.000 Zugvögel

»Es gibt nicht nur schlechte Nachrichten hier. Es gibt auch ein Leben jenseits von Konflikt und Gewalt – mit Kultur, Lebensfreude, mediterranem Lebensstil. Wir haben beispielsweise etwas fürs ›Morgenmagazin‹ gemacht, über die Millionen von Zugvögeln, die im Hulatal im Norden Israels Rast machen. Da konnte man in einer Stunde mehr Störche sehen als in Deutschland in 100 Jahren.« Das sagte mir ZDF-Korrespondent Christian Sievers im Interview.

500 Millionen Zugvögel, eine halbe Milliarde, ziehen jährlich durch Israel und Palästina – im Herbst auf dem Weg zu den Winterquartieren in Afrika, im Frühjahr zurück nach Europa oder Westasien. Laut israelischer Botschaft in Berlin findet »im Norden Israels die weltweit größte Vogelwanderung« statt. Weißstörche, Pelikane, Kraniche, Sperber, Schreiadler oder Schwarzmilane, aber auch Singvögel wie der Sumpfrohrsänger, der Zilpzalp oder die Mönchsgrasmücke sind unterwegs. Die israelische Internetseite *israbirding.com* berichtet vom Rekord mit 545 gesichteten Vogelarten.

Gut beobachten lassen sie sich im erwähnten wasserreichen Hulatal (auch Hule geschrieben) nördlich des Sees Genezareth. Hier grassierte vor nicht einmal 100 Jahren die Malaria. Wo heute jährlich Hunderttausende Touristen auf Fahrrädern und Golfmobilen zur Vogelsafari aufbrechen, erstreckte sich bis Mitte des 20. Jahrhunderts eine Sumpflandschaft. Der Jüdische Nationalfonds KKL-JNF legte diese 1952 trocken, um Ackerland zu gewinnen und die Malaria auszurotten. Die Trockenlegung sei ein Fehler gewesen, erklärt der israelische Ornithologe Shai Agmon. Das erkannten auch die Verantwortlichen. In den 1990er-Jahren renaturierte der KKL-JNF deshalb einen Teil des Hulatals. Knietiefe Seen entstanden und wurden zum beliebten Rückzugsort von Stand- und Zugvögeln.

Heutzutage rasten dort 300 bis 400 Vogelarten, so viele, wie in ganz Deutschland vorkommen. Für manche sind die feuchtwarmen Wintertemperaturen so angenehm, dass sie nicht weiterziehen. Von den über

100.000 Kranichen, die pro Saison über das Hulatal ziehen, überwintert dort inzwischen jeder dritte. Das ist nicht nur dem Klimawandel geschuldet, sondern auch Folge der vogelfreundlichen Renaturierung. Damit die Vögel nicht über die Felder der Bauern herfallen, werden sie mehrmals täglich mit Mais gefüttert. Das 2,5 Millionen Schekel teure Programm (ca. 640.000 €) zeigt Wirkung: Die Kraniche fressen nur dort, wo sie sollen. Apropos feuchtwarm: Diese Region gilt weltweit als die nördlichste, in der Papyrus wächst.

Der weitere Verlauf der Vogelroute folgt dem Großen Afrikanischen Grabenbruch, sprich dem Jordanfluss, der ins Tote Meer mündet und der Arava-Senke Richtung Rotes Meer. Der palästinensische Vogelexperte Simon Awad nennt dies »weltweit die zweitwichtigste Route für Zugvögel« und zwischen Afrika und Eurasien sogar »die wichtigste.«

Awad leitet das 1986 gegründete Umwelterziehungszentrum EEC, eine Einrichtung der evangelisch-lutherischen Kirche im Heiligen Land, auf dem Gelände der palästinensisch-christlichen Schule Talitha Kumi in Beit Jala, Bethlehems Nachbarort. Awad und Mitstreiter beobachten seit 1998 den Vogelzug, israelische Kollegen begannen damit schon 20 Jahre früher. Awads Forschung hat »277 Vogelarten, die durch Palästina ziehen« ermittelt.

Und die kommen immer früher, wie israelische Kollegen bei Rotschwänzchen und Mönchsgrasmücke festgestellt haben. Grund: Die sich beschleunigende Erderwärmung verwirre die Vögel, berichtete die Zeitung *Ha'aretz* im April 2021.

Hunderte von Störchen können bei Pilgern ein Hochgefühl auslösen. Der Storch kommt sechsmal im Alten Testament vor. Die Brücke zur Bergpredigt im Neuen Testament ist schnell geschlagen: »Sehet die Vögel unter dem Himmel an: sie säen nicht, sie ernten nicht, sie sammeln nicht in die Scheunen; und euer himmlischer Vater nährt sie doch. Seid ihr denn nicht viel mehr denn sie?« Für manchen ist das eine tröstliche Botschaft.

Um 1850: 2500 Südwestdeutsche in Palästina

Palästinensische Lutheraner? Für einen Bekannten klang das paradox. Von 1999 bis 2003 arbeitete ich an Bethlehems lutherischer Weihnachtskirche und Schule. Damals lernte ich einen Lutheraner näher kennen: meinen verehrten Arabischlehrer Michael Zabaneh, Ehrenname »Abu Bandi«. Seine abenteuerliche Familiengeschichte geht so: Als er und sein Zwillingsbruder in Ramle (auch Ramla) unweit Jaffa zur Welt kamen, war sein Vater um die 70, die Mutter 40 Jahre alt. Wenig später erblindeten die Eltern und gaben die Kinder in die Obhut des Syrischen Waisenhauses in Jerusalem. Als in diesem die protestantischen Zöglinge konfirmiert wurden, fragte die Hausleitung Michaels griechisch-orthodoxe Eltern, ob man die Buben mitkonfirmieren dürfe. Solange sie Christen blieben, soll der Vater gesagt und damit seinen Segen gegeben haben. Schon hatte das Heilige Land zwei Lutheraner mehr, der Zwillingsbruder wurde sogar Pastor in Köln.

Doch wie kam Luther ins Ursprungsland des Christentums?

»Die erwachende christliche Sehnsucht nach dem Heiligen Land entsprang schon dem Pietismus im 18. Jahrhundert und der (…) Erweckungsbewegung«, erklärt Ulrich Kadelbachs Buch »Zionismus – christlich-jüdischer Wettlauf nach Jerusalem«. Nachdem Palästina, seit 1517 unter osmanischer Herrschaft, durch den Ägypter Ibrahim Pascha 1833 befreit worden war, kamen Europäer ins Land. Paschas Vater, Gouverneur Mohammed Ali, war gegenüber Andersgläubigen tolerant, Zuwanderern gewährte er das Bleiberecht. Das drang bis nach Europa. Handwerker, Pilger, Touristen, Forscher, Ordensleute, Missionare und Diakonissen machten sich ab 1830 gen Jerusalem auf. England errichtete 1839 als erste Nation ein Konsulat. Mitte des 19. Jahrhunderts lebten in Palästina ungefähr 5000 Ausländer, darunter 3000 Deutsche, 2500 kamen aus dem Südwesten. Laut Kadelbach nannten sich manche »Zioniden«.

Dem Missionar und Lehrer Johann Ludwig Schneller (1820–1896) von der Schwäbischen Alb wurde mit gerade einmal 33 Jahren das Jerusalemer

Brüderhaus der Schweizer Pilgermission St. Chrischona anvertraut. Schnell erkannte der Schwabe – nomen est omen – die Wichtigkeit, Arme und Benachteiligte zu schulen und beruflich auszubilden. Geschwind erwarb er ein Grundstück und baute sofort ein Haus. Auch Überfälle brachten ihn nicht von seinem Weg ab. Als 1860 erbitterte Kämpfe zwischen Muslimen und maronitischen Christen im Libanon ausbrachen, fuhr er mit dem preußischen Konsul dorthin und kehrte mit neun Waisenkindern zurück. Schon am folgenden (!) Tag gründete er das Syrische Waisenhaus. Marcel Serr, Historiker mit längerem Aufenthalt im Heiligen Land, nennt Schnellers Konzept Hilfe zur Selbsthilfe, daher »folgte nach der Grundschule eine vierjährige Berufsausbildung«. Mit der Zeit entstanden zehn Handwerksbetriebe, von Bäckerei über Näherei bis Ziegelei, dazu eine Landwirtschaft, Kleinkind-, Elementar- und Ober-, Mädchen- und Blindenschule sowie ein Lehrerseminar. Kadelbach: »Diese mit Bedacht konzipierte Arbeit entfaltete sich schließlich zur größten Bildungseinrichtung des Nahen Ostens.« 1877 wurden erstmals Zahlen veröffentlicht: die Hälfte der Kinder stammte aus Palästina, 30 Prozent aus Syrien, sieben Prozent aus Ägypten, Abessinien und »Innerafrika«, die übrigen aus Armenien und Kleinasien. 32 Muslimen standen 174 Christen gegenüber, worunter nur 19 Protestanten waren.

Die weitgeschätzte Einrichtung wurde 1940 geschlossen. Der jüdische Historiker Jakob Eisler im Dienst der evangelischen Landeskirche Württemberg erklärt: »Die Anstalt im (…) Staat Israel fortzuführen, erwies sich als unmöglich.« Lange von Israels Armee genutzt, räumte sie 2008 das Gelände. Die Stadtverwaltung bewilligte eine Wohnanlage samt Park unter der Auflage, die historischen Gebäude zu erhalten. Das Waisenhaus als solches hat nicht überlebt. Früchte hat es dennoch getragen, in Form von sechs lutherischen Gemeinden in Jerusalem, Bethlehem, Beit Jala, Beit Sahour, Ramallah und Amman.

Bis zu 6500 Start-ups

Wussten Sie, dass das erste Mobiltelefon von Motorola aus Israel stammt? Auch der USB-Stick wurde in Israel entwickelt, ebenso die Computerbetriebssysteme von Microsoft Windows NT und XP, der Digitaldruck und Mobileye, ein System, um Autounfälle zu verhindern. Israel erfreut sich eines sehr starken IT-Sektors. Innovativ präsentiert sich auch die Medizintechnik. Eine Mini-Kamera in Pillengröße, die so genannte Pill-Cam, entspringt israelischem Forschergeist. Die Firma wurde inzwischen für 860 Millionen US-Dollar nach Irland verkauft. Eine Weltpremiere fand 2021 am Rabin Medical Center in Petach Tikva bei Tel Aviv statt: die weltweit erste Implantation künstlicher Hornhaut am Auge. Die deutsche *Bild* titelte: »Jamal (78) kann nach zehn Jahren endlich wieder sehen.«

Auch in anderen Bereichen tüfteln und forschen Israelis: So gehen die Tröpfchenbewässerung in großem Stil, die Kirschtomate Tomaccio, die Pomelo und das Epiliergerät ebenfalls auf israelische Entwickler oder Züchter zurück. Das 2010 gegründete Start-up Gett vermittelt per App Fahrdienste in Israel, den USA, Großbritannien und Russland. Und XJet gilt als Pionier im 3D-Keramik- und -Metall-Druck.

Bisweilen tun sich israelische Wissenschaftler mit ausländischen zusammen, um Ideen zu bündeln. Im Sommer 2020 machten Forscher des in Haifa ansässigen Technion – Israel Institute of Technology und der Ruhr-Universität Bochum (RUB) »offenkundig einen großen Schritt nach vorn, um BIO-photoelektrochemische Zellen (BIOcells) zu einer sauberen Energiequelle der Zukunft zu machen.« In der Natur wandeln Bakterien, Algen und Pflanzen Sonnenenergie durch Photosynthese in chemische Energie um. BIO-Zellen sollen diesen natürlichen Prozess für die Entwicklung erschwinglicher und effizienter Energiequellen nutzbar machen.

Seit Mitte der 1990er-Jahre führte der Gründerboom zum Beinamen »The Start-Up Nation«. Die Regierung bot dank ihrer Initiative Yozma ausländischen Risikokapitalinvestoren steuerliche Anreize, dazu versprach sie, jede Investition mit staatlichen Mitteln zu verdoppeln und setzte eine Innovationsbehörde ein. Woher aber rührt die Entdecker- und Entwicklerfreude und die Lust am Unternehmertum? Liegt es an der Schulbildung? Der »Fortbildung« in Museen? Der Lust am Tüfteln? Laut Zahlen von 2013 verfügt Israel pro Kopf über die weltweit größte Anzahl an Museen, Hochschulabschlüssen, wissenschaftlichen Publikationen, High-Tech- und Bio Tech-Start-Ups, und, kein Wunder, Patentanmeldungen.

Die Tel Aviv Universität (TAU) steht eigenen Angaben zufolge weltweit an achter Stelle bei »Absolventen mit erfolgreichen Start-ups«. 2017 nannte Sophie Burfeind in der *Süddeutschen Zeitung* 6500 Start-ups bei 8,5 Millionen Einwohnern »Weltrekord«. Einer der Gründe seien die Mathe-Tests an Schulen, wodurch die Begabtesten »herausgefiltert und rekrutiert werden«. Ihre Kollegin Alexandra Föderl-Schmid berichtete zwei Jahre später in derselben Zeitung von »nur« 6000 solcher Unternehmen, meinte jedoch: »Die Szene boomt, nicht zuletzt dank üppiger Investitionen internationaler Investoren.« Unternehmen im High-Tech-Bereich erhielten im ersten Halbjahr 2019 die Rekordsumme von insgesamt 3,9 Milliarden US-Dollar.

Zahlreiche israelische Start-ups wurden von US-Unternehmen aufgekauft. So bezahlte Google mehr als eine Milliarde US-Dollar für die Navigations- und Verkehrs-App Waze. Die US-Firma Nvidia legte für den Chiphersteller Mellanox Technologies 6,9 Milliarden US-Dollar auf den Tisch.

Als die Innovationsbehörde zu Beginn der Corona-Pandemie zu Projektvorschlägen zwecks Virusbekämpfung aufrief, gingen binnen zwei Wochen 900 Ideen ein, berichtete Föderl-Schmid im Mai 2020. Diese reichten von der Maske, die sich selbst reinigt, bis zur App, die Touristen mit einem Arzt verbindet. Das zeige laut Aharon Aharon, Chef der Innovationsbehörde, Israel sei »ein Land der Unternehmer und willens, gestärkt auch aus dieser Krise hervorzugehen«.

Zwei palästinensische Heilige

In Israel und Palästina leben Christen. Erfahrungsgemäß treffen die meisten Pilger keinen von ihnen. Sie lassen sie buchstäblich links und rechts des Weges liegen. Die einzigen Einheimischen, die Pilger- und Touristengruppen kennenlernen, sind der oft muslimische Busfahrer und der meist israelisch-jüdische »Guide«, der Reiseleiter. Dass etwa an der Kasse heiliger Stätten einheimische Christen Dienst tun, ahnen die BesucherInnen wohl nicht.

Die angestammten Christen leben in israelischen Städten wie Haifa, Nazareth oder Schefar'am, im Stadtteil Jaffa der Metropole Tel Aviv und in Dörfern Galiläas. In den besetzten palästinensischen Gebieten findet man MassiHije (arab. Messianer = Christen) im »christlichen« Dreieck Bethlehem–Beit Sahour–Beit Jala, in und um Ramallah, in Jericho, Nablus und Jenin. Die arabischsprachigen Christen führen sich auf die Urkirche zurück und gehören Dutzenden von Kirchen an. Die zahlenmäßig größte in Israel ist die griechisch-katholisch-melkitische Kirche, von der mancher Leser möglicherweise noch nie gehört hat, die Nummer eins in den besetzten Gebieten ist die griechisch-orthodoxe Kirche.

Kennt man palästinensische Christen außerhalb des Heiligen Landes?

Vor allem in der englischsprachigen Welt ist Edward Said bekannt, ein Literaturtheoretiker und Autor des Buches »Orientalismus«. Said (1935–2003) gründete 1999 zusammen mit dem in Argentinien geborenen Dirigenten und Pianisten Daniel Barenboim und dem Deutschen Bernd Kauffmann das West-Eastern-Divan-Orchester, in dem Musiker des Nahen Ostens spielen. Auch Hanan Ashrawi ist Christin. Die studierte Anglistin (geboren 1946 in Nablus) wurde Anfang der 1990er international als Sprecherin der palästinensischen Delegation im Nahost-Friedensprozess bekannt. Kulturliebhabern sagen die Filmemacherin Annemarie Jacir (»Wajib«) oder der Maler Sliman Mansour (geboren 1947 in Bir Zeit) möglicherweise etwas. Zwei Werke sprechen mich besonders an: Das »Kamel der Mühsal« (Camel of Hardship, 1973) zeigt einen alten Lastenträger, der Jerusalem auf dem Rücken schleppt. »Das letzte Abendmahl« porträtiert Jesus mit seinen Jüngern in palästinensischer Tracht. Menschenrechtsaktivisten ist Raja Shehadeh (geboren 1951) ein Begriff: Jurist, Gründer von Al-Haq (arab. das Recht) und Schriftsteller. Im deutschsprachigen Raum bekannt sind durch Kirchentage der lutherische Pfarrer Mitri Raheb (geboren 1962) aus Bethlehem und seine in Wien lebende Schwester Viola, eine Theologin und Schriftstellerin. Auch Khouloud Daibes Abu Dayyeh, früher Tourismusministerin und aktuell Botschafterin Palästinas in Deutschland, ist eine wichtige palästinensisch-christliche Stimme außerhalb der Heimat.

Wer aber kennt die palästinensischen Heiligen?

2015 wurden die Ordensfrauen Maria Alfonsina Danil Ghattas und Mariam Bauardy im Beisein von Palästinenserpräsident Abbas und dem lateinischen Patriarchen aus Jerusalem Fuad Twal heiliggesprochen. Letzere, Karmelitin und »Maria von Jesus, dem Gekreuzigten« genannt, stammte aus 'Ibillin in Galiläa und lebte von 1846 bis 1878. In der Predigt der Heiligsprechungsmesse vor 2000 Pilgern aus Israel, den palästinensischen Gebieten und Jordanien verwies Papst Franziskus auf die »extrem klaren Ratschläge und theologischen Erklärungen« der Analphabetin und nannte sie ein »Instrument der Begegnung und der Einheit mit der muslimischen Welt«.

Die zweite zur Ehre der Altäre erhobene Nonne, Schwester Maria Alfonsina (1843–1929), hat nach Ansicht des Papstes »gut verstanden, was es bedeutet, im Apostolat die Liebe Gottes auszustrahlen und zur Zeugin der Sanftmut und Einheit zu werden.« Die Gründerin der Rosenkranzschwestern gebe ein »klares Beispiel dafür, wie wichtig es ist, gegenüber anderen Verantwortung zu übernehmen (…).« Ihr Orden führt Schulen, die von Muslimen wie Christen besucht und geschätzt werden. Das katholische Medienzentrum der Schweiz nannte die Ordensfrauen »die ersten Heiligen aus der Stammregion des Christentums in der Neuzeit.«

7:1 Tote seit 1987

Im Jahr 1985 entführte die Palästinensische Befreiungsorganisation PLO das Schiff Achille Lauro, erschoss den jüdischen Passagier Leon Klinghoffer im Rollstuhl und warf ihn über Bord. Im März 2002 sprengte sich ein Selbstmordattentäter im Park Hotel von Netanya in die Luft und tötete 30 Gäste des jüdischen Pessachfestes. Im November 2014, ich war gerade in Tel Aviv gelandet, stürmten zwei palästinensische Cousins mit Gewehr, Messern und Äxten in eine Jerusalemer Synagoge und ermordeten vier jüdische Beter und einen Polizisten. Welche Assoziationen kommen Ihnen? Barbarisch, entsetzlich, menschenverachtend, skrupellos, ... Auch ich kämpfte gegen solche Bilder an, bevor ich erstmals Palästinenser traf. Israelische Gewalt kommt dagegen meist klinisch-sauber daher. In der Tat spricht die Armee von »Militäroperation«, wo ich das Wort Krieg für angebracht halte. Auf einer Seite die blutrünstigen, brutalen Mörder, auf der anderen die, denen keine Wahl bleibt, wie es mancher israelische Politiker darstellt, die ihre Taten aber wenigstens kurz und schmerzlos vollziehen.

Drei Gegenbeispiele: Am 9. April 1948, einen Monat vor Ende des britischen Mandats, metzelten die jüdischen Milizen Irgun und Lechi, unterstützt von der Haganah, Männer, Frauen und Kinder des Dorfes Deir Yassin bei Jerusalem nieder, obwohl dieses einen Nichtangriffspakt mit der Haganah geschlossen hatte. Lange zirkulierte die Zahl von 250 Toten, 108 dagegen nannte Umar al-Ghubari am Jahrestag 2021. Das Ereignis bezeichnet die Organisation Zochrot, für die er arbeitet, als »die vielleicht blutigste Gräueltat des Krieges«. Im Juli 2002 ließ ein israelisches F-16-Kampfflugzeug, made in USA, eine 1000-Kilo-Bombe auf das Haus in Gaza-Stadt werfen, in dem sich der Hamas-Funktionär Salah Shehade versteckte. Dieser, seine Frau, seine Tochter und zwölf weitere Menschen, darunter sieben Kinder, starben. Auf der Seite der israelischen Veteranen von Breaking the Silence stößt man auf Dutzende Berichte ehemaliger Soldaten, die einem einen Schauer über den Rücken jagen und Ekel erzeugen. Einer beschreibt den Racheakt für durch einen palästinensischen Scharfschützen getötete Soldaten. »Wir werden sechs palästinensische Polizisten an einem Kontrollpunkt ausschalten – als Rache für die sechs, die sie uns genommen haben«, befahl der Stabsoffizier. Ein Soldat bekannte von der nächtlichen Jagd auf die palästinensischen Polizisten, die nicht einen Schuss abgaben: »Mir gefiel das tatsächlich. Ich hatte wirklich Spaß, weil (das Kommando) ›Vorwärts stürmen!‹ echt war, (…) wir funktionierten über alle Maßen.«

Lassen Sie uns eine Minute schweigen – für die Toten dieses Konflikts: Palästinenser, jüdische und arabische Israelis, Syrer, Ägypter, Jordanier, Libanesen und Ausländer. Der italienische Fotograf Raffaele Ciriello wurde in der zweiten Intifada vom israelischen Militär erschossen, die US-Amerikanerin Rachel Corrie von einem israelischen Bulldozer beim Versuch, den Abriss eines Hauses zu verhindern, überrollt. Zwei deutsche Freiwillige von Aktion Sühnezeichen verloren 1978 durch ein palästinensisches Attentat bei Nablus ihr Leben.

Die israelische Menschenrechtsorganisation B'Tselem führt Statistik über alle in Israel und den besetzten Gebieten seit der ersten Intifada (ab 9. Dezember 1987) Getöteten: nach Nationalität, Alter, Tötungsart und -ort und ob es sich um israelische Zivilisten oder Sicherheitskräfte handelt. Etwa siebenmal so viele Palästinenser (ca. 11.500) wie Israelis (ca. 1700) wurden seitdem getötet. Das Bündnis für Gerechtigkeit zwischen Israelis und Palästinensern (BIP) e. V. ergänzt: »In 20 Jahren tötete israelisches Militär 2119 palästinensische Kinder.«

Die hohen Opferzahlen auf palästinensischer Seite dürften viele überraschen. Offenbar gilt auch für deutschsprachige Medien, was Medienwissenschaftler der Universität Glasgow über die britische Berichterstattung der zweiten Intifada ermittelten: »Israelische Todesfälle wurden gegenüber palästinensischen hervorgehoben, obwohl zwei- bis dreimal so viele Palästinenser ihr Leben verloren wie Israelis.«

6,2 auf der Richterskala

Als ich von 2005 bis 2008 in Jerusalem lebte, las ich wiederholt: Israelische Seismologen rechnen in den nächsten 50 Jahren mit einem sehr starken Erdbeben. Manchem Pilger oder Touristen dürfte gar nicht bewusst sein, dass er sich im Heiligen Land in einem Erdbebengebiet aufhält. Ursache dafür ist der Große Afrikanische Grabenbruch (engl. Great Rift Valley oder East African Rift System – EARS), auch syrisch-afrikanischer Graben genannt. Dieser erstreckt sich vom Nahen Osten über Ostafrika bis nach Mosambik. Entstanden ist er während der letzten 35 Millionen Jahre durch die Abspaltung der arabischen von der afrikanischen Platte. Durch die Reibung der Platten kommt es zu Spannungen in der Erdkruste, die sich als Erdbeben entladen. Ständige tektonische Aktivitäten entlang der Achse Hulatal–See Genezareth–Jordantal–Totes Meer–Aravasenke–Golf von Aqaba lassen immer wieder die Erde zittern, meist für wenige Sekunden, mit Stärken zwischen drei und 5,5 auf der Richterskala. Dann wackeln mancherorts Betten und Tische, Menschen rennen aus ihren Häusern. Nimmt man alle seismischen Aktivitäten ab einer Stärke von zwei in den Blick, dann sind es mehrere Tausend pro Jahr. Allein zwischen dem 4. und 18. Juli 2018 registrierte The Geophysical Institute of Israel 350 »events« im nördlichen See Genezareth, einen »Schwarm an Erdbeben«, von denen das stärkste 4,5 auf der Richterskala erreichte.

Seit jeher wurde das Heilige Land von Erdbeben heimgesucht. Qumran, die Siedlung der Gemeinschaft Yachad am Nordwestufer des Toten Meeres, wurde 31 v. Chr. durch ein Erdbeben zerstört. Im Neuen Testament berichtet der Evangelist Matthäus, dass beim Tode Jesu die Erde bebte und der Vorhang im Tempel entzweiriss. Tabgha am See Genezareth, Ort des Brotwunders, hat kleinere und größere Erdbeben gesehen. Vermutlich standen dort seit Mitte des 4. Jahrhunderts Kirchen, bevor sie 551 durch ein schweres Erdbeben einstürzten. Hatte der einzige römische Stadtstaat Hippos (aram. Sussita) am gegenüberliegenden Ostufer des

Sees das Beben 363 einigermaßen überstanden, so machte das »massive« des Jahres 749 »der Stadt ein für alle Mal den Garaus«, sagt die israelische Journalistin Ruth Schuster.

Warum die im 4. Jahrhundert errichtete konstantinische Geburtsbasilika in Bethlehem circa 200 Jahre später unter Kaiser Justinian durch eine nur etwas größere Kirche ersetzt wurde, könnte möglicherweise auch dem erwähnten Erdbeben von 363 geschuldet sein.

1033 erschütterte ein derart heftiges Beben das gesamte Heilige Land, dass 70.000 Menschen umgekommen sein sollen. Knapp 200 Jahre später wackelte die Erde wieder, am 20. Mai 1202 fanden viele den Tod. Die Quellenangaben bei den Opferzahlen schwanken jedoch erheblich. Die Internetseite das-erdbeben.de gibt sie mit 30.000 bis 1,1 Millionen Tote an. Im Jahr 1759 fielen bis zu 20.000 Menschen gleich mehreren heftigen Beben zum Opfer, 1836 zitterte die Erde erneut. Das letzte große Beben ereignete sich am 11. Juli 1927, wies eine Stärke von 6,2 auf und hatte sein Epizentrum nördlich des Toten Meeres. Es kostete circa 500 Menschen das Leben und verletzte etwa 700. Die galiläische Stadt Safad (hebr. Zefat) wurde fast ausradiert, im Großraum Jerusalem wurden viele Häuser und Gebäude beschädigt, darunter auch die Grabes- und Auferstehungskirche.

Zusätzliche Gefahr rührt daher, dass Erdbeben in der Nachbarschaft bis ins Heilige Land ausstrahlen. So konnte man das Erdbeben, das sich im Mai 2020 südlich von Kreta zutrug und eine Stärke von 6,6 auf der Richterskala aufwies, entlang der israelischen Mittelmeerküste spüren.

Statistisch gesehen sucht alle 100 Jahre ein schweres Beben den Nahen Osten heim. Daher rechnen Experten in den kommenden Jahrzehnten mit einem solchen, das schwere Verwüstungen anrichten könnte.

13 anerkannte Kirchenoberhäupter

»Es gibt 52 verschiedene Kirchen im Heiligen Land«, erklärt Pater Nikodemus Schnabel von Jerusalems Benediktinerabtei Dormitio/Entschlafung Mariens. Christen aus Deutschland, Österreich oder der Schweiz kennen oft nur das Bekenntnis römisch-katholisch oder protestantisch, auch wenn in Wien, München oder Zürich Tausende griechisch-, russisch- oder rumänisch-orthodoxe Christen leben. »Die Kirche des Heiligen Landes war von Anfang an multikulturell und ist es (…) geblieben«, schreibt Pater Gregor Geiger im Pilgerführer »Im Land des Herrn«. Ab dem 5. Jahrhundert sind in Jerusalem neben arabischen Christen Armenier und Georgier bezeugt. Gottesdienste auf Arabisch, Armenisch, Griechisch, Ge'ez (altäthiopisch) sind schon lange üblich, später kamen durch Orden oder Missionstätigkeit Italienisch, Deutsch, Englisch und Russisch dazu.

Möglicherweise – genaue Zahlen sind nicht zu erhalten – stellen die Arabischsprachigen zwischen Mittelmeer und Jordanfluss gar nicht mehr die Mehrheit unter den Christen. Ist die Zahl christlicher Gastarbeiter, Migranten, Asylsuchenden und der Christen, die mit jüdischen Verwandten nach dem Ende der Sowjetunion nach Israel einwanderten, fünf- oder sechsstellig? Unklar. Nun, im 21. Jahrhundert, werden Gottesdienste auch auf Hebräisch, Rumänisch, Dänisch, Französisch und Tagalog (Philippinen) gefeiert.

Zu den traditionellen Kirchen zählt man zwölf. Deren Oberhäupter oder Entsandte treffen sich einmal monatlich in Jerusalem, um Organisatorisches zu klären, wie die Gestaltung der Gebetswoche für die Einheit der Christen. Es sind 13 Oberhäupter und 12 Kirchen, da die römisch-katholische Kirche, im Heiligen Land »lateinische« genannt, zweifach vertreten ist: durch ihren Patriarchen und den Kustos der Franziskaner, den Hüter der Heiligen Stätten.

Alle 13 erklären sich bei Anlässen auf Englisch, etwa zu Donald Trumps Plan »Deal of the Century«, anlässlich »beleidigender Abbildungen des christlichen Glaubens« im Kunstmuseum Haifa oder zum

»jüngsten Gewaltausbruch in Jerusalem« im Mai 2021. Die Worte der letztgenannten, nur 14-zeiligen Stellungnahme haben es in sich. Die Kirchenmänner bezeichnen sich als »zutiefst verzagt, niedergeschlagen und besorgt«. Die Entwicklungen um die Al-Aqsa-Moschee und das Viertel Sheikh Jarrah »verletzen die Heiligkeit der Menschen von Jerusalem und der Stadt des Friedens«. Im letzten Satz riefen die Oberhirten die internationale Gemeinschaft und »alle Menschen guten Willens auf, einzuschreiten, um diese Provokationen zu beenden (...).« Einen Tag später schoss Hamas die ersten Raketen nach Israel.

Erstaunlich, dass sich die 13 Männer immer wieder auf einen Wortlaut einigen können, kommen sie doch aus verschiedenen Kulturen! Stand 2021 sind lateinischer Patriarch und Kustos sowohl Franziskaner als auch Italiener. Andere Oberhäupter sind in Griechenland, Armenien oder im Libanon geboren. Von den 13 Männern ist der anglikanische (episkopale) Erzbischof der einzige, der im Heiligen Land das Licht der Welt erblickte, der lutherische Bischof Ibrahim Sani Azar ist zwar auch Palästinenser, aber im Libanon geboren. Unterschrieben wird in dieser Reihenfolge, was Rang und Bedeutung der Kirchen ausdrückt:

- Griechisch-orthodoxes Patriarchat
- Armenisch-apostolisch-orthodoxes Patriarchat
- Lateinisches Patriarchat
- Kustos des Heiligen Landes
- Koptisch-orthodoxes Patriarchat
- Syrisch-orthodoxes Patriarchat
- Äthiopisch-orthodoxes Patriarchat
- Griechisch-melkitisch-katholisches Patriarchat
- Maronitisches Exarchat
- Episkopale Kirche von Jerusalem und dem Nahen Osten
- Evangelisch-lutherische Kirche von Jordanien
  und dem Heiligen Land
- Syrisch-katholisches Exarchat
- Armenisch-katholisches Exarchat

Shoa-Gedenken: erst 13 Jahre später

»Da die Erinnerung so häufig missbraucht wurde, lohnt der Hinweis, dass Israel in den ersten dreizehn Jahren seines Bestehens so gut wie kein Interesse am Holocaust-Gedenken zeigte.« Das schreibt der israelisch-deutsche Philosoph Omri Boehm. Ich stutze und frage mich, wie es kam, dass das Gedenken heute fast religiös zelebriert wird? Das Wort »missbraucht« lässt mich an Avraham Burg denken, den ich zu seinem Buch »Hitler besiegen« interviewte. Sind die beiden geistesverwandt?

Zweierlei fällt mir ein: Als Hilfskrankenpfleger im Beit Cholim Lichtenstaedter in Tel Aviv ... 1986 ... eintätowierte KZ-Nummern ... Und die Frankfurter Jüdin Hilde Hoffmann. Als sie im noch jungen Staat mit ihrer Tochter Deutsch in einem Bus sprach, wurde sie angefahren: »Hier spricht man nicht die Sprache der Nazis.«

300.000 Shoa-Überlebende wanderten in die USA aus, 400.000 überwiegend polnischstämmige Juden in das Mandatsgebiet Palästina oder das gerade gegründete Israel. »Die meisten ab Herbst 1948«, erläuterte mir Dalia Ofer. Der Nazihölle entronnen, starb mancher nun im Gelobten Land im Kugelhagel des ersten israelisch-arabischen Krieges. Wer gilt als Shoa-Überlebender? Antwort der Inhaberin des Max-und-Rita-Haber-Lehrstuhls für Holocaust-Studien und Zeitgenössisches Judentum an der Hebräischen Universität Jerusalem: Da herrsche »Willkürlichkeit« bei der Definition. Einige ließen nur die überlebenden Insassen von Konzentrations- und Todeslagern gelten. Andere verträten den Standpunkt: »Alle, die nach 1933 fliehen mussten oder sich entschieden, zu gehen.« Mancher Historiker rechne sogar die nordafrikanischen Juden unter dem Vichy-Regime mit, da »deren Rassengesetze unter Nazi-Einfluss« standen. Und Ofer? »Alle, die nach 1939 flüchten mussten, denn danach radikalisierte sich die Politik der Nazis.«

Ihrer Ansicht nach haben die Shoa-Überlebenden einen ähnlich »einzigartigen Beitrag« für Israel geleistet wie die deutschen Einwanderer der 1930er- oder russische Immigranten der 1990er-Jahre. Sie verweist auf Schriftsteller wie Aharon Appelfeld, die Untergrundkämpferin und Politikerin Chaika Grossman-Orkin oder die beiden in Prag geborenen Shaul Friedlander und Ruth Bondy, er Schriftsteller, sie Journalistin. Heute leben nur noch 175.000 Überlebende in Israel.

Zurück zu Omri Boehm. Ihm zufolge behandelte ein 1948 erschienenes israelisches Lehrbuch der jüdischen Geschichte die Shoa auf einer einzigen Seite. Die Wende kam mit dem Eichmann-Prozess »über Nacht«. Gefangennahme und Gerichtsprozess »dienten nicht in erster Linie dazu, den SS-Obersturmbannführer zur Rechenschaft zu ziehen, sondern dazu, den Holocaust schließlich doch in die jüdische Geschichte einzuschreiben«, meint Boehm. Nach dem Prozess gehörte der Holocaust »allen Israelis«, »die heilige Pflicht zu einem Ritual des Erinnerns (...) war ins Leben gerufen«, die Erinnerung »erfolgreich nationalisiert worden«. Die Shoa wurde fortan in Schule und Militär thematisiert, Führungen und Märsche in KZs und Vernichtungslagern wurden organisiert. Mir fällt wieder Avraham Burg ein: »Die Shoa ist in unserem Leben präsenter als Gott.«

Noa B. Mkayton, gebürtig aus München, leitet das German Desk der Internationalen Schule für Holocaust-Studien in der Jerusalemer Gedenkstätte Yad Vashem. Circa 200 Mitarbeiter leiten unter anderem Studientage für Lehrer, Juristen, Journalisten aus fast 40 Ländern von Italien über Kasachstan bis Schweden. Die Pädagogin meint, die Shoa »sollte unser Handeln als Bürger bestimmen, sie ist Teil der Menschheitsgeschichte.« Einverstanden. Aber. Darf es ein Aber geben? Was, wenn Boehm und Burg mit ihrer Analyse richtigliegen, dass der Fokus auf die Shoa den Weg zum Frieden verstellt? Boehm: »Tatsächlich wurden die Araber dadurch, dass die Erinnerung an den Holocaust zum Wesensmerkmal der israelischen Identität erklärt wurde, nicht einfach nur ausgeschlossen. Sie wurden vielmehr als Nazis dargestellt und als Hitlers wahre Erben gebrandmarkt.«

Platz 86 bei »Reporter ohne Grenzen«

»Ausfallhonorar Interview Bürgermeister Bethlehem: € 145,50.« Beim Aufräumen fand ich eine Honorarabrechnung aus dem Jahr 2010 des CSU-Organs *Bayernkurier* (2019 eingestellt). Mein telefonisches Interview zu Advent und Weihnachten im palästinensischen Bethlehem mit dem christlichen Bürgermeister Batarseh erschien nicht. Die Ablehnung begründete der Redakteur mit den Worten, der Bürgermeister sitze mit Hamas-Abgeordneten im Stadtrat, mache gemeinsame Sache.

800 ausländische Korrespondenten und Journalisten arbeiteten im Heiligen Land, als ich von 2005 bis 2008 als freier Journalist mein Glück versuchte. Nur wenige derer, die für deutschsprachige Medien tätig waren, lebten auf palästinensischer Seite, kaum einer sprach Arabisch. Die meisten wohnten im Großraum Tel Aviv oder in West-Jerusalem. Ich fragte mich: Wirkt sich der Wohnort auf die Berichterstattung aus? Welche Folgen zeitigen Interviews, die man auf Englisch führt? Sogenannte Internationale, auch Pilger, erleben Israel/Palästina anders, als es die Medien ihrer Heimat präsentieren. Warum gelingt es Reportern nicht, die Wirklichkeit getreu abzubilden? Was blenden sie aus? Warum? Wozu?

Laut »Reporter ohne Grenzen« (RoG) erfreut sich Israel unabhängiger Medien, »die weitgehend frei berichten und kommentieren können«. Themen der nationalen Sicherheit unterliegen jedoch der Militärzensur und sogar Nachrichtensperren. Laut dem preisgekrönten Journalisten Haggai Matar verbot die israelische Militärzensur im Jahr 2019 »die Veröffentlichung von über 200 Artikeln, 2000 weitere wurden teilweise redigiert«. Dazu sind Zivilklagen gegen Journalisten und Anfeindungen durch Politiker nicht selten. Laut RoG haben ausländische Reporter »oft Probleme, Akkreditierungen zu bekommen oder zu erneuern. Übergriffe und Waffengewalt der Armee gegen Journalist*innen in den Palästinensergebieten sind häufig, besonders bei Demonstrationen.« Auf der für 180 Länder erstellten RoG-Liste hat sich Israel etwas vorgearbeitet und rangiert derzeit auf Platz 86 zwischen Gambia und Haiti. Geschuldet ist dies auch der Tatsache, dass im Berichtszeitraum sieben arabische Journalisten inhaftiert sind, einer bereits seit 2018.

Die palästinensischen Gebiete stehen auf Rang 132, fünf Plätze besser als im Vorjahr. Reporter ohne Grenzen dazu: »In den Palästinensergebieten schießt die israelische Armee häufig auf Demonstrant*innen und verletzt dabei auch Journalist*innen; 2018 wurden zwei getötet. (…) Im Westjordanland sind Verhaftungen, Verhöre und Administrativhaft durch Israel an der Tagesordnung. Immer wieder schließt Israel Medien unter dem Vorwurf der Anstachelung zur Gewalt.« Auch die Palästinenserparteien Fatah und Hamas verhören, verhaften und verklagen Journalisten des jeweiligen politischen Rivalen. »Gelegentlich blockiert die Autonomiebehörde die Websites oppositioneller Medien. Facebook und Twitter haben verschiedentlich auf Druck Israels Inhalte oder Konten palästinensischer Journalist*innen und Medien gesperrt.«

Der israelische Menschenrechtsaktivist Shir Hever, der seit Jahren in Heidelberg lebt, merkt in einem Newsletter zur Einordnung des Berichts von Reporter ohne Grenzen kritisch an: »Allerdings erfassen diese Zahlen nicht das komplexe Bild der Einschränkungen der Pressefreiheit, insbesondere der Militärzensur und des Missbrauchs von Journalisten.« Er merkt an, dass israelisches Militär »permanent Razzien bei palästinensischen Medienorganisationen, Fernsehsendern, Radiostationen und Zeitungen« durchführt.

Dreierlei muss man außerdem berücksichtigen: Israelische Archive halten bis heute Dokumente (z. B. über Massaker 1948) zurück. Zweitens lassen Journalisten – Stichwort Selbstzensur – lieber einen heikel erscheinenden Halbsatz weg. Drittens streichen Vorgesetzte in Berlin, Wien, Zürich Worte oder Sätze ohne Rücksprache, wie ich selbst erlebte. Kann es dann verwundern, dass außerhalb von Israel/Palästina nur ein Bruchteil der Wirklichkeit ankommt?

27 Generationen: Familienbetrieb Razzouk

Altstadt von Jerusalem. An einem Samstag zwischen 17 und 18 Uhr werden fünf US-Amerikanerinnen Teil einer uralten Tradition. Im Internet hat Marina einen Termin bei Meister Wassim Razzouk vereinbart. Von ihm lassen sich die irakischstämmigen Frauen nun tätowieren. Basma, die Älteste, lächelt selig. Ihr Lebenstraum, eine Jerusalemreise, ist nun auf ihrem Arm eintätowiert. Die chaldäische Christin, im Irak geboren, lebt seit 40 Jahren in den Vereinigten Staaten. Sie ist »sehr glücklich, hier zu sein«, erzählt sie mir. Nun sitzt als letzte ihre Tochter Nora auf dem Tätowierstuhl. Sie hat sich für ein schlichtes, kleines Kreuz entschieden, daneben das Jahr der Pilgerreise. Sanfte westliche Popmusik erfüllt das Studio, als Wassim die Tätowiermaschine anstellt. Der begeisterte Motorradfahrer trägt ein Harley-Davidson-T-Shirt, das die christlichen Symbole seines linken Armes gut sehen lässt. Wie eine Litfass-Säule wirbt er für seinen Broterwerb. Dass der für Palästinenser der Heiligen Stadt mühsam ist, dokumentiert die Bürgerrechtsbewegung ACRI seit fast 50 Jahren. 72 Prozent aller palästinensischen Familien leben unterhalb der Armutsgrenze, bei jüdischen Familien der Stadt sind es 26 Prozent. Wassim Razzouk gehört sicher zu den besser verdienenden Palästinensern.

Schon ist Nora fertig, erhebt sich, alle zahlen und verlassen dankend das Studio, das höchstens drei mal drei Meter misst. Der 46-jährige Tintenkünstler hat wieder vollzogen, was seine Familie seit 27 Generationen praktiziert. »Wir sind seit 700 Jahren im Geschäft, erst 200 Jahre lang in Ägypten und seit 500 Jahren in Jerusalem.« Stolz klingt aus seinen Worten. Auf so viele Jahrhunderte können nur die Abensberger Weißbierbrauerei Zum Kuchlbauer oder das Pilgrimhaus in Soest (Westfalen) zurückblicken. Das Hotel Gmachl in Salzburg wird immerhin in 23. Generation geführt. In der Schweiz ist das älteste noch aktive Unternehmen das Berner Inselspital, das sich einer Stiftung aus dem Jahr 1354 verdankt.

Keine fünf Minuten nach dem Aufbruch der Amerikanerinnen betreten ein Mann und drei Jungen die versteckt liegende Tätowierstube unweit des Jaffatores. Der elfjährige Ghassan setzt sich auf den Behandlungsstuhl. Sein Vater erklärt: »Er bekommt ein koptisches Kreuz, obwohl wir Katholiken sind.« Warum gerade jetzt? »Er hatte gute Noten!« Der Meister zieht Einweghandschuhe an, die Sonnenbrille steckt cool im Haar, im Hintergrund läuft jetzt der R. E. M.-Hit »Losing My Religion«. Ghassans Kameraden im Vorraum blicken erwartungsvoll durch ein Fenster auf ihren sichtlich angespannten Freund. Wassim möchte ihm die Angst nehmen: »Es ist, als würde eine Katze dich kratzen.« Dann setzt er sein Tätowiergerät an: »Denk' an das Leiden Christi! Wurde er nicht gekreuzigt? Das hier ist nichts dagegen.« Ein Surren wie das eines Rasierapparates setzt ein. Ghassan verzieht das Gesicht und atmet hörbar. Sein Vater redet beruhigend auf ihn ein. Zehn Minuten später legt Wassim zu Ghassans Erleichterung mit einem »Mabrouk« die Tätowiermaschine zur Seite. Mabrouk, arabisch, heißt in dem Fall »Herzlichen Glückwunsch«, wörtlich bedeutet es, (es sei) »gesegnet«. Auch die beiden verlassen dankbar das Tätowierstudio, laut Magazin *abenteuer und reisen* »das älteste der Welt«. Zu allen Zeiten haben sich Pilger als Beweis für ihre Pilgerreise und als Erinnerung ein Tattoo stechen lassen. »Es muss in Jerusalem gemacht werden«, behauptet der palästinensische Christ. »Es ist die Fortsetzung einer Tradition, deshalb ist es sehr bedeutsam und eine große Verantwortung.«

Und was wünschen Kunden? »Zu 70 Prozent christliche Motive«, erwidert der Nadelkünstler. Unzählige Male hat er erlebt, dass Pilger, manche im Seniorenalter, die nie eine Tätowierung erwogen haben, sich kurz entschlossen auf den Stuhl setzten. »Wenn sie die Familien- und Firmengeschichte hören, wollen sie plötzlich Teil davon sein.«

112 gegenüber 400 Firmen

Wurde noch kein Frieden gestiftet, weil Firmen am Fortbestand der Besatzung verdienen? Haben wirtschaftliche Interessen den politischen Willen erstickt? Braucht Geldgier Unfrieden?

Rund um Israels 54-jährige Besatzung ist eine riesige Industrie entstanden. Jüdische Siedlungen und Kontrollpunkte werden bewacht, Palästinenser mittels biometrischer Apparate erfasst und für den Abriss »illegaler Strukturen« werden Bagger benötigt. Um palästinensische Bodenschätze wie den Jerusalemstein zu gewinnen, braucht es Fahrzeuge und Maschinen. Dass zur Besatzungsindustrie Hewlett-Packard (HP) mit dem Kontrollsystem Basel gehören oder Baggerhersteller wie Volvo und Hyundai dürfte bekannt sein.

Im Februar 2020 veröffentlichte der UNO-Hochkommissar für Menschenrechte (OHCHR) eine Liste von 112 Firmen, die an der Besatzung mitwirken, darunter 94 israelische und 18 ausländische wie Airbnb oder Motorola Solutions. Die israelische Organisation Who Profits (Wer profitiert?) nennt das »positiv« und einen »wichtigen Schritt hin zur Rechenschaftspflicht von Unternehmen«, kritisiert jedoch den »engen Fokus«. Der Report blende nämlich Hunderte Firmen und »breitere Strukturen der Enteignung« aus. Beispiel: Der deutsche Mischkonzern Heidelberg-Cement, »der seit über 13 Jahren einen Steinbruch im Westjordanland betreibt, wird ausgelassen«, bemängelt Who Profits. Das in Tel Aviv ansässige, unabhängige Forschungszentrum wurde 2007 als Projekt der Frauenkoalition für Frieden gegründet und stellt die Frage: Wer hat ein wirtschaftliches Interesse an der Besatzung? Dreierlei steht im Fokus der Forschung: der Bau israelischer Siedlungen in den palästinensischen Gebieten sowie dort hergestellte Produkte, die Kontrolle der Bevölkerung mittels Trennbarriere samt Überwachungstechnik und die Ausbeutung palästinensischer Ressourcen und Arbeitskräfte.

80.000 palästinensische Männer arbeiten in Fabriken und Werkstätten Israels, auf Plantagen und in der Gastronomie, drei von vier jedoch auf dem Bau – für durchschnittlich 78 Dollar am Tag; in Palästina liegt der Tageslohn bei 30 Dollar. »Palästinensische Arbeitskräfte im Baugewerbe erwirtschaften 66 Prozent der jährlich 23 Milliarden US-Dollar, die diese Branche zu Israels Bruttoinlandsprodukt beiträgt«, berichtet Who Profits. Bauarbeiter in Israel leben indes gefährlich. Allein 2018 kamen 38 Bauarbeiter zu Tode, darunter 31 Palästinenser: 15 mit israelischem Ausweis, 16 aus den besetzten Gebieten.

Ein dunkler Fleck sind zudem die Arbeitsgenehmigungen (permits) für Palästinenser der besetzten Gebiete. Kein Wunder, dass im Webinar der israelischen Organisation Kav LaOved im März 2021 die Worte »Sklaverei«, »Schmiergelder« und »Schmugglernetzwerke« fielen. Übrigens: Der Permit-Preis ist zwischen 2018 und 2019 auf 28 Prozent des Monatslohns gestiegen – Geld, das der Makler (broker) einstreicht. Wenige Tage nach dem Webinar konnte man auf der Internetseite von Kav LaOved lesen: »Monate nach Einführung der Reform von Arbeitsgenehmigungen sind palästinensische Arbeiter immer noch gezwungen, für das Recht auf Arbeit in Israel zu zahlen.«

Zurück zu Who Profits: Die früher dort tätige Forschungskoordinatorin Merav Amir nannte mir als weiteres Beispiel der Ausbeutung israelische Telekommunikationsfirmen. Diese errichten ihre Antennen und Sendemasten im Westjordanland größtenteils auf palästinensischem Privatland, um den dortigen Markt zu erobern. »Das ist eine Verletzung der Abkommen, und sie bezahlen nicht einmal Steuern an die Palästinensische Autonomiebehörde. Palästinensische Firmen dagegen können Antennen nur im A-Gebiet des Westjordanlands bauen. Deshalb haben alle Palästinenser zwei Mobiltelefone.«

Auf Who Profits eigener Liste aller von der Besatzung profitierenden Firmen stehen über 400, mehrheitlich israelische, darunter alle großen Banken. Doch auch Unternehmen aus Mexiko (Cemex), China (DJI), Südkorea (Doosan Infracore Co., früher Daewoo) oder der Türkei (Hidromek) sind aufgeführt.

Über Tausend Volontäre aus Deutschland

Justus Raasch, Abiturient aus Lübeck, führt meine Pilgergruppe durch die katholische Universität Bethlehem, anschließend moderiert er souverän das Zwiegespräch mit palästinensischen Studenten. Verena Haselmann aus Österreich füttert im Beit Emmaus im palästinensischen Qubeibeh alte, behinderte Frauen, hilft bei der Körperpflege, gestaltet die Freizeit mit ihnen. Moritz Povel recherchiert in der Shoa-Gedenkstätte Yad Vashem in Jerusalem Lebensläufe von Nichtjuden, die verfolgten Juden geholfen haben.

Das sind nur drei unter Hunderten von Einsatzorten, in denen überwiegend junge Menschen einen mehrmonatigen, meist aber einjährigen Dienst verrichten. Angeblich leisten zu jedem x-beliebigen Zeitpunkt mindestens 1000 Deutsche einen Freiwilligendienst im Land. In Erinnerung ist mir eine Witwe im Rentenalter, die alljährlich in Jerusalem überwinterte und fröhlich in der Cafeteria der Dormitio-Abtei bewirtete. Sie kam auf eigene Faust. Die meisten »Volos«, wie Freiwillige gerne genannt werden, kommen jedoch über einen Verein oder eine Organisation wie etwa Dienste in Israel, Deutscher Verein vom Heiligen Lande, FSJ (Freiwilliges Soziales Jahr im Ausland), HaGoshrim – Die Brückenbauer oder Aktion Sühnezeichen Friedensdienste (ASF). »Sühner«, wie sie sich untereinander flapsig nannten, traf ich 1985 im Kibbuz Be'eri unweit des Gazastreifens. Nach einem Sprachkurs (hebr. Ulpan) und Ernteeinsatz strömten sie aus in ihre Projekte. Allein ASF hat seit 1961 über 1500 Freiwillige nach Israel entsandt, bietet aktuell 27 Einsatzorte und fünf Arbeitsbereiche an: »mit alten Menschen, in Gedenkstätten, mit Menschen mit Behinderungen, mit Kindern und Jugendlichen sowie in der Bildungs- und Öffentlichkeitsarbeit«.

Justus, der Corona-bedingt seinen Einsatz nach sieben Monaten abbrechen musste, gesteht: »Das Heilige Land wird immer in meinem Herzen bleiben. Die Erfahrungen, die ich in meinem Freiwilligendienst gemacht habe, werde ich nie vergessen.« Justus habe ich einmal getroffen, seine weiblichen oder männlichen Vorgänger mehrmals. Was für eine Riesenchance! Kaum dem Elternhaus entschlüpft, kommen sie nicht nur mit gleichaltrigen Palästinensern, Muslimen wie Christen, zusammen, sie treffen Gruppen aus der halben Welt, verbessern ihr Englisch und lernen möglicherweise passabel Arabisch.

Verena aus dem österreichischen Gföhl hatte vom Projekt IMpuls-Leben der Salvatorianerinnen in der Kirchenzeitung erfahren. »Nach langen Überlegungen entschied ich mich, für ein Jahr als Volontärin in Emmaus mitzubeten, mitzuarbeiten, mitzuleben und meiner Sehnsucht weiter zu folgen.« 2017 brach sie mit gemischten Gefühlen auf. Rückblickend ist sie dankbar, dass das gemeinsame Beten, Essen, Reden, Singen, Lachen und Schweigen »mich wachsen und die Welt von einer ganz anderen Seite kennenlernen ließen«. Die eineinhalb Jahre im Beit Emmaus wurden für sie »zu diesem ›Mehr‹ an Leben« und so prägend, dass sie in ihrer Heimat bei den Salvatorianerinnen eintrat. Nicht nur bei ihr stellte das Heilige Land eine entscheidende Weiche fürs Leben. Oft lässt diese Zeit Menschen wie im Zeitraffer reifen, beeinflusst die Studienwahl oder lässt, auch das keine Seltenheit, eine Partnerschaft entstehen.

Stefan Enßle pflegte christliche, muslimische und jüdische Patienten auf ihrer letzten Lebensetappe im St. Louis French Hospital in Jerusalem. Festangestelltes Personal aus Israelis und Palästinensern sowie Freiwillige aus Frankreich, England, Spanien, Indien, Kanada und den USA wurden ihm zur »French-Hospital-Familie«. Als Medizinstudent blickt er auf seine Zeit an diesem »Ort des ehrlichen und friedlichen Miteinanders« zurück. In einer Region, die von »viel Hass, Meinungsverschiedenheit (…) und religiösem Radikalismus geprägt« sei, schaffe es »diese Familie im French Hospital, bestehende Mauern einzureißen und über Gräben Brücken zu bauen«.

Träumen vom dritten Tempel

West-Jerusalem, im Jahr 2007, Büro der nach eigenen Angaben unabhängigen Organisation Media Central zur Unterstützung von Journalisten. Den Rabbi vom Tempelinstitut fragt ein Journalist, ob man den alttestamentlichen jüdischen Opferkult wiederaufnehmen würde. Kurze Antwort: »Wir haben von Gott nichts anderes gehört.« Zuvor hatte der Rabbiner versichert, man habe die liturgische Kleidung für den Hohenpriester sowie die Kultgegenstände bereits angefertigt. Beim aufmerksamen Gang durch das jüdische Viertel von Jerusalems Altstadt konnte man schon vor Jahren ein Schild mit der Aufschrift entdecken: HaMikdasch haSchlischi (hebr. das dritte Heiligtum, der dritte Tempel), darunter auf Englisch: Modell des dritten Tempels.

Ein Blick in die Geschichte: Davids Sohn Salomo ließ den ersten Tempel fast 1000 Jahre vor Christi Geburt erbauen, ein zehn mal 35 Meter großer dreiteiliger Komplex. Derselbe Salomo, dessen Weisheit 3000 Sprüche und über 1000 Lieder hervorbrachte, dessen Harem aus 700 Ehefrauen und 300 Konkubinen bestand und dessen Armee über 12.000 Reiter und 1400 Streitwagen verfügt haben soll. Der Tempel wurde 587 v. Chr. von Nebukadnezar (ital. Nabucco) zerstört, Gold- und Silbergefäße geplündert, die Bundeslade gestohlen, die Priester getötet, die jüdische Oberschicht nach Babylon verbannt. Schon zwei Generationen später ließ Perserkönig Kyrus die vermutlich 50.000 Verbannten nach Jerusalem zurückkehren und bot ihnen an, den Tempel wiederaufzubauen. Im Jahr 515 v. Chr. wurde der zweite Tempel mit einem Freudenfest eingeweiht, die Priester »opferten 100 Stiere, 200 Widder, 400 Lämmer und zwölf Ziegenböcke, um die Sünden der zwölf Stämme Israels zu tilgen«, schreibt der britische Historiker Simon Sebag Montefiore. Etwa 500 Jahre später riss Herodes d. Gr. diesen Tempel ab »und baute an seiner Stelle ein Weltwunder«, erklärt derselbe Montefiore. Der grausame Herrscher und geniale Baumeister ließ 1000 Priester zu Baumeistern ausbilden, libanesische Zedernwälder abholzen und das Plateau des Tempelberges bis auf den Felsen abtragen. Alles diente dem Ziel, sich bei den Frommen, in deren Auge er ein Goi, ein Heide war, Liebkind zu machen. Diesen größten Sakralbau des römischen Reiches, an dem ein halbes Jahrhundert gebaut worden war, brannten die Römer 70 n. Chr. nieder.

Israels Oberrabbinat erließ für Juden nach dem Sechs-Tage-Krieg 1967 das Verbot, das Moscheeareal, den Tempelberg, zu betreten. Daran mahnt das Schild am einzigen Aufgang für Nicht-Muslime vor der Holzbrücke mit den Worten: »Wegen der Heiligkeit des Ortes ist Juden das Betreten des Tempelberges strengstens verboten.« Man könnte ja, Gott bewahre, unwissentlich auf die Stelle treten, an der sich seinerzeit das Allerheiligste des Tempels befand und dieses damit entweihen. Siedlerrabbiner, nationalreligiöse Israelis und evangelikale Christen aus den USA sehen das komplett anders. Messianisch berauscht, fühlen sie ihre Endzeiterwartung bestätigt und zwei der drei Voraussetzungen für die Apokalypse erfüllt: Israel sei wiederhergestellt (1948), Jerusalem jüdisch (1967), nun fehle nur noch die Wiederherstellung des Tempels. Dafür müsse, so meinen die Mitglieder des 1987 gegründeten Temple Institute, der Tempelberg zuerst durch die Opferung einer roten Kuh gereinigt werden. Der christliche US-Prediger Clyde Lott versuche deshalb mit Rabbi Richman, aus einer Herde von 500 Red-Angus-Rindern die rote Kuh zu züchten. Die Rinder seien aus Nebraska auf eine Farm im Jordantal gebracht worden.

Laut Tempelinstitut betreffen 202 der 613 »göttlichen Gebote« den Tempel, können also derzeit nicht erfüllt werden. Deshalb sei die Verfassung des Judentums alles andere als normal, »wir sind wie Fische ohne Wasser«. Zurück zum Ausgangspunkt: Was würde die Wiederaufnahme des jüdischen Kultes bedeuten? Allein zum jüdischen Pessachfest wurden 200.000 Lämmer geschlachtet. Jerusalem würde dann sicher anders riechen als heute . . .

Seit 20 Jahren ein anderes Israel zeigen

»Meine Kinder glauben, dass ich keine gute Patriotin bin«, bekennt Ronny Perlman. Ihre Söhne, beide Offiziere, wählen zwar dieselbe Partei wie sie, haben aber für ihren Menschenrechtseinsatz kein Verständnis. »Leider kann ich meine Erfahrungen nicht einmal meinen Söhnen vermitteln. Da ist eine Mauer zwischen uns.« Das schmerzt die 76-jährige israelische Jüdin. »Dabei tue ich meinen Dienst bei Machsom Watch aus Patriotismus«, erklärt sie. »Wir Frauen tragen zum guten Ruf Israels bei, wir rufen unserer Gesellschaft, die am Abgrund steht, zu: Geht bitte nicht weiter!«

Anfang 2001, zu Beginn des zweiten Volksaufstands der Palästinenser gegen die Besatzungsmacht Israel gründeten drei Jüdinnen Machsom Watch (hebr. Machsom Kontrollpunkt). Sie wollten beobachten und dokumentieren, was an den Armee-Kontrollpunkten geschieht und notfalls einschreiten. Damals gab es über 700 Hindernisse, bemannte und unbemannte, im Westjordanland, halb so groß wie Oberösterreich, kleiner als Unterfranken, so groß wie der Kanton Bern. Binnen zwei Jahren gewann die Organisation etwa 500 Frauen zur Mitarbeit.

Über 15 Jahre stand Ronny Perlman Sonntag für Sonntag zwischen drei und vier Uhr morgens auf. Um fünf Uhr begann ihr Dienst am bemannten, massiv gesicherten Kontrollpunkt Qalandyia zwischen Jerusalem und Ramallah, an ihrer Jacke das Logo der Organisation, das Beobachtungsauge. Daneben steht auf Hebräisch, Arabisch und Englisch: »Frauen gegen die Besatzung und für Menschenrechte«. Anfangs hatte sie »Angst vor dem Fremden, dem Palästinenser«. Die fiel allmählich ab. »Von der Angst befreit haben mich die Begegnungen mit Hunderten von Palästinensern.«

Auch in Militärgerichten dokumentieren Frauen das Gesehene, andere helfen Palästinensern nach dem Abriss ihres Hauses, wieder andere bitten via E-Mail die »israelische Zivilverwaltung«, den Sicherheitsstatus eines Palästinensers auf der »schwarzen Liste« zu überprüfen.

Chemiestudium an der katholischen Universität Bethlehem – damit kann man auf der Liste landen und ist chancenlos beim Passierscheinantrag. Allein zwischen 1. März und 5. April 2020 »flossen 410 E-Mails hin und her«, heißt es im Frühlings-Newsletter 2020.

Einmal sprach Ronnys Kollegin Tal Haran vor meiner Reisegruppe. Die Frau aus Tel Aviv sagte: »99 Prozent der Kontrollpunkte haben nichts mit Sicherheitsaspekten zu tun.« Sie weiß nur zu gut: »So viele Palästinenser leben eine halbe Stunde von hier und haben das Mittelmeer noch nie gesehen.«

Der Aachener Friedenspreis und die Hermann-Maas-Medaille wurde den Frauen verliehen, letztere wegen des Engagements »für Versöhnung und Verständigung zwischen zwei Nationen und Religionen«, wie der deutsche Politiker Ruprecht Polenz in der Lobrede sagte. Finanzielle Unterstützung kommt unter anderem vom Weltgebetstag der Frauen/ Deutsches Komitee e. V., deren Projektreferentin Carola Mühleisen die Motivation so erklärt: »Der Weltgebetstag steht an der Seite von Frauen, die sich gegen Gewalt, Ausgrenzung und Benachteiligung engagieren.«

Frauen standen auch während des letzten Gaza-Krieges an Kontrollpunkten und landwirtschaftlichen Toren und zeigten Palästinensern, die Israelis vielleicht nur als Soldaten kennen, ein anderes, freundliches Gesicht Israels. Auf der Internetseite der Organisation steht, an die Adresse der Landsleute gerichtet: »Wir sprechen mit Palästinensern – das kannst du auch!«

Das Gespräch sucht Ronny Perlman auch mit Soldaten, dann sagt sie Sätze wie: »Du siehst einen potenziellen Terroristen und ich sehe einen müden Mann.« Ihre Erfahrungen in Qalandiya lassen sie schlussfolgern: »Damit quält man die Bevölkerung.« Mittlerweile organisiert sie Webinare für Interessenten weltweit und hält virtuelle Vorträge für jüdische Jugendliche in prämilitärischen Kursen. Sie erhofft sich ein Wunder. »Denk an Nelson Mandela oder den Fall der Berliner Mauer. Das war doch die totale Überraschung. Es muss sich hier bald das Blatt wenden.«

39 Tätigkeiten untersagt

Da saßen die religiösen Familien schwitzend und leidend – sie hatten vergessen, vor Sabbatbeginn die Klimaanlage im Speisesaal einzuschalten. Nun war das verboten. Einer schlug vor, mich, »den Freiwilligen Jochanan« zu holen. Ich, als Goi, als Nichtjude, dürfte doch den Schalter betätigen. Gesagt getan. Alle atmeten auf in der Field School Ma'ale Efraim, einer Art Naturschule mit Gästehaus auf Jugendherbergsniveau, in der ich 1987 einige Monate arbeitete.

Das alttestamentliche Lichtanzündverbot heißt in die heutige Zeit übertragen: Stromeinschalten ist in allen Bereichen des Alltags am Sabbat tabu. Weder Telefonieren noch Fernsehen sind erlaubt, Computernutzung und Autofahren verboten. Für Lea Fleischmann, israelische Jüdin, ist das alles keine Einschränkung, im Gegenteil: Für sie sind die 39 Verbote Entlastung. Vor allem, dass sie sich einen Tag von den Medien »abschaltet«, genießt sie. »Wir leben in einer Zeit, in der wir keine Ruhe mehr kennen. Das macht die Menschen krank«, erklärte mir die Lehrerin, die 1979 nach Israel auswanderte. Säkular in Deutschland aufgewachsen, wurde die Autorin von »Dies ist nicht mein Land« und »Heiliges Essen« erst in Israel religiös. So suchte sich die in Ulm geborene Jüdin eine Synagogengemeinde, die sie zu Fuß erreichen konnte. Aber auch da müssen fromme Juden aufpassen: Mehr als 900 Schritte sind von Freitag- bis Samstagabend nicht erlaubt. Insgesamt 39 Arten von »Arbeit« sind am heiligen Ruhetag, dem Sabbat (hebr. Schabbat, jidd. Schabbes) zu unterlassen und der beginnt schon am Freitagabend, »wenn man einen grauen Wollfaden nicht mehr von einem blauen unterscheiden kann«. Gemeinhin gilt: ab Sonnenuntergang. Genau genommen beginnt der Feiertag 18 Minuten davor, markiert durch das Kerzenzünden, das in der Regel Mutter und Töchter übernehmen.

Unter die Sabbatverbote fallen etwa das »Klopfen von Wolle«, »zwei Schleifen machen«, »einen Knoten binden« oder »lösen«, »zwei Stiche nähen« oder das »Jagen einer Gazelle«. Wie im *ARD*-Film »Echtes Leben.

Jung, jüdisch, weiblich« zu sehen, bereiten fromme Juden vor Sabbatbeginn sogar das Klopapier vor: Denn Reißen ist am Ruhetag auch nicht gestattet.

Am Schabbat (hebr. Ruhe), dem heiligen siebten Tag der Woche, soll man sich von den Alltagsmühen ab- und Gott zuwenden, sich der Fortbildung und dem Familienleben widmen. Als ich einmal an einem Samstag vor der Klagemauer stand, fielen mir – wohl eine Reiseleiter-»Krankheit« – etliche Punkte ein, die ich anderntags meiner Gruppe mitteilen wollte. Also zückte ich Notizblock und Kuli und fing zu schreiben an. Es vergingen keine fünf Sekunden, bis sich ein zivil gekleideter Sittenwächter näherte und mich streng aufforderte, das Schreiben einzustellen. Später stieß ich im Büchlein »Schalom!« auf ebendieses Verbot, das dort die Nummer 32 trägt: »zwei Buchstaben schreiben«.

Trotz dieser für uns vielleicht scheinbaren Einschränkungen wird der Sabbat von frommen jüdischen Familien als Tag der Freude begangen. Nicht wenige Jerusalemer Juden begrüßen den Sabbat als Braut oder Königin am Freitagabend mit frohen Gesängen und Tänzen an der Klagemauer, dem heiligsten Ort des Judentums. Am Sabbat selbst folgt dann ein weiterer Gottesdienst – in der nächstgelegenen Synagoge oder eben am Kotel, den wir als Klage-, israelische Juden jedoch lieber als Westmauer bezeichnen.

Lea Fleischmanns »große Entdeckung in Jerusalem« war die Erfahrung des Schabbats. Eines Samstags ging sie in einem religiösen Wohnviertel spazieren und bemerkte den fehlenden Verkehr. Ultraorthodoxe Juden verhindern vor allem in Jerusalem mittels Metallbarrieren die Durchfahrt durch ihre Viertel von Freitag- bis Samstagabend, beispielsweise in Mea Shearim oder Mekor Baruch. Lea Fleischmann war begeistert von der Ruhe. »Für mich ist das ein Geschenk, das ich der Umwelt, der Natur mache. Einmal in der Woche ein autofreier Tag – Sie wissen gar nicht, was das für die Menschen bedeutet.«

Frühlingshügel auf dem 32. Breitengrad

Tel Aviv ist ein »anderer Kontinent«. Das behauptete der israelische Erfolgsautor Amos Oz (1939–2018), der aus der Wüstenstadt Arad für seine letzten Lebensjahre in das New York des Nahen Ostens zog, wie sich Tel Aviv selbst versteht. Erst 1909 wurde der »Frühlingshügel« gegründet, so nämlich heißt die Stadt auf Hebräisch. In ihr steht das Leben selten still, es vibriert und pulsiert. Es wird gearbeitet und getüftelt, aber ebenso gefeiert, musiziert, gesurft und getanzt. Der deutsche Journalist Michael Borgstede bekennt nach einigen Jahren in der 400.000-Einwohner-Stadt: »Tel Aviv ist eine Stadt, die an chronischem Bluthochdruck leidet und sich kokett selbst feiert.« Egal, ob man in die Szeneviertel Florentin oder Neve Zedek eintaucht oder in das südlich gelegene 4000 Jahre alte Jaffa/Yaffo, ob man am Dizengoff-Platz oder in der Sheinkin-Street einen Cocktail schlürft – man fühlt sich frei, unbeschwert und irgendwie Lichtjahre vom Konflikt entfernt. Aufpassen muss man inmitten von Stelzenhäusern oder Wolkenkratzern, dass man nicht von einem der pfeilschnellen E-Roller überfahren wird. Was auf diesen alles transportiert wird: die Handy-wischende Freundin, der Hund oder ein Surfbrett.

Was bietet die Stadt den Touristen? Wer es extravagant liebt, kann in Tel Aviv Graffiti-Touren buchen oder in Mikrobrauereien Granatapfelbier brauen. Architekturfreunde werden sicher einige der 4000 Bauhaus-Gebäude fotografieren wollen oder die drei Azrieli-Türme. Jeder der drei Wolkenkratzer hat eine andere Grundrissform: Dreieck, Kreis und Quadrat sollen demonstrieren, dass man in Israel das Unmögliche möglich machen will, quasi die Quadratur des Kreises. Geschichtlich Interessierte werden die Unabhängigkeitshalle oder das Diaspora-Museum besichtigen. Musikalisch ist für jeden Geschmack etwas geboten: sei es im Charles-Bronfman-Auditorium, der Heimspielstätte des Israelischen Philharmonischen Orchesters mit fast 2500 Plätzen oder in einem der zahlreichen Klubs wie der Ozen Bar, dem Rothschild 12 oder im Barby. Mitten in der Corona-Pandemie stellte die *Welt am Sonntag*

»19 Reise-Ideen zum Nachmachen« vor, darunter Tel Aviv. Autor Jörn Lauterbach warb für Tel Aviv mit dem Motto »Pilgerziel für Leute, die an Fortschritt glauben«. Dazu passt: Es ist eine junge Metropole. Das Durchschnittsalter in Tel Aviv beträgt 34, in Berlin 41 Jahre. Jeder fünfte Einwohner soll homosexuell sein in der Stadt, die sich gerne als besonders LGBT-freundlich präsentiert.

Die Normalität, der Alltag überrascht viele Touristen. Der Konflikt scheint Lichtjahre entfernt. Der Suchende stößt jedoch auch hier auf Spuren des Unfriedens: Im Stadtgebiet von Tel Aviv lebten bis 1948 in sechs Dörfern über 10.000 Palästinenser. Sie hießen Summeil (heutiges Arlosoroff-Ibn-Gvirol-Viertel), Jammasin al-Gharbi, Salama, al-Manshiya, Manteqat al-Sayadin sowie al-Shaykh Muwannis – heute Standort der Universität und elegantes Wohnviertel Ramat Aviv.

Zurück zu Oz' Einschätzung: Sie ist absolut zutreffend, gerade wenn man aus dem 60 Kilometer entfernten Jerusalem herkommt. Sofort fallen einem die schwüle Hitze, die freizügigere Kleidung, Jogger und Hunde in Tel Aviv auf. »Eine Insel der Seligen« – so nennt die Stadt der deutsche Bibelwissenschaftler und Journalist Till Magnus Steiner, der in Jerusalem lebt. Ein bisschen Seligkeit tut gerade am Ende einer Rundreise gut. Deshalb lasse ich eine solche gerne in der Stadt auf dem 32. Breitengrad ausklingen, auch wenn es nur drei Stunden sein mögen: Der Strand, die Meeresluft, Radfahrer, Surfer, Schwimmer und Inline-Skater lassen erahnen, was überall möglich wäre, hätte die Besatzung und damit der Konflikt ein Ende. Ein Spaziergang auf der Strandpromenade lässt davon träumen, was mit Frieden möglich wäre: Pluralität, Selbstverwirklichung, Emanzipation, Toleranz, Leben und leben lassen. Auch in Gaza und Hebron, in Bethlehem und Nablus.

5,7 Millionen registrierte Flüchtlinge

Das Gewicht von Abschied und Hoffnung: 204 Gramm. Soviel wog der Schlüssel. Klettengleich war der Händler an mir drangeblieben, bis ich ihm den Schlüssel abkaufte. Seit Tagen keine Kunden, hatte der Hebroner Ladenbesitzer verzweifelt geklagt. Nun besaß ich ein Stück Nakba, wie das arabische Kunstwort für »Katastrophe« heißt, das Flucht und Vertreibung von 750.000 Palästinensern im Jahr 1948 bezeichnet. Welches Haus hatte dieser mächtige, 15 Zentimeter lange Schlüssel geöffnet?

Meine Gedanken wandern zu Fawaz Abu Sitta, dem ersten Palästinenser meines Lebens. Vor 35 Jahren traf ich den Mann mit DDR-Diplom im Gazastreifen. Seine Eltern waren aus der Nähe von Be'er Sheva nach Gaza geflohen. Bei einem Dutzend Besuchen spürte ich, wie Fawaz' Vater der Heimatverlust selbst nach Jahrzehnten schmerzte. Der Schlüssel des Hauses, aus dem man fliehen musste, erhält in solchen Familien manchmal einen Ehrenplatz, bei Demonstrationen wird er als Symbol des Rückkehrrechts mitgeführt.

Palästinensische Flüchtlinge sind laut Definition »Personen, deren normaler Wohnort in der Zeit vom 1. Juni 1946 bis 15. Mai 1948 Palästina war und die infolge des Konflikts von 1948 sowohl ihr Zuhause als auch ihre Lebensgrundlage verloren haben«. Die Resolution 302 (IV) der UNO-Generalversammlung vom 8. Dezember 1949 erteilte den Auftrag, Fürsorge und Arbeitsprogramme für palästinensische Flüchtlinge bereitzustellen. Die UNRWA war geboren, die United Nations Relief and Works Agency for Palestine Refugees in the Near East. Seit 1. Mai 1950 gibt diese in 58 offiziellen Lagern im Libanon, in Syrien und Jordanien, im Westjordanland und Gazastreifen den Bewohnern zu essen, stellt Unterkünfte und Kleidung bereit, transportiert den Müll ab, unterhält 708 Schulen und sorgt für medizinische Versorgung. 30.000 Mitarbeiter sind für 5,7 Millionen registrierte Flüchtlinge da. Einzigartig ist insofern der Gazastreifen, als zwei von drei Bewohnern eingetragene Flüchtlinge sind. Die Generalversammlung der Vereinten Nationen verlängert regelmäßig das UNRWA-Mandat um drei Jahre, aktuell bis zum 30. Juni 2023. Jährlich fließt eine Milliarde US-Dollar in diese Arbeit.

Wiederholt kam die UNRWA in die Schlagzeilen: Zuerst kürzte Ex-US-Präsident Trump die Zahlungen, die Schweiz hatte es vorgemacht. Dann warf man dem damaligen Generalkommissar Pierre Krähenbühl Vetternwirtschaft und Machtmissbrauch vor, worauf dieser zurücktrat. Als im Mai 2021 der UNRWA-Chef in Gaza, der Deutsche Matthias Schmale, die israelischen Luftangriffe scharf kritisiert, jedoch »präzise« genannt hatte, erzürnte das die Hamas – und Schmale wurde abgezogen. Regelmäßig ertönt aus Israel oder den USA zudem die Kritik, die Schulbücher an UNRWA-Schulen förderten Hetze und Antisemitismus. Das Hilfswerk erklärt dazu auf der Internetseite: »UNRWA hat keinerlei Toleranz in dieser Hinsicht und verurteilt alle Formen von Rassismus (…).«

Najwa Sheikh Ahmed wurde im Flüchtlingslager Khan Younis im Gazastreifen geboren und fühlt sich als Flüchtling. Über ihre Wurzeln habe sie kaum nachgedacht, da der Heimatort der Eltern al-Majdal ihr nichts bedeutet. So beginnt ihr Text »Das verlorene Paradies meines Vaters«, veröffentlicht 2008 im Gedenken an 60 Jahre Nakba. Das Glück, ihr US-Visum in Tel Aviv selbst abholen zu dürfen, nutzte sie zu einem enormen Umweg nach al-Majdal unweit des Sees Genezareth. Bei der Fahrt versuchte sie sich an das oft Gehörte zu erinnern, ans Elternhaus, den Feigenbaum. Wieder zurück im Flüchtlingslager, jagte eine Frage die nächste. War alles noch so, wie sie es beschrieben hatten? Stand die Moschee noch? Mitansehen zu müssen, wie die Eltern dagegen ankämpfen, das im Herzen Bewahrte zu verlieren, macht Najwa hilflos. »Meine Großeltern sind mit dem Traum von ihrem Haus mit Feigenbaum und Wasserquelle gestorben. Es tut weh, (…) dass meine Eltern wahrscheinlich mit demselben Traum sterben werden.«

8600 jüdische Siedler

»Den Kern der Siedlerbewegung bilden fanatische Nationalisten und religiöse Fundamentalisten, die genau zu wissen glauben, worüber sich Gott
und Abraham in der Bronzezeit unterhalten haben«, schrieb der als Heinrich Sternbach in Wien geborene Schriftsteller Amos Elon (1926–2009)
in seinem nach wie vor aktuellen Essay »Was ist falsch gelaufen?«.

Wer vermag sich eine israelische Siedlung vorzustellen, wenn der Begriff in der »Tagesschau« *(ARD)* oder bei »Zeit im Bild« (*ORF*) fällt? Bei
meinen über 60 Reisegruppen habe ich wiederholt Erstaunen festgestellt:
Aha, eine Siedlung sind keine 30 Häuser, sondern Städte mit Tausenden,
teils Zehntausenden von Einwohnern, Tankstellen, Supermärkten. Das
Siedlungsunternehmen begann nach dem Sechs-Tage-Krieg 1967, in dem
Israel die Größe seines Gebiets vervierfachte. Manche sahen das messia-
nisch-jüdische Zeitalter angebrochen und forderten lautstark, den Sinai,
die Golan-Höhen und vor allem das Westjordanland zu besiedeln, das
Herz des jüdischen Glaubens. Letzteres nennen fromme und nationalis-
tisch gesinnte Juden (und manche Zeitung) bis heute Judäa und Samaria
(hebr. yehuda we schomron). Sich neben einer jüdischen Stätte nieder-
zulassen sei heilige Pflicht, ja Auftrag des Allmächtigen, meinen sie. Die
israelische Regierung jedoch war seinerzeit gespalten: Einige wollten
Land gegen Frieden eintauschen, andere erhofften sich dauerhafte Besiedlung. Keine Zweifel hingegen hatten die Anhänger von Rabbi Kook.
Dieser hatte kurz vor dem Krieg in einer charismatischen Rede gefragt:
»Haben wir Hebron vergessen? Jericho? Nablus?« Drei Wochen später
stand die israelische Armee in diesen Städten. Für den Rabbi und seine
Gefolgsleute war das gerade eroberte Gebiet befreit. Mit dessen Besiedlung wollen sie die Ankunft des jüdischen Messias beschleunigen.
Der deutsche Siedlungsexperte Steffen Hagemann formuliert es noch
spitzer: »Die Besiedlung des Landes bleibt unerlässlich für die messia-
nische Erlösung.« Das bedeute eine »heilsgeschichtliche Dramatisierung
des Konflikts«.

Israels Siedlungspolitik verstößt gegen Völkerrecht. Laut Artikel 49 der IV. Genfer Konvention von 1949 darf eine Besatzungsmacht die Zivilbevölkerung nicht in das besetzte Gebiet transferieren und ansiedeln. Doch für Siedler zählt ausschließlich das jüdische Gesetz Halacha. Seit im September 1967 Hanan Porat mit Kfar Etzion die erste Siedlung errichtete, hat das Siedlungsunternehmen nicht geruht, unterstützt von rechten wie linken Regierungen. Vor allem der stellvertretende Premierminister Yigal Allon forcierte in den 1970er-Jahren sogenannte Sicherheitssiedlungen im Jordantal, Ariel Sharon förderte als Bau- und Infrastrukturminister ebenso den Siedlungsbau. Doch ausgerechnet er zog 2005 die knapp 9000 Siedler aus dem Gazastreifen ab. Wochenlang protestierten sie, errichteten Straßensperren mit brennenden Autoreifen, eine Frau zündete sich selbst an und überlebte schwer verletzt. Jene, die nicht freiwillig gingen, wurden mit Gewalt abtransportiert. Eltern ließen ihre Kinder mit erhobenen Händen aus den Häusern marschieren – eine Anspielung auf die Deportation aus dem Warschauer Getto. Einige steckten sich Davidssterne an, andere beschimpften Soldaten als »Nazis«. An der Evakuierung waren 50.000 israelische Soldaten und Polizisten beteiligt. Die Gesamtkosten des Abzugs einschließlich Entschädigung setzt der israelische Wirtschaftsexperte Shir Hever mit 2,2 Milliarden US-Dollar an; jedem evakuiertem Siedler zahlte der Staat 200.000 Euro.

David Wilder, Sprecher der Siedler Hebrons, stellte einen Bezug zwischen Abzug und Sharons späterem Koma her. »Ariel Sharon hat die schlimmste Hölle erlebt, er war weder hier noch dort, weder tot noch lebendig und das acht Jahre lang. Etwa 8600 Siedler wurden aus Gush [Siedlungen im Gazastreifen, JZ] vertrieben, das bedeutet ein Jahr pro Tausend Menschen. Und man kann sich ausmalen, was ihm bevorsteht, wenn er durch die perlenbesetzten Himmelstore eintreten will.«

Ein Ehrenmord pro Woche

Mädchen und Frauen werden auch heute noch im Heiligen Land umgebracht, um die angeblich beschmutzte »Familienehre« zu retten oder wiederherzustellen. Grund ist meist der: Eine junge Frau wurde vor oder außerhalb der Ehe schwanger. Im Waisenhaus Crèche (frz. Krippe) in Bethlehem kennen die Töchter der Barmherzigkeit des Heiligen Vinzenz von Paul seit 135 Jahren die Folgen. Die Vinzentinerinnen nehmen sich der Kinder an. Ob im Müll ausgesetzt, von einer verzweifelten Mutter am Straßenrand abgelegt oder im benachbarten Malteserkrankenhaus schnell entbunden: Jedes Kind, ob gesund, behindert oder krank, von muslimischen oder christlichen Eltern, ob durch eine Romanze oder eine Vergewaltigung gezeugt, erhält in der Crèche einen Platz – um Mensch werden zu dürfen. Am Ort, wo Gott Mensch wurde.

Über 100 Mal habe ich dieses Haus allein oder mit Gruppen aufgesucht. Wie oft hat eine der Ordensschwestern bei der Frage nach der Herkunft des Kindes die flache Hand über die Kehle gezogen und mit großen Augen die Tötung der Mutter angedeutet. Einmal, es war Herbst, teilte mir und meiner Gruppe Iskandar Andon, Sozialarbeiter des Waisenhauses mit: »In diesem Jahr haben wir 40 Frauen durch Ehrenmord verloren, der letzte Fall war heute früh in Yatta bei Hebron.« Ich rechnete hoch: Das ist etwa ein Mord pro Woche. Andon erinnert sich an Jahre mit über 60 Ehrenmorden in Palästina und wird sehr deutlich: »Der Islam tötet die Moral.«

In meiner Jerusalemer Zeit (2005 bis 2008) erfuhr ich aus erster, seriöser Hand, dass in Zababdeh im nördlichen Westjordanland eine junge Christin sterben musste. Sie hatte mit einem Muslim eine Liebesnacht verbracht. Diese hatte der Mann gefilmt und das Video stolz seinem Freundeskreis präsentiert: Ich bin ein Held, ich habe eine Christin erobert – das war seine Botschaft. Typisch-orientalisch verbreitete sich die Nachricht binnen Stunden in der gesamten Region. Die Abiturientin wurde von Männern der eigenen Familie erschossen. »Es ist eine so ungerechte Gesellschaft, (…) vor allem gegenüber Frauen. Egal, was man ihnen angetan hat, die Frauen haben immer Schuld und die Opfer sind die Kinder.« So urteilte Schwester Denise von der Crèche einmal im *ARD-Weltspiegel*-Gespräch. Bis ins Mark schockiert hat mich das autobiografische Buch »Soaud – Bei lebendigem Leib«, ein beklemmendes Zeugnis über einen Ehrenmord. Darin schildert die Palästinenserin Soaud ihr trauriges Leben vor und das qualvolle nach dem Mordversuch mit Benzin, den sie schwerstverletzt überlebte. Selbst zum Zeitpunkt der Buchveröffentlichung – 25 Jahre und 24 Operationen später – traute sich die Frau nicht, ihren Wohnort in Europa preiszugeben: aus tiefster Angst, die Verwandten könnten einen zweiten Tötungsversuch unternehmen. Dass sie kein Einzelfall ist, schilderte Khulud Alharthi in der *Welt am Sonntag*, wobei die Gründe für ihre Flucht von Saudi-Arabien nach Deutschland ungenannt bleiben. »Die albtraumhafte Vorstellung, nach der Flucht in Deutschland von meiner Familie verfolgt und gefunden zu werden, war kaum zu ertragen, also traf ich extra Vorkehrungen. (…) Nichtsdestoweniger hat meine Familie mich verfolgt und es geschafft, mich aufzuspüren. Es war schockierend, und es bestätigt auch meinen Verdacht, dass die Botschaft Saudi-Arabiens den Familien systematisch bei der Suche (…) hilft.«

Ehrenmorde geschehen in der gesamten muslimischen Welt. Das Buch »Du fehlst mir, meine Schwester«, in dem die jordanisch-christliche Autorin Norma Khouri den Ehrenmord an ihrer muslimischen Freundin beweint, liefert Zahlen. Diese, allerdings gut 20 Jahre alt, lauten: »1998 schätzte die UN konservativ, dass über 5000 Frauen jährlich aus Ehrengründen getötet werden, davon (…) etwa 2550 in der West Bank, dem Gazastreifen und Jordanien.«

Klein-Wien in der Via Dolorosa 37

Vor-Corona-Zeit: »Ein Wiener Schnitzel, ein Edelweiß-Bier und ein Stück Sachertorte, bitte.« Schwester Bernadette nimmt die Bestellung entgegen. Im Hintergrund erklingt Mozart. Österreichische Herrscher und Bischöfe blicken von Wandbildern auf das bunte Publikum in den roten Samtsesseln herunter. Laut Julius-Meinl-Schild wird österreichischer Kaffee serviert. Was in Wien oder Salzburg nicht verwundern würde, wirkt exotisch in der Via Dolorosa 37, im palästinensisch-muslimischen Viertel, mitten im orientalischen Basar Jerusalems.

Begonnen hat alles vor über 160 Jahren, als das osmanische Reich schwächelte. Der Rechtsstatus der Christen verbesserte sich, nun konnten auch sie und andere Nichtmuslime Land erwerben. Der Einfluss des österreichischen Kaisers beim Sultan von Konstantinopel ermöglichte der Kirche den Kauf eines Grundstücks in der Altstadt, das Erzherzog Ferdinand Maximilian selbst in Augenschein nahm und befürwortete. 1854 wurde das österreichische Hospiz als kirchliche Stiftung durch den damaligen Erzbischof von Wien, Josef Othmar von Rauscher, begründet. »Gemeinsam mit dem Kirchenfürsten gilt Kaiser Franz Joseph als unser Gründervater«, heißt es auf der Internetseite.

Zuerst wollte man ein Krankenhaus bauen, dann entschied man sich für ein Gästehospiz. Der Erzbischof wollte Pilgern eine »Heimat fern der Heimat« schaffen. Und in einer Zeit »fragwürdig gewordenen Glaubens Menschen mit dem Heiligen Land und der heiligen Schrift vertraut machen«, erklärt mir Rektor Markus St. Bugnyar. Am 19. März 1863 wurde das Hospiz eröffnet – als erstes nationales Pilgerhaus im Heiligen Land. »Die Monarchie wollte einen Repräsentationsbau, weil es wichtig für Österreich war, im Orient vertreten zu sein«, sagt der Rektor. Im Stil eines Wiener Ringstraßenpalais erbaut, sollte es Herberge für Pilger, Entdeckungsreisende und Forscher in einer Stadt mit wenigen Übernachtungsmöglichkeiten bieten, zumal das Heilige Land dank besserer Verkehrswege immer mehr an Anziehungskraft gewann. 1869 nächtigte

Kaiser Franz Joseph im Hospiz, auf dem Weg zur Eröffnung des Suezkanals. Seitdem hat das Pilgerhospiz »Zur heiligen Familie« Abertausende von Menschen beherbergt, vom Kaiser bis zu Pilgern der »Volkswallfahrten« wie die zwei Wallfahrten der Diözese Linz 1900 und 1910. Das Haus am Kreuzweg hat aber auch Kriege, Herrschaftswechsel und Beschlagnahmung gesehen. Nach Ende des ersten israelisch-arabischen Krieges 1948/49 wurde das Pilgerhospiz zum Krankenhaus. Das beschreibt anschaulich das Buch »A War without Chocolate« der mir gut bekannten Betty Dagher Majaj aus Ost-Jerusalem. Bettys Ehemann Amin leitete damals das Notfallkrankenhaus in Bethanien, fuhr Verletzte von dort »in seinem kleinen Fiat« zum Österreichischen Hospiz und assistierte dem Chirurgen Dr. Ibrahim Tleel als Anästhesist. »Das Hospiz lag in einer heiß umkämpften Zone und Operationen wurden oft durch Explosionen in der Nähe unterbrochen.«

1985 von Israel seinem österreichischen Eigentümer zurückgegeben, dient es seit 1988 wieder seiner ersten Bestimmung: als Gästehaus für Pilger und Touristen, Gruppen und Einzelreisende.

Nun ist noch eine Facette hinzugekommen: Das Projekt »Akademie Österreichisches Hospiz Jerusalem« bezeichnet Veranstaltungen wissenschaftlicher, musikpädagogischer, interkultureller Natur, »die uns die Stadt Jerusalem in ihrer Vielfalt und ihren Sorgen selber ans Herz legt«, heißt es auf der Internetseite. Zukünftig soll die Akademie zudem Interesssenten aus Europa Studienaufenthalte ermöglichen.

Neun Stunden, zwei Minuten für 110 Kilometer

Lukas Speckmann schrieb in den *Westfälischen Nachrichten* über die 62 Kilometer lange Strecke von Münster nach Bielefeld: »Wer (…) hinfahren möchte, muss damit rechnen, ewig lang über Land zu gurken.« Wie würde sein Urteil zu Fahrzeiten in Palästina ausfallen?

Was ich 2006 erlebte, erscheint extrem, kann sich aber jederzeit wiederholen. 14-tägig unterrichtete ich Klavier in Zababdeh bei Jenin. Damals verwandelten Hunderte von ständigen Hindernissen das Westjordanland in einen Irrgarten. Dazu musste man ständig mit »flying checkpoints«, spontan errichteten Kontrollpunkten, rechnen. Wieder einmal stand die Rückfahrt nach Jerusalem bevor. Je nach »Lage« fuhr das Sammeltaxi zwischen zwei und sechs Uhr früh.

Um 5:30 Uhr fahren wir zu zehnt los. Nach nicht einmal fünf Minuten erhält ein Fahrgast einen Anruf: Vor dem nächsten Kontrollpunkt staue sich der Verkehr. Sofort dreht Chauffeur Wissam. Als Fahrer entgegenkommender Taxis berichten, der andere Kontrollpunkt sei »dicht«, drehen wir erneut und sind wieder auf der ursprünglichen Route. 5:45 bis 6:20 Uhr: Wir warten vor einem »fliegenden« Kontrollpunkt, als achtes Auto. Die Durchsuchung dauert pro Wagen etwa eine Viertelstunde, so gewissenhaft habe ich das selten erlebt. Um 6:20 Uhr beschließt Wissam, über einen Feldweg den Kontrollpunkt zu umfahren. Ein israelischer Militärjeep folgt uns, weswegen Wissam nach Zababdeh zurückfährt. Wegen der holprigen Strecke ist mir jetzt schon übel. 6:45 Uhr: ein weiterer fliegender Kontrollpunkt. Wir sind über eine Stunde unterwegs und wieder am Ausgangspunkt. Wenige Meter hinter Zababdeh: der nächste fliegende Kontrollpunkt. Unser Fahrer dreht reflexartig um. Gibt es ein Loch in diesem Labyrinth?

Gesprächsfetzen aus dem Taxi, fast alle sind Christen und arbeiten in Krankenhäusern Ramallahs oder Jerusalems: »Sie machen es uns so schwer wie möglich … wer vorher noch kein Terrorist war, wird jetzt einer … morgen früh fahren wir um zwei Uhr los … die Israelis wollen keinen Frieden, sie wollen das Land, aber ohne uns … ich habe gehört, daß eine Organisation in Tel Aviv sogar bei der Auswanderung von Palästinensern nach Kanada behilflich ist.« Eine Frau meint: »Was ist das für ein Leben? Wer glaubt uns das?«

Vor einem Kontrollpunkt stehen viele Wagen. Wissam schickt mich an den Anfang der Schlange, meinen deutschen Pass solle ich den Soldaten entgegenhalten, rät er mir. Mit mulmigem Gefühl tue ich es. Ein Soldat fordert lachend »Heb' dein Hemd hoch!« und schiebt nach: »Nein, war nicht so gemeint.« Ein anderer fragt, was »Kumm schon« bedeute und kichert. Was ist das hier für ein Kindergarten?, denke ich. Das Katz- und Mausspiel geht weiter. An einer anderen Kontrollstelle bedauern die höflichen Soldaten, dass sie nur Palästinenser mit Wohnsitz Jericho und Nablus durchlassen könnten sowie Ausländer. Fahrgast Aissa sagt in fließendem Hebräisch: »Hut ab. Ihr tut euren Dienst, das respektiere ich. Wir fahren mit Freuden zurück.« Wie bitte? Woher nimmt er diese Worte? Die Soldaten danken ihm für sein Verständnis. Nach fast sechsstündiger Suche nach dem Schlupfloch trennen sich unsere Wege. Ich steige aus, alle anderen fahren zurück.

Irgendwann erreiche ich das Nadelöhr Qalandyia, ein flughafenähnliches Kontrollgebäude. Drinnen staut sich eine Menschentraube vor den Drehkreuzen. Obwohl es fünf Durchgänge mit Metalldetektor und Röntgengerät gibt, ist nur einer geöffnet. Irgendwann treffe ich erschöpft in Jerusalem ein. Die insgesamt zehn Kontrollpunkte haben die 110 Kilometer lange Strecke neun Stunden und zwei Minuten dauern lassen. Mein Arbeitstag war gelaufen.

Bei der letzten Zählung hat die UNO-Agentur OCHA Anfang 2020 acht verschiedene Arten von Hindernissen gezählt, darunter bemannte Kontrollpunkte und unbemannte Erdwälle, Gräben und Zementquader (road blocks). Ergebnis: 593 im Gegensatz zu 705 bei der vorigen Zählung. Was ist dagegen das angebliche Gegurke durch Norddeutschland?

20.000 jüdische Neueinwanderer – 55 pro Tag

Dov, der einmal Bernd hieß, traf ich bei meinem ersten Israelaufenthalt zwischen 1985 und 1987. Der deutsche Jude hatte eine »Aliyah« (hebr. Aufstieg) gemacht, er war nach Israel eingewandert. Sogar seinen Namen hatte er hebräisiert: Dov, hebräisch für Bär, kam seiner Meinung nach Bernd am nächsten. Den deutschen Medizinerabschluss in der Tasche plante er eine Karriere als Arzt. Leider verloren wir uns aus den Augen. Jahre später fand ich seine deutsche Adresse. Ich griff zum Telefon, seine Mutter nahm ab, ich stellte mich vor und erbat seine Adresse im Land seiner Träume. Die Antwort seiner Mutter habe ich noch im Ohr: »Der ist wieder hier. Der Zahn wurde ihm schnell gezogen. Mein Sohn arbeitet jetzt im Rheinland.«

Ob aus Buenos Aires oder Berlin, Bombay oder Boston – Juden der ganzen Welt werden in Israel willkommen geheißen, ja von vielen jüdischen Politikern förmlich herbeigefleht, um der hohen arabischen Geburtenrate etwas entgegenzusetzen. Das sogenannte Rückkehr-Gesetz von 1950 (hebr. Chok haSchvut) erlaubt Menschen jüdischer Herkunft jederzeit die Einwanderung. »Eine Person, die die Aliyah beantragt, muss kein Jude sein«, erklärt der israelische Rechtsanwalt Joshua Pex. »Es genügt zu beweisen, dass einer Ihrer Eltern oder sogar einer Ihrer Verwandten jüdisch war, um Anspruch auf Einwanderung und die israelische Staatsbürgerschaft zu erhalten.« Dann dürfen sowohl der Ehepartner als auch die minderjährigen Kinder, selbst die aus früheren Beziehungen der Aliyah-berechtigten Person oder des Partners nach Israel einwandern. De facto genügt der Nachweis, dass wenigstens ein Großelternteil jüdischen Glaubens war.

In den Jahren nach der Staatsgründung zog es hunderttausende Juden aus Nordafrika, dem Irak und dem Iran nach Israel. Die Religiösen unter ihnen wollten in das Land der Vorväter ziehen. Andere kamen aus Angst, die Spannungen zwischen Israel und der arabischen Welt gefährdeten ihr Leben in der Heimat. »Sicher stellte auch der arabische

Nationalismus der 1950er- und 1960er-Jahre einen bedeutsamen Anstoß für die Auswanderung vieler arabischer Juden nach Israel dar«, erklärt die deutsch-israelische Historikerin Tamar Amar-Dahl.

Die Einwanderung verändert das Land stetig: Die ehemals von europäischen Einwanderern und Flüchtlingen dominierte Gesellschaft wurde bunter, ab Mitte der 1960er-Jahre war jeder zweite Israeli afroasiatischer Herkunft. In den 1980er-Jahren kamen dann zehntausende äthiopische Juden, gefolgt von der riesigen Einwanderungswelle aus der ehemaligen Sowjetunion. Hatte die den Juden die Auswanderung verboten, zog mit dem Zerfall der UdSSR eine knappe Million von ihnen nach Israel, was manche eine »Revolution in der Demografie« nennen. Russische Zeitungen und Supermärkte entstanden, dazu ein Fernsehsender und angeblich auch russische Mafia.

Seit der Staatsgründung sind 3,3 Millionen Juden aus 150 Ländern eingewandert. 2019 kamen etwa 35.000 Einwanderer aus Russland, der Ukraine, Frankreich, den USA und Äthiopien, aus der Türkei und Neuseeland. Ein Jahr später sank die Zahl Corona-bedingt auf 20.000, das macht 55 am Tag. Wie Judy Maltz und Allison Kaplan Sommer von der liberalen Zeitung *Ha'aretz* darlegten, fördern evangelikal-christliche Kirchen der USA, Europas oder Südkoreas mit Millionen von US-Dollars die jüdische Einwanderung nach Israel. In dieser erkennen sie die Erfüllung biblischer Prophezeiungen. Mike Evans, prominenter US-Evangelikaler, warnte im Juni 2021 vor der Ablösung Netanyahus, in dem er einen »von Gott gesandten Führer Israels« sieht.

2007 wollte ich mein Hebräisch auffrischen. Im Kurs in West-Jerusalem saßen junge Palästinenser, aber auch Ilana aus der Ukraine und Hilda aus Südafrika. Die fast 60-Jährige war ihren Kindern hinterhergezogen. Sie sei in dem Glauben aufgewachsen, so erklärte sie, »dass Israel die Heimat der Juden ist, wo wir alle leben sollten. Deshalb bin ich mit dem Gefühl hier angekommen, dass dies mein Zuhause ist.«

Ein beziehungsweise zwei Prozent Christen

00:51 Uhr: In Bolivien sitzt Tony D'eik, Palästinenser und Christ aus Bethlehem am Computer. Mir, seinem früheren Musiklehrer, schreibt er auf Englisch aus der Heimat seiner Frau: »Wir planen, bis September in Bolivien zu bleiben und hoffen, dass wir im Oktober zum Studium nach Großbritannien ziehen können. Ich glaube nicht, dass wir es vor Weihnachten schaffen, nach Bethlehem zurückzureisen. Wir leben von der Gnade der Israelis, die meiner Frau kein Visum ausgestellt haben (…).«

Beim Gedanken an meine Bethlehemer Zeit (1999–2003) muss ich mit Bedauern feststellen: Schüler, Chormitglieder, ein Lehrerkollege und eine Kollegin des Begegnungszentrums Dar an-nadwa sind ausgewandert: nach Schweden, Kanada, Italien, Frankreich, Deutschland, Österreich, Irland, Abu Dhabi und in die USA. Einige sind zwecks Studiums gegangen und nicht zurückgekehrt. Andere haben aus Frustration über die Demütigungen der Besatzung der Heimat den Rücken gekehrt: keine Lust mehr, an Kontrollpunkten zu warten, auf den ersehnten Passierschein, Israels Zustimmung zur Familienzusammenführung…

Bis auf zwei Muslime sind es Christen. Die haben schon seit je eher mit einem Neustart in der Fremde geliebäugelt als Muslime. Alle christlichen Denominationen schmerzt dieselbe Wunde: die Auswanderung auf der Suche nach einem Leben in Sicherheit, Würde und mit Perspektive. Schon im ausgehenden 19. Jahrhundert suchten Christen wegen des verpflichtenden Militärdienstes im Osmanischen Reich oder aufgrund von Hungersnöten ihr Glück in Chile, Guatemala oder Honduras. Mein Bethlehemer Nachbar Abu Salim, bei dem ich 2002 unter Ausgangssperre Spiele der Fußball-WM schaute, zeigte mir seinen salvadorianischen Pass. Sein Vater war dorthin ausgewandert, er kam 1919 in El Salvador zur Welt. Zehn Jahre später kehrten sie nach Bethlehem zurück.

Vor 1948 betrug der Anteil der Christen an der Bevölkerung im Britischen Mandatsgebiet Palästina beinahe zehn Prozent. Im Zuge der Staatsgründung Israels und des ersten arabisch-israelischen Krieges flohen über

700.000 Palästinenser oder wurden vertrieben, darunter zwei Drittel der palästinensischen Christen. Dank der Forschung des israelisch-jüdischen Historikers Ilan Pappe ist belegt: der Staat Israel beschlagnahmte kirchlichen Besitz, entweihte heilige Stätten, riss Kirchen wie die von al-Birwa unweit Akko ab. Christliche Gemeinden in vier Städten wurden ausgelöscht: in Safad (hebr. Zefat), Bir Sab'a (Be'er Sheva), Beisan (Bet Shean) und Tabbarya (Tiberias), dazu die christliche Präsenz in West-Jerusalem.

Mit dem Sechs-Tage-Krieg 1967 kehrten erneut Christen ihrer Heimat den Rücken. Genauso geschah es während und nach der zweiten Intifada. Pater Amjad Tabbara, seinerzeit Pfarrer von St. Katharina für Bethlehems 6.000 römisch-katholische Palästinenser, sagte mir: »Von 2000 bis 2002 haben zwischen 60 und 70 Familien Bethlehem verlassen. Das hat uns alarmiert.« Schätzungsweise 300 bis 350 Menschen fehlen – spürbar in einer Stadt, deren Christenanteil offiziell bei 30, nach Insiderangaben längst unter 20 Prozent liegt. Weiterhin wandern die meist gebildeten, sprachlich versierten, politisch gemäßigten Christen aus. So weist Israel gerade noch einen Christenanteil von zwei, Palästina von einem Prozent auf.

Laut Benediktinerpater Nikodemus Schnabel in Jerusalem haben schon »über 50 Prozent der Christen mit dem Gedanken gespielt, auszuwandern«. Die Gründe ermittelte eine Studie des lutherisch-ökumenischen Diyar-Zentrums in Bethlehem. »Fehlende Freiheit und Sicherheit« rangierte mit 32,6 Prozent an erster Stelle, gefolgt von »Verschlechterung der Wirtschaft« (26,4 Prozent). David Neuhaus, Regionaloberer der Jesuiten, kennt die »Verzweiflung« vieler Christen und die »Versuchung«, sich »aus der Gesellschaft zurückzuziehen und das Land ihrer Väter zu verlassen«. Gleichwohl hätten die »Christen eine Berufung, Hüter der Hoffnung zu sein«.

50 unter Zehntausend Gemeinden

Rabbinerin Maya Leibovich vergisst man so schnell nicht: Sie ist ein lachender Wirbelwind. Ausgesprochen dankbar war sie für den Besuch meiner Gruppe in ihrer »liberalischen« Synagoge von Mevasseret Zion. So nennt die 70-Jährige ihre Gemeinde vor den Toren Jerusalems in ihrem netten Deutsch. Dankbar ist die Rabbanit (hebr.) für das Interesse am Judentum und die Spende. Rabbiner und Rabbinerinnen liberaler oder progressiver Gemeinden werden, im Gegensatz zu orthodoxen, nicht vom Staat Israel bezahlt.

Das Reformjudentum wurzelt in Deutschland, angestoßen durch die Aufklärung. Bereits 1801 ließ Israel Jacobson in Seesen bei Goslar die erste Reformsynagoge Deutschlands erbauen: Nun betete man auf Deutsch und pflegte den Chorgesang. Manche wollten gar die Speisegesetze ändern, um mehr Gemeinsamkeit mit ihren christlichen Mitbürgern zu haben. Eine Hamburger Reformgemeinde schaffte die Kopfbedeckung für Männer ab, eine in Berlin verlegte den Sabbatgottesdienst auf den Sonntag. Die neue Bewegung breitete sich rasch aus – nach London, Breslau, Budapest.

1930 verfasste Regina Jonas an der Berliner Hochschule für die Wissenschaft des Judentums ihre Abschlussarbeit »Kann die Frau das rabbinische Amt bekleiden?« »Außer Vorurteil und Ungewohntsein steht halachisch fast nichts dem Bekleiden des rabbinischen Amtes seitens der Frau entgegen.« Der Offenbacher Rabbiner Max Dienemann ordinierte die 33-jährige, in ihrer Geburtsstadt Berlin fand sie als weltweit erste Rabbinerin eine Stelle. 1944 wurde sie in Auschwitz am Tag ihrer Ankunft ermordet.

Das Zentrum für Reformbestrebungen verlagerte sich allmählich in die Vereinigten Staaten. »Obwohl das progressive Judentum seine frühe klassische Periode in Deutschland und Mitteleuropa erlebte, wuchs und entwickelte es sich am stärksten in den USA.« So erklärt es die Israelische Bewegung für fortschrittliches und reformorientiertes Judentum.

Erst 1958 gründete Shalom Ben Chorin mit der Kehilat Har-El (»Gottesberg«) die erste Reformsynagoge Israels. Der 1913 in München als Fritz Rosenthal Geborene schildert in »Ich lebe in Jerusalem«, wie sehr ihn das Gebet in Synagogen und Bethäusern osteuropäischer oder orientalischer Juden enttäuscht hatte. »Es gab keine Gottesdienste, die dem europäischen Juden aus Deutschland, Österreich, der Tschechoslowakei seelischen Raum boten.« Er, seine Frau und Gleichgesinnte fühlten sich »direkt abgestoßen von Unordnung, Lärm, uns unverständlicher Symbolik und liturgischer Verfremdung.« Ben Chorin, der 1999 verstarb, war fest überzeugt, dass vom Heiligen Land »die echte Reformation Israels ihren Ausgang nehmen« musste.

In Reformgemeinden sitzen Männer und Frauen nebeneinander. Letztere zählen zum »Minjan«, dem für einen Gottesdienst nötigen Quorum von mindestens zehn mündigen Juden – wofür die Bar oder Bat Mitzvah (Sohn/Tochter des Gesetzes) ausschlaggebend ist. Genau dieses Fest, vergleichbar einer Firmung oder Konfirmation, wird im Gegensatz zu orthodoxen in liberalen Gemeinden auch Kindern mit Behinderung zuteil.

Etwa 50 solcher Gemeinden unter einer landesweit fünfstelligen Zahl an Synagogen sind wenige Tropfen im Wasserglas. Doch machen Reformierte und Liberale auf sich aufmerksam, wie die Women of the Wall. Seit 1988 beten diese Frauen mit Gebetsschal zum jüdischen Monatsbeginn an der Westmauer, trotz wiederholter Verhaftung und Gesetzesanträgen gegen sie. Als im März 2021 mit Gilad Kariv von der Arbeitspartei Avoda der seit Staatsgründung erste nicht-orthodoxe Rabbi ins Parlament einzog, versprach er, »das liberale Judentum wird stolz seine Stimme in der Knesset erheben«.

Die Stimme erhebt auch Maya Leibovich. Die Rabbanit, 1993 als erste in Israel geborene Frau ordiniert, begann mit sieben Familien, heute gehören etwa 200 zur Gemeinde, darunter die Familie des Schriftstellers David Grossman. In ihrem Ort mit circa 24.000 Einwohnern sei ihre Kehila, sagt sie stolz, unter 40 Gemeinden »die größte und aktivste«.

45 Prozent mit einem Verwandten verheiratet

Beit Jala bei Bethlehem, besetztes palästinensisches Westjordanland, Vor-Corona-Zeit. Schwungvoll führt Burghard Schunkert Gruppen in sein Gebäude und mitten ins Neue Testament. Dann erzählt der deutsche Direktor von »Lifegate – Tor zum Leben« Jesu Heilung am Bethesda-Teich nach und zieht die Parallele zur palästinensischen Gesellschaft. So wie Jesus den Gelähmten wahrnimmt, so müssen auch Schunkerts Mitarbeiter »behinderte Menschen sehr oft suchen, sie werden nämlich immer noch versteckt. Die Menschen schämen sich ihrer.«

Behinderung gilt vielen Muslimen als Makel, als Strafe Gottes. Meist gibt die Sippe den Müttern die Schuld, wenn sie ein Kind mit Behinderung zur Welt bringen. Ursache: die Heirat in der Familie. Wieder greift Schunkert zur Bibel. Wie schon Erzvater Jakob den weiten Weg zu seinem Onkel Laban auf sich nahm, um zwei seiner Cousinen zu heiraten, so ist in Palästina nach wie vor »die Heirat in der Großfamilie das Übliche«. Dem palästinensischen Statistikamt PCBS zufolge (2011) sind 28 Prozent der Frauen zwischen 15 und 49 Jahren mit einem Cousin ersten Grades und weitere 17 Prozent mit einem anderen Verwandten verheiratet. Bei den Eltern der Lifegate-Schützlinge liegt in 95 Prozent der Fälle ein Verwandtschaftsverhältnis vor, weiß Schunkert.

Während man in Österreich oder Deutschland, je nach Behinderung, Spezialeinrichtungen vorfindet, landen bei Lifegate alle: junge Menschen mit Spina Bifida (Fehlbildung der Wirbelsäule), Schmetterlingskrankheit, Down-Syndrom oder Zerebralparese, Autisten und Gehörlose. Für die Diagnostik geht Schunkerts Team über die Grenze. »Wir nutzen die Expertise in Israel.« Zurück im palästinensischen Beit Jala werden die Patienten gefragt: Wollt ihr mit uns zusammenarbeiten? Lifegate will nichts überstülpen, versichert aber: Das Tor ist offen, kommt herein, ihr seid angenommen mit euren Einschränkungen.

Ist nach der Untersuchung und Testung ein Förderansatz gefunden, startet die 1:1-Betreuung, individuell und »ganzheitlich«, wie Schunkert betont. »Nun müssen sich Lehrer auf Schüler einstellen, das ist eine Revolution in diesem Land«, sagt der Direktor angesichts des palästinaweit typischen Frontalunterrichts.

65 einheimische, mehrheitlich christliche Mitarbeiter behandeln und unterrichten etwa 200 Klienten aus dem Einzugsgebiet zwischen Jerusalem und Hebron. Ihr Behandlungsplan umfasst Physio-, Ergo-, Musik- und Hydrotherapie sowie das aus den Niederlanden stammende sinnesstimulierende »Snoezelen«. Die zweite Säule von Lifegate: In zwölf Berufen kann man sich ausbilden lassen, darunter als Olivenholzschnitzer, Orthopädieschuhmacher, in Näherei und Stickerei. Die letzte Säule ist die Arbeit mit den Eltern. Diese gelte es einzubinden, damit sie mit ihren Kindern zuhause weiter üben. Gerade die Mütter, die vom Umfeld oft nur Ablehnung oder Misstrauen erlebt haben, erfahren dabei »erstmals selbst Aufmerksamkeit und Anerkennung«, weiß Schunkert, der den Rundgang mit der Bibel beschließt. Jesus heilt den Behinderten und trägt ihm auf: Nimm deine Matte und geh nach Hause. Dieser Moment komme für jeden Schützling. Mithilfe von Sozialarbeitern werden Abschied und neuer Lebensabschnitt vorbereitet, Kontakt zu Unternehmen hergestellt oder eine kleine Werkstatt im Heimatdorf eingerichtet. Lifegate, das von der notorisch klammen palästinensischen Behörde keinen Schekel erhält, kann selbst nur ein Drittel des Jahresbudgets erwirtschaften. Dank Spenden, darunter von Misereor, von der Benefizaktion des Bayerischen Rundfunks Sternstunden oder aus Beit Jalas Partnerstadt Bergisch-Gladbach, konnte das Defizit bisher immer beglichen werden.

Tausend Treffen außerhalb des Landes

Bei Qalyilya, palästinensisches Westjordanland. Früh um halb sechs steigt Mohammed Kharroub ins Sammeltaxi. Im eigenen Wagen wäre er in einer Dreiviertelstunde am israelischen Flughafen. Doch der Palästinenser darf den nächstgelegenen Übergang nach Israel nicht nehmen, schon gar nicht mit dem Auto. Fünf Stunden hat er bis zum Nadelöhr, dem Übergang Qalandiya zwischen Ramallah und Jerusalem, eingeplant, eine Strecke von etwa 75 Kilometern. Als das Taxi losfährt, schläft der Israeli Haggai Kupermintz noch, dabei ist Haifa doppelt so weit vom Flughafen entfernt. Beide werden um 16:15 Uhr zur Tagung »Erziehung zu Frieden und Demokratie« ins türkische Antalya fliegen.

Mohammed hat den ersten »fliegenden Kontrollpunkt« passiert, eine spontan errichtete Sperre der israelischen Armee zwischen palästinensischen Orten. Ihretwegen ist der Friedensaktivist früh aufgebrochen. »Ich bin unterwegs, um eines guten Zieles willen«, macht er sich Mut, »Frieden!« So wird er es mir in Antalya erzählen. Seit sieben Jahren engagiert er sich bei »Samen des Friedens«, einer Dialoggruppe von Israelis und Palästinensern. Um 10:30 Uhr erreicht er nach fünfmaliger Kontrolle Qalandiya und zeigt seinen Passierschein, der nur an diesem Tag von acht bis 21 Uhr und nur für die Fahrt zum Flughafen gilt. Hinter dem Kontrollgebäude bemerkt er den Verlust seines Handys, das er aufs Röntgengerät gelegt hatte. Ein israelischer Offizier behauptet, jemand habe es mitgehen lassen. Schlagartig fühlt sich Mohammed von der »Familie und der ganzen Welt abgeschnitten.« Aufgewühlt besteigt er einen für die Konferenz bereitgestellten Bus zum Flughafen Tel Aviv. Dort angekommen verlangt das Sicherheitspersonal, dass er sich in einer Kabine bis auf die Unterwäsche entkleide. Die Uhrzeiger stehen auf 13:30 Uhr, jetzt bricht Haggai Kupermintz, ein Friedensforscher, zum Flughafen auf. 90 Minuten und Dutzende von Fragen später ist klar: Mohammed darf fliegen, zusammen mit über 200 Palästinensern, Israelis und Ausländern wie mir.

Seit 1988 bringt die Jerusalemer Denkfabrik IPCRI (damals: Israel/ Palestine Center for Research and Information, heute: for Regional Initiatives) Dialogbereite beider Seiten im Ausland zusammen. Zuhause stehen zuviele Hindernisse im Weg: das A-Gebiet des Westjordanlandes, etwa Bethlehem, ist für Israelis tabu, ja kann mehrere Tausend Schekel Geldstrafe bedeuten. Und Anträge für Passierscheine gleichen einem bürokratischen Marathon mit ungewissem Ausgang.

»Ist dieser Konflikt nicht lächerlich?«, fragt sich Rula Salameh aus Jerusalem. »Wir haben alle Platz in diesem Flugzeug. Da müssten wir doch auch unser Land teilen können«, sagt die Palästinenserin beim Abflug zu mir. Mit der Israelin Elana Rozenman wird sie in Antalya die Frauengruppe Peace x Peace vorstellen. Gesponsert von der Regierung Finnlands, finden knapp 140 Vorträge, Übungen und Diskussionen in vier Tagen statt: von »Reiki für den Frieden« bis hin zu »Religion und Friedenserziehung«.

An der Rezeption erfahre ich anderntags, dass dies die 81. israelischpalästinensische Konferenz allein in diesem Hotel sei. Hochgerechnet begegneten sich bisher in Tausend ähnlicher Tagungen in Nordirland, Griechenland, England und Deutschland, auf Zypern und Kreta wohl Zehntausende von Israelis und Palästinensern.

Wie verlief die Rückfahrt von Mohammed Kharroub? Würde er antworten wie Rabia Abu Latifah? Der war als einer von zehn Palästinensern mit ebensovielen Israelis zum Austausch in Berlin. Seine Kritik formulierte er mir gegenüber so: »Auf dem Rückweg fliegen die Israelis von Berlin direkt nach Tel Aviv. Die Palästinenser müssen über Palästina fliegen, in Jordanien landen und von dort nach Palästina reisen. Sie verbringen beim Warten auf die Sicherheitskontrolle vier bis sechs Stunden an der Grenze. Danach müssen sie zwei, drei oder vier Kontrollpunkte passieren. Bevor diese Leute daheim ankommen, werden sie alles vergessen haben, was ihnen das Seminar vermittelt hat.«

Eingesperrt auf 365 km²

Gaza, kleiner als die Fläche der Stadt Wien, das waren für mich: Der Straßenkehrer am Übergang Erez, der nicht einmal zehn Euro am Tag verdiente und dessen Frau das 17. Kind erwartete. Fawaz Abu Sitta, der in der DDR studierte und zum Wachwerden Bob Marley hörte. Die Christin Suhaila Tarazi, die das Al-Ahli-Krankenhaus leitete und Sätze sagte wie: »Wir werden jeden Tag gekreuzigt.« Der Taxifahrer Maher mit den blauen Augen, einer von etwa 1000 Christen, dem ich aus Jerusalem Bier und Wein mitbringen musste. Aez, ein Krankenwagenfahrer, der mit mir Hebräisch sprach, eine Erinnerung an die beste Zeit seines Lebens in Tel Aviv. Dr. Maher, der immer vom Frieden sprach und weinend den Raum verließ, als er erzählte, dass Israel den Passierschein abgelehnt hatte, der ihm die Reise nach Jordanien zu einem Kongress und das Wiedersehen mit seinem Sohn dort ermöglicht hätte. Raji Sourani, ein Menschenrechtsanwalt, der sechs Mal in israelischer Haft saß und den »Müll der Besatzung« so satthatte. Ich denke auch an einen Gouverneur, Muslim, der mir stolz die Flagge seines Bezirks zeigte: Kirche neben Moschee; er wurde von der Hamas inhaftiert. Pfarrer Manuel Musallam kommt mir in den Sinn, römisch-katholischer Pfarrer, aus dem ein Redeschwall schoss: »Israelische Kriegsflugzeuge säen überall Tod und Zerstörung: Ihr Ziel sind Strom- und Wasserversorgung, Brücken, Straßen, Häuser, Kinder, Frauen und Kranke. Alles Schöne ist Israels Feind. Gaza durchlebt Hass, Erniedrigung und Tod. Und dabei sagt Israel, dass sie von Terroristen umgeben seien. Nein, sie sind die Terroristen.«

Ebenso im Gedächtnis geblieben ist mir Nedal Toman von der Elektrizitätsgesellschaft GEDCO, der mir Folgen der israelischen Bombardierung des Generators erklärte. GEDCO wisse nicht, wieviel israelischer Strom in Gaza ankomme, Grund für die instabile Stromstärke. »Egal, welche Rechnung sie uns geben, wir haben zu zahlen, können es nicht überprüfen«, sagte Herr Toman. Wiederholt hat er Mitarbeiter zur Grenze geschickt, nachdem er der israelischen Stelle Aussehen und

Ausweisnummern mitgeteilt hatte. »Einmal lagen sie sechs Stunden auf der Erde und wichen den Kugeln aus. Wir dachten, sie seien tot.« Im Tumorzentrum des Shifa-Krankenhauses zeigte mir Direktor Dr. Raed Aljazzar stolz die Siemens-Gamma-Kamera, die Aufschluss über Ort und Besonderheit des Tumors gibt. Doch konnte sie nicht in Betrieb gehen. Israel hatte verboten, das radioaktive, isotope Technetium-99 m einzuführen, worum man sich schon drei Jahre bemüht hatte.

Seit Juni 2007 ist Israels Abriegelung des Gazastreifens noch harscher geworden. Schlagartig wurden Batterien und Stahl Mangelware, Holz und Milchpulver, Streichhölzer und Medikamente, Kakao und Tischlerleim, Tinte und Schulbücher, Kochgas und Seife, Zement und Kerzen, Druckerpatronen, Glühbirnen und Zimt. Bauern waren wiederholt gezwungen, Tonnen von Gurken, Kirschtomaten, Erdbeeren und Paprika zu verschenken, zu vernichten oder zu verfüttern, da Israel auch den Export untersagte.

Zu Gazas Via Dolorosa zählen ständige Stromausfälle und fünf Kriege seit 2006 mit Tausenden von Toten und Krüppeln. Die im Oslo-Abkommen auf 20 Seemeilen festgelegte Fischereizone zieht Israel nach Belieben enger, zeitweise bis auf drei Seemeilen. Hunderte von Fischern wurden beschossen, verhaftet oder ihre Ausrüstung konfisziert. 90 Prozent der zwei Millionen Einwohner haben kein sauberes Trinkwasser. Über 100.000 Kubikmeter Abwasser fließen täglich ungeklärt ins Mittelmeer. 80 Prozent der Bevölkerung sind auf Lebensmittelpakete angewiesen. »Es fehlt am nötigsten«, gab der palästinensische Journalist Ahmed Abu Artema der Wochenzeitung *Die Zeit* zu Protokoll. Es gebe weder Arbeit noch Zukunft, sagte er, der den Rückkehrmarsch zum Grenzzaun 2018 organisierte. »Wir können uns hier kein Leben aufbauen, aber weggehen können wir auch nicht. Es ist ein Gefängnis unter freiem Himmel.«

25.000 Schnipsel

Warum stieg der jugendliche Beduine Mohammed ad-Dhib im Winter 1946/47 in eine Höhle bei Qumran am Toten Meer? Suchte er seine entlaufene Ziege? Oder wollte er Schmuggelgut verstecken? Nach der geläufigen Annahme, Version eins, warf der Beduine vom Stamm der Ta'amreh einen Stein in die Höhle, vernahm, wie etwas barst und fand einen Tonkrug mit Schriftrollen aus Leder. Damit wollte er sich angeblich bei einem palästinensisch-christlichen Schuster in Bethlehem seine Schuhe besohlen lassen. In der Folge gelangten die mehr oder weniger 2000 Jahre alten Schriftrollen in den Antikenhandel, endeten teils in Jordanien, gelangten in die Hände israelischer Forscher oder des französischen Dominikanerpaters Roland de Vaux. Ein Wettlauf zwischen Beduinen und Archäologen entbrannte. Laut Erfolgsautor Rolf Dobelli setzten letztere einen Finderlohn für jedes weitere Pergament aus, weswegen diese zerrissen wurden, um ihre Anzahl und damit die Summe zu erhöhen (ich habe diese Behauptung kein zweites Mal gelesen, weswegen ich Zweifel hege).

Fakt ist: Bis Mitte der 1950er-Jahre fand man in elf Höhlen insgesamt 25.000, teils briefmarkengroße, Fragmente von 900 Rollen, hebräisch, aramäisch oder griechisch verfasst. Am 1. Juni 1954 erschien im *Wall Street Journal* folgende Anzeige: »Zu verkaufen: biblische Handschriften, bis mindestens 200 v. Chr. zurückzudatieren. Hervorragend geeignet als Schenkung einer Privatperson oder einer Gruppe an ein wissenschaftliches oder religiöses Institut. Chiffre F 206.« Angelika Franz kommentierte das im *stern* mit diesen Worten: »Diese Anzeige (...), zwischen Annoncen für Schweißgeräte und Wohnungsofferten, interessierte kaum einen Leser. Und doch ist das Angebot etwa so spektakulär, als fände man auf einem Flohmarkt die Totenmaske des Tut-ench-Amun zwischen Spitzenblusen und einer gesprungenen Suppenschüssel.« In der Tat handelt es sich bei den Qumranrollen um den weltweit bedeutendsten archäologischen Fund des vergangenen Jahrhunderts.

Dass Laien Sensationelles finden, ist beinahe Alltag im Heiligen Land. 2020 fand ein sechs Jahre alter Junge bei einem Ausflug eine 3500 Jahre alte Tontafel mit eingravierten Figuren. Der laut Archäologen »einzigartige« Fund helfe, »die Kämpfe um die Herrschaft im Süden Landes zur Zeit der Kanaaniter zu verstehen«. Ebenfalls im Süden Israels fand ein Elfjähriger eine tönerne, barbusige Frauenfigurine, die nach ersten Erkenntnissen aus dem fünften vorchristlichen Jahrhundert stammt. Doch auch Erwachsene finden Spektakuläres: Israelische Hobbytaucher entdeckten 2015 vor der Küste Caesareas den »größten Goldschatz, der jemals in Israel gefunden wurde«, fast 2000 Münzen aus fatimidischer Zeit, etwa 1000 Jahre alt.

Tausende archäologische Lagen gibt es im Heiligen Land. Fast im Wochentakt melden israelische Medien bedeutende, sogar sensationelle Funde und ebensolche Erkenntnisse. Nur drei davon aus dem ersten Quartal 2021:

- »Israelis knacken zwei Millionen Jahre altes Rätsel um Steinwerkzeuge«
- »Hi-Tech-Bildgebungsverfahren: neues Licht auf die Wandkreuze der Grabeskirche«
- »Entdeckung: König Herodes hatte einen Bonsaigarten im Palast zu Jericho«

Dass selbst in die Archäologie der Konflikt hineinspielt, erfährt man im palästinensischen Stadtteil Silwan, unweit der Klagemauer. Seit die israelische Archäologin Eilat Mazar behauptete, sie hätte den Palast Davids gefunden, setzen national-religiöse Juden alles daran, nahe bei David zu wohnen. Abrisserlasse für palästinensische Häuser und Unruhen sind die Folge. Ahmed, dem ein Siedler die Beine zerschoss, sagte der *Zeit*: »Archäologie ist wichtig (…), aber es kann doch nicht sein, dass Familien von einem Tag auf den anderen ihr Zuhause verlieren, weil man unter ihren Häusern angeblich König Davids Badewanne entdeckt hat.«

Reservedienst bis 42 Jahre

Ich wanderte in den Roten Bergen bei Eilat. Da traf ich auf israelische Soldaten mitten in der Wüste. Fingen sie Grenzübertreter aus Ägypten ab? Sie gaben mir zu essen und ich erfuhr, dass sie Reservedienst (hebr. miluim) leisteten. Auch beim Trampen in den 1980er-Jahren traf ich Soldaten. Einmal ließen mich welche in ihrem Kabuff neben dem Kontrollpunkt übernachten, was sicher nicht erlaubt war. Bei einer Wanderung nahe der libanesischen Grenze fragte ein Soldat, ob er sich anschließen dürfe. »Betach« (natürlich), antwortete ich, obwohl er mir merkwürdig vorkam, nicht bedrohlich, sondern geistig nicht auf der Höhe. Plötzlich nahm er sein Gewehr, zielte auf einen Wasserfall und drückte ab. Wenig später tauchten Parkwächter auf und führten ihn ab.

Zava – im hebräischen Wort klingen die himmlischen Heerscharen Zebaoth an. Die Abkürzung Zahal (*Zava Ha*gana *l*eIsrael) bedeutet Heer zur Verteidigung Israels (engl. IDF). Dieses »ging während des Unabhängigkeitskrieges 1948 aus den jüdischen Militärorganisationen Haganah, Palmach, Ezel und Lechi hervor. Die ›Geburt im Kampf‹ prägte ihr Selbstverständnis (…). Zahal gilt als die kampferfahrenste und schlagkräftigste Armee der Nahostregion.« So beginnt Angelika Timm ihr Porträt der Armee, die die palästinensische Menschenrechtsorganisation PCHR als IOF bezeichnet, als Israeli Occupation Forces. 170.000 Männer und Frauen leisten Pflichtwehrdienst, erstere 32, letztere 24 Monate. Befreit sind im Gegensatz zu Drusen arabische Muslime und Christen sowie ultraorthodoxe Juden, die sich dem Bibelstudium widmen. Während früher der vierwöchige Reservedienst jährlich bis Mitte 50 zu leisten war, ist nun bei Männern nach dem 42. Lebensjahr und Frauen nach dem 24. Schluss.

Die Zava, angeblich Schmelztiegel sowie Integrationsbeschleuniger, ist oft das Sprungbrett in den Beruf, zumal des Politikers. Laut Evelyn Gaisers Artikel »Militär und Gesellschaft« finden sich unter Israels Verteidigungsministern neun ehemalige Generalstabschefs. Weder sie noch

Angelika Timm thematisieren blinde Flecken, keine erwähnt die Veteranenorganisation Breaking the Silence, dessen Mitgründer Yehuda Shaul mir sagte: »18-jährigen Soldaten wird unglaubliche Macht gegeben.« Seine Organisation hat über 1000 Augenzeugenberichte dokumentiert, die ähnlich Schockierendes ans Tageslicht brachten wie die Interviews der Psychologin Nufar Ishai-Karin. Soldaten berichteten ihr beispielsweise, einen Palästinenser in Handschellen und mit zugeklebtem Mund drei Tage in einer Dusche »vergessen« zu haben. Ein anderer bekannte: Sobald du den Gazastreifen betrittst, bist du »das Gesetz, bist du Gott«.

Schockiert hat mich die Schilderung des Scharfschütze Eden über einen Wettbewerb um den »Knierekord«, die meisten Knietreffer, am Zaun zum Gazastreifen. Bei der dortigen palästinensischen Demonstration am Tag der Eröffnung der US-Botschaft in Jerusalem 2018 landete sein Zweierteam Schütze/Positionsgeber »die meisten Treffer: 42.«

Zehntausende Wehrpflichtige beenden jedes Jahr ihren Wehrdienst, die Hälfte lässt ihn im indischen Goa ausklingen, bei Musik, Sex und Drogen, zeigt ZDF-Korrespondent Christian Sievers im Film »Goa statt Gaza«. Ausflippen sei Alltag, manche benötigten jedoch einen Arzt. Durch den Film sensibilisiert, fragte ich die Armee nach einer Suizidstatistik. Keine Antwort. Diese erhielt ich indirekt durch einen Artikel auf *tachles.ch* mit dem Titel »Ein Drittel Selbstmorde«. 2020 starben 28 Soldaten – neun davon durch Suizid, womit »auch 2020 Selbstmorde die Haupt-Todesursache unter israelischen Soldaten blieben«.

Yehuda Shauls Diagnose: »Wir haben in Israel eine Gesellschaft geschaffen, die überhaupt nichts mehr fühlt. Wir tun alles, um nicht in den Spiegel zu schauen.« Sein Mitstreiter Ariel Bernstein erklärte nach dem letzten Gaza-Krieg: »Man verlangt von uns, den Kopf in den Sand zu stecken und zu denken, die momentane Lage sei normal und gut. Aber nichts ist normal angesichts einer Militärdiktatur, einer erstickenden Blockade und Apartheid in den palästinensischen Gebieten.«

Schutz durch 1800 ökumenische Begleiter

Es bedarf ausländischer Friedensaktivisten, damit sich palästinensische Schüler auf dem Schulweg sicher fühlen. Für mich ist das eine der traurigsten Begleiterscheinungen der israelischen Militärbesatzung.

Schutzpräsenz leistet das Ökumenische Begleitprogramm in Palästina und Israel (engl. Kürzel EAPPI) des Ökumenischen Rates der Kirchen ÖRK/WCC, gegründet 2002 als Antwort auf einen Appell Jerusalemer Kirchenoberhäupter. Die Schweizerin Valentina Maggiulli, 2006 Leiterin des Jerusalem-Büros, sagte mir seinerzeit:»Die lokalen Kirchen ergriffen die Initiative. Nach den Tumulten, dem Beginn der Intifada, war ein sehr starkes Gefühl der christlichen Kirchen hier, dass die internationale Gemeinschaft aufgrund der Gewalt ein Auge auf die Situation werfen muss.« Die Vereinten Nationen hätten nicht mit einer Beobachtermission reagiert, da entschied die Generalversammlung des ÖRK laut Maggiulli: »Das passte in unser Programm im Rahmen der Dekade der Gewaltüberwindung. Wir wollten ein Zeichen setzen, eine internationale christliche Präsenz.« Ein Jahr später kamen die ersten Freiwilligen. Die Aufgaben an den sieben Einsatzorten reichen vom Beobachtungsdienst an Trennmauer und Kontrollpunkten über die Unterstützung israelischer Friedens- und Menschenrechtsgruppen. »Wir gehen auch bei gewaltfreien Demonstrationen mit«, erklärte Maggiulli. Nicht zuletzt leisten Ökumenische Begleiter (engl. Kürzel EAs) eine wichtige Schutzfunktion bei der palästinensischen Olivenernte oder im Dorf Yanoun unweit Nablus durch »eine 24-Stunden-Präsenz, um Übergriffe der Siedler der Itamar-Siedlung zu verhindern«. Andere begleiten Kinder auf dem Schulweg oder Beduinen beim Weiden ihrer Herden.

Gerade in Hebron werden die EAs dringend benötigt. Dort müssen Schüler unter Umständen am Kontrollpunkt ihre Bücherranzen und Rucksäcke öffnen oder werden von Soldaten befragt. Um die dortige Cordoba-Schule gegenüber der jüdischen Siedlung Beit Hadassah sind EAs postiert und dank der Weste mit dem Logo »Kreuz neben Friedenstaube auf Stacheldraht« gut erkennbar. Wiederholt wurden EAs von jüdischen Siedlern angegriffen. Einmal waren Prellungen die Folge, ein andermal warf laut Maggiulli ein Siedler einer EA »einen fußballgroßen Stein an den Kopf«. Die Wunde musste im Krankenhaus mit sieben Stichen genäht werden. Das Evangelische Missionswerk in Südwestdeutschland (EMS) veröffentlichte diese Presseerklärung:»Besorgniserregend ist, dass dort postierte israelische Soldaten und die Polizei bei solchen Übergriffen und auch bei Übergriffen gegen die palästinensische Bevölkerung oft nicht eingreifen.« Maggiulli sagte mir: »In Hebron sind wir zusammen mit den Palästinensern der Feind, da werden die Begleiter täglich mit Hass überschüttet, beschimpft und sogar mit Eiern, Abfall und Steinen beschmissen.« Seit meinem Interview mit ihr sind fast 15 Jahre ins Land gegangen. Neue Länder haben sich EAPPI inzwischen angeschlossen, auch Österreich. Bis zum Ausbruch der Corona-Pandemie waren ständig 25 bis 30 ökumenische Begleitpersonen aus 21 Ländern für jeweils drei Monate im Einsatz. Mehr als 70 Kirchen, ökumenische Gremien sowie kirchliche Werke von Australien, Finnland über die Philippinen bis Uruguay beteiligen sich.

Die Theologin Bettina Flick war zweimal als EA im Einsatz, auch in Hebron. Gerade die »kleinen Momente« zeigten ihr, dass ihre »Aufgabe als Menschenrechtsbeobachterin« sinnvoll ist. »Da traut sich ein Schulkind nicht, allein an den Soldaten vorbeizugehen, ergreift aber freudig meine Hand und geht mit mir zusammen nach Hause.« Ein Beduine, dessen Zelt mehrfach zerstört wurde, meinte zu ihr: »Wenn ihr mich nicht immer wieder besuchen würdet, hätte ich schon lange aufgegeben.« Und ein palästinensischer Friedensaktivist meinte: »Ihr seid unsere Lebensversicherung. Weil ihr da seid, ist die Gewalt weniger schlimm.«

531 Dörfer und elf Stadtteile entvölkert

Es bleiben Sätze haften – bei über 100 Interviews im Heiligen Land, ebenso vielen Vorträgen und Podiumsdiskussionen, fast 200 Zwiegesprächen mit Einheimischen vor meinen Reisegruppen in Hebron, Tel Aviv oder einem Kibbuz, fast 50 Corona-bedingten Webinaren mit Friedens- und Menschenrechtsaktivisten. Zu den Top Fünf der markanten Sätze gehören Worte von Cedar Duaybis, einer palästinensischen Christin, die sich bei Sabeel, dem palästinensischen Zentrum für Befreiungstheologie, engagiert. Ihre Worte charakterisieren das Schicksalsjahr der Palästinenser 1948.

Am 14. Mai 1948, einen Tag vor dem offiziellen Abzug der britischen Mandatstruppen, rief David Ben Gurion in Tel Aviv den Staat Israel aus. Daraufhin eilten der Libanon, Syrien, Irak, Jordanien und Ägypten den palästinensischen Brüdern und Schwestern zu Hilfe und griffen den jüdischen Staat an. Je nach Sicht heißt dieser Waffengang Unabhängigkeitskrieg, erster israelisch-arabischer Krieg oder Nakba (arab. Katastrophe). Israel, mit tschechoslowakischen Waffen gut versorgt, schlug heftig zurück, erachtete die im UNO-Teilungsplan vorgesehenen Grenzen als hinfällig und eroberte in Galiläa, um Be'er Sheva und an der ägyptischen Grenze große Gebiete. Dank Forschungen des israelisch-jüdischen Historikers Ilan Pappe ist belegt: Schon im Dezember 1947 hatten jüdische Untergrundmilizen wie Haganah, Irgun und Stern begonnen, Orte zu »säubern«. Monate vor dem Krieg wurden Palästinenser aus Haifa, Jaffa, Tiberias vertrieben, der 13-jährige Mahmoud Abbas, aktuell palästinensischer Präsident, aus Safad (hebr. Zefat). Unter dem Decknamen Plan Dalet (D) war ein halbes Jahr vor Mandatsende der Vertreibungsplan entworfen, überarbeitet, abgesegnet worden. Ilan Pappes Urteil: »Der am 10. März 1948 beschlossene Plan und vor allem seine systematische Umsetzung (…) war eindeutig eine ethnische Säuberung, die nach heutigem Völkerrecht als Verbrechen gegen die Menschlichkeit gilt.«

Vor Kriegsbeginn hatten jüdische Milizen 212 palästinensische Orte entvölkert, bei Kriegsende waren es 531 Dörfer und 11 Stadtteile. Als ich

damit den israelischen Historiker Tom Segev konfrontierte, antwortete
er: »So viele sind es ungefähr. Ob es 460 oder 560 sind, liegt daran, ob
man eine kleine Gruppe von Häusern zu einem anderen Dorf zählt. Aber
es besteht kein Zweifel daran, dass Hunderte von Dörfern während des
Krieges und nach dem Krieg zerstört und evakuiert wurden.«

Cedar Duaybis lebte 1948 in Haifa und war 12 Jahre alt. Rückblickend
nennt sie die Nakba eine dreifache Katastrophe, »eine menschliche, eine
die Identität betreffende und eine theologische.« Mit menschlicher Katastrophe meint die Christin die »geplante« Vertreibung der Palästinenser,
allein in Haifa traf das 75.000 Menschen. Ihre eigene Familie strandete im
Libanon und in Nazareth. Plötzlich fragten sich Palästinenser: Wer sind
wir? Israel versah sie mit drei Bezeichnungen: Araber des Staates Israel,
Nicht-Juden und »anwesend Abwesende«. Cedar Duaybis: »Wir waren
verloren.« Als heftigsten Schlag empfindet sie jedoch die »theologische
Nakba«. Theologie als Brücke zwischen Mensch und Gott – »diese Brücke war eingestürzt«. Mithilfe der Bibel wurde das »tragische Schicksal
des palästinensischen Volkes« ebenso gerechtfertigt wie Israels Staatsgründung. Diese empfand Cedars Vater als Unrecht, ihre Mutter dagegen
sah darin »Gottes Wille«. Der Haussegen hing auf Jahre hinaus schief.

2010 verabschiedete die Knesset das sogenannte Nakba-Gesetz, das
öffentliche Gedenkfeiern unter Strafe stellt, die an die Vertreibung von
1948 erinnern. Laut Bürgerrechtsorganisation Adalah verletzt dies das
Recht arabischer Bürger, »schränkt ihre Meinungsfreiheit ein (…) und
wird die Diskriminierung zementieren. (…) Das Gesetz verwehrt arabischen Bürgern ihr Recht, der Nakba zu gedenken, die ein wesentlicher
Bestandteil ihrer Geschichte ist.«

Sieben Stunden, 15 Minuten für Palästina

Berlin, 29. Oktober 2010: »Gott hat den Juden das Land versprochen.« Das sagte mir kein israelischer Regierungssprecher, sondern ein CDU-Politiker in Berlin. Wiederholt hatte ich einem Vertreter im Bundestag, einem CSU-Mann, versucht zu vermitteln, was die israelische Militär-besatzung für den Alltag der Palästinenser bedeutet und dabei die dra-matische Abwanderung der Christen hervorgehoben. Er versprach, mich mit einem CDU-Außenpolitiker, einem aufstrebenden Nachwuchsmann, in Verbindung zu bringen. Dem solle ich berichten; das Treffen in Berlin werde er anbahnen.

Ich reise also sechs Stunden lang durch Deutschland, um mir sol-che Sätze anhören zu müssen? »Wir stehen unverbrüchlich an der Seite Israels, auch wenn es Fehler macht«, beteuerte der Politiker, dessen Name ich nicht nennen darf. »Die Palästinenser sind kein friedlieben-des Volk«, lautete die nächste Feststellung, dazwischen unterschrieb er im Drei-Minuten-Takt Dokumente, die die Sekretärin hereinreichte. Ich versuchte, eigene Erlebnisse aus Bethlehem oder Gaza zu schildern und legte Berichte von der Menschenrechtsorganisation B'Tselem vor. Doch mein Gegenüber wusste nach seiner einzigen Reise alles über die Region, und zwar besser als ich. Israel nannte er eine »Lichtgestalt« im Nahen Osten, israelische Maßnahmen verteidigte er: »Wenn jemand Angst vor Attentaten haben muss, interessieren ihn die Genfer Konven-tionen nicht.« Zudem meinte er, dass Politiker in Berlin »jeden Israeli, der zu uns kommt, besser behandeln werden als jeden Palästinenser«. Auch wenn ich das knappe Zeitbudget von 15 Minuten auf eine gute halbe Stunde dehnen konnte – seine Panzerung vermochte ich nicht zu durchdringen. Verwirrt, verärgert, kopfschüttelnd verließ ich das Büro und dachte: Welche Überheblichkeit und Undifferenziertheit! Wie hat seine Reise wohl ausgesehen? War Zeit, um kurz mit einem Geschäftsbe-sitzer im Basar zu sprechen? Einem Soldaten am Kontrollpunkt? Einem Menschenrechtsaktivisten?

Der 14. Juni 2011 sah für Außenminister Guido Westerwelle so aus: 14:35 Uhr Fahrzeugwechsel am Kontrollpunkt Beithunia (vormittags hatte er die palästinensische Seite besucht), Fahrt zum Amtssitz von Premierminister Netanyahu, mit dem 45 Minuten eingeplant waren, mit dem israelischen Amtskollegen Lieberman plauderte er etwas länger. »Begegnung mit der Presse« hieß der dritte, letzte Programmpunkt, worauf das King David Hotel (vermutlich Abendessen) folgte. Am Zeitplan für den Flughafen Ben Gurion (19:45 Uhr Ankunft, 20 Uhr Abflug) sieht man: Eben ein VIP. Etwas luftiger gestrickt sind die Programme von Bundestagsausschüssen. Wiederholt habe ich solche 6er-Kleingruppen für 90 Minuten durch Jerusalems Altstadt geführt: Klagemauer, Grabeskirche & Co. Die Führung fiel immer kürzer aus, da die Abgeordneten wegen überzogener Gespräche oder verkehrsbedingt unpünktlich eintrafen.

Eine Reise deutscher Politiker beginnt in der Regel mit dem Besuch von Yad Vashem, der Holocaust-Gedenkstätte, so verfuhr auch die Delegation des Arbeits- und Sozialausschusses des Bayerischen Landtags 2017. Zweieinhalb Stunden waren für Führung und Kranzlegung veranschlagt. Zweierlei fällt mir am Programm auf: Freizeit? Einmal am Abend. Und: Binnen dreieinhalb Tagen treffen die Bayern auf 15 israelischen Stationen Wissenschaftler, Politiker, Ordensleute, Holocaustüberlebende, Korrespondenten, Schulleiter, Funktionäre. Für die palästinensische Seite hat man gerade einmal sieben Stunden und 15 Minuten eingeplant. Dialog- oder Friedensgruppen? Fehlanzeige. Dafür nahm sich 2014 die Ministerpräsidentin von Nordrhein-Westfalen Hannelore Kraft Zeit: Sie besuchte die israelische Begegnungsstätte Givat Haviva. Als sich Außenminister Sigmar Gabriel beim Antrittsbesuch in Israel mit der Menschenrechtsorganisation B'Tselem sowie den Ex-Soldaten von Breaking the Silence traf, wurde er von Premier Netanyahu bestraft: Der sagte verärgert das Treffen mit Gabriel ab.

30-jähriger Krieg um 42 Hektar Land

Der Weg zum palästinensischen Nelson Mandela ist steinig, staubig und vermüllt. Man parkt bei der jüdischen Siedlung Neve Daniel, dann klettert man über Felsblöcke und Geröll, von der israelischen Armee vor Jahren errichtet. Warum legt sie einem Friedensvisionär buchstäblich Steine in den Weg?

Daoud Nassars Familie kenne ich seit 1999, sein Projekt »Zelt der Völker« von Anbeginn. Dessen Geschichte ist eine des Leidens, Bangens und Hoffens: Der palästinensische Christ Daoud (arab. David) besitzt ein 42 Hektar großes Land fünf Kilometer südwestlich von Bethlehem, 950 Meter hoch gelegen. Sein Großvater Daher, deshalb der Name Dahers Weinberg, kaufte das Land 1916 von einem Bauern. Er und seine Familie lebten in einer Höhle, pflanzten Bäume, Granatapfel, Mandel, Feige und Oliven sowie Rebstöcke, aus deren Trauben sie Wein kelterten. Alttestamentlich mutet das an.

1990 war es mit der pastoralen Idylle vorbei. Daoud erfuhr, dass sein Land samt Umgebung angeblich israelisches Staatsland sei, binnen 45 Tagen könne er Widerspruch einlegen. Seitdem sind er und seine Familie auf einem Kreuzweg, von dem das Ende nicht absehbar ist. Die bisherigen Stationen – mir ist schwindelig angesichts so vieler – reichen für einige Kreuzwege. Nachweise, dass man in osmanischer, britischer und jordanischer Zeit Steuern für das Land entrichtet habe, waren der israelischen Militärbehörde vorzulegen. Augenzeugen sollten aussagen, dass die Kultivierung des Landes vorrangig sei. Daoud überzeugte 50 Nachbarn und Freunde, vor dem Militärrichter für ihn zu bürgen. Nach vierstündiger Wartezeit in der Hitze hieß es: »Heute haben wir keine Zeit mehr. Kommt morgen wieder.« Daouds Überzeugungsarbeit fruchtete nochmals. Die Zeugen begleiteten ihn anderntags erneut. Seine Mutter etwa sei vier Stunden verhört worden.

Einmal versuchten Siedler, eine Straße durch das Gelände zu bauen, ein andermal – ich war dabei – rissen sie frisch gepflanzte Ölbäume aus. Im Streitgespräch mit einem Siedler verwies Daoud auf die Besitz-urkunde aus osmanischer Zeit. Der Siedler hielt dagegen: »Wir haben Dokumente von Gott« und meinte die Bibel. Dann behauptete die Mi-litärbehörde, auf der Landkarte aus osmanischer Zeit sei eine Grenze anders bezeichnet als auf jener der britischen Mandatszeit. Da palästi-nensische Landvermesser von Israel nicht anerkannt sind, musste ein is-raelischer Vermesser nach London und Istanbul reisen, um die Originale in Archiven einzusehen. Die Honorarforderung: 70.000 US-Dollar, damals etwa der Fünf-Jahres-Verdienst eines palästinensischen Schuldirektors. Über 50 Erlasse, die teils einen Abriss, teils einen Kultivierungsstopp an-ordnen, sorgen für neues Bauchweh. Und was tun Daouds Familie und Volontäre? Setzen alldem Gewaltlosigkeit und Kreativität entgegen. »Wir graben eine neue Zisterne, wenn wir frustriert sind«, sagte er einmal. Oder: »Sie wollen unsere Überzeugung kaputtmachen, aber wir sind entschlossen, das Böse mit dem Guten zu überwinden.«

Gutes geschieht in den Sommerlagern, die Kindern Abwechslung vom Besatzungsalltag bieten. Martin Zellinger aus Österreich hat im Zelt der Völker »Herzlichkeit und Entschlossenheit zugleich« erlebt, das Projekt hält er für »zukunftsweisend«. Bei einer seiner Reisen wurden Rollstuhl-fahrer und Blinde über den Steinhaufen getragen. Für Andrea Fröschl ging das »wirklich an die Grenze. Da haben wir am eigenen Leib gespürt, wie mühsam den Palästinensern in ihrem eigenen Land das Leben ge-macht wird.« Für den deutschen Theologen Burkhard Fecher ist Daoud »ein heutiger Prophet Gottes«. Er biete denen die Stirn, die ihn mit Ein-schüchterungen kleinkriegen wollen. Mit dem Bekenntnis »Wir weigern uns, Feinde zu sein« verwirre Daoud »die Spielregeln der Mächtigen«. Jeder gepflanzte Ölbaum ist für Fecher Ausdruck der »Hoffnung, dass ein faires Zusammenleben von Juden und Palästinensern möglich ist«.

Mehr als 130.000 Häuser seit 1947

»Gerade werden drei Häuser in Ost-Jerusalem abgerissen«, rief die Friedensaktivistin Angela Godfrey-Goldstein vom Israelischen Komitee gegen Hauszerstörung ICAHD in den Hörer. Die aus Südafrika stammende Jüdin war mir von Demonstrationen bekannt. »Wo?« Ich brauchte einen Anhaltspunkt. Denn in manchen Ecken Ost-Jerusalems existieren weder Straßennamen noch Abwasseranschluss. Bei »Jabbal Mukkaber« hakte ich ein; das würde ich finden. Noch heute erinnere ich mich an diesen ungemütlichen Wintertag, den 12. Dezember 2005, an das hektische Packen von Kamera, Schreibblock, Aufnahmegerät, Wasserflasche, an das nervöse Warten auf ein Taxi, an die Fahrt mit dem palästinensischen Chauffeur Abu Kaff. Er erkundigte sich nach dem Ziel. »Jabbal Mukkaber, dort wird ein Haus abgerissen.« Er antwortete ruhig: »Ich kann dir auch mein abgerissenes zeigen.« Dann zog er unter dem Sitz einen laminierten Zeitungsausschnitt hervor: Ein Trümmerberg, sein Lebenstraum unter Schutt begraben. Von einem Moment auf den anderen wurden er, Kinder und Kindeskinder obdachlos

Irgendwann hörte ich während der Fahrt das Toktok der Abrissbagger. Ich zitterte innerlich, stieg aus, ging ein Sträßchen bergab und stieß auf einen Ring israelischer Streitkräfte, einige auf Pferden. Ein Uniformierter fragte: Was willst du? Ich hielt ihm meine Visitenkarte hin und er mich fest, wegen des fehlenden Presseausweises. Dann telefonierte er. Würde er mich verhaften? »Du kannst hier nicht weiter.« Ich drehte ab, machte mich scheinbar auf den Rückweg, versteckte mich hinter Olivenbäumen. Trotz höchster Erregung wollte ich festhalten, wie ein weiterer Lebenstraum zermalmt wurde. Nachbarn standen auf Balkonen, Flachdächern, vor ihren Häusern oder wie ich zwischen Bäumen. Es war irgendwie unheimlich. Nun, unter Menschen, ließ meine Angst etwas nach. »Osama bin Laden soll ein Terrorist sein? Da vorne sind die Terroristen!«, rief mir ein junger Palästinenser zu. Sein Finger zeigte auf die Soldaten und zwei Abrissbagger, einen gelben Volvo, einen roten

Daewoo. Etwa zwei Dutzend Mal drückte ich ab. Dann brach ich auf. Aufgewühlt. Fassungslos. Zornig. Etwa zwei Dutzend deutschsprachiger Zeitungen kontaktierte ich in den nächsten Stunden, manche telefonisch, einige via E-Mail. Deutschland sollte erfahren, wie Israel Lebensraum zerstört, Lebensträume zerschmettert, Friedenswillen untergräbt. Nur eine Zeitung druckte den Artikel, die *Aachener Nachrichten*.

Die israelische Politik der Hauszerstörung war das erste Symptom der Militärbesatzung nach dem Sechs-Tage-Krieg 1967 und für mich das grausamste. Im Herzen Jerusalems fuhren nur Stunden nach Kriegsende Abrissbagger vor, Dynamit erledigte den Rest: Auf dem heutigen Platz vor der Klage-/Westmauer standen seit dem Mittelalter 135 palästinensische Häuser im Marrokaner-/Mughrabi-Viertel. Ahmad Al-Jaridi, einer von 650 obdachlos gewordenen Einwohnern, erinnert sich: »Die Israelis hatten am Damaskustor Busse für die bereitgestellt, die zur Brücke (Allenby-Brücke, Grenze zu Jordanien) wollten, (…). Allen, die einstiegen, gaben sie Schokolade.«

Drei Dörfer wurden im selben Jahr abgerissen. Anfang der 1970er-Jahre befahl Ariel Scharon den Abriss von etwa 2000 Häusern in Flüchtlingslagern des Gazastreifens, um die Straßen für das Militär zu verbreitern. 2002 führte ein palästinensischer Terrorakt zum Angriff auf Jenin, wenigstens 350 Wohneinheiten wurden zerstört. ICAHD-Mitgründer Jeff Halper nennt das »Kollektivstrafe – und die ist illegal unter internationalem Recht«. In Rafah, Gazastreifen, wurden 2004 auf einen Schlag 1500 Häuser zerstört.

Israel vernichtet   seit 1947 bis heute Häuser – aus militärischer Notwendigkeit, als Bestrafung für die ausgeführte oder geplante Terrorattacke eines Familienmitglieds oder aus administrativen Gründen. Die da lauten: Der Bauherr hat keine Baugenehmigung. Dass die für Palästinenser Ost-Jerusalems oder des C-Gebiets im Westjordanland fast immer ein Traum bleibt, wissen nicht viele. Meir Margalit von ICAHD und früher für die Partei Meretz im Jerusalemer Stadtrat aktiv erläuterte mir, dass Palästinenser von der Stadtverwaltung Folgendes zu hören bekämen: Es gebe keinen Bebauungsplan oder keinen Wasser- und

Stromanschluss, das Grundstück liege in einem Grünstreifen oder auf einer historischen Stätte, die noch ausgegraben werde. Seine jahrzehntelange Erfahrung fasst der Historiker so zusammen: »Die Stadtverwaltung weigert sich beständig, ihnen legales Bauen auf ihrem eigenen Grundstück zu erlauben.« Nur für wenige wird der Traum vom genehmigten Bauantrag wahr – nach langem Warten, dem Bezahlen einer Baugebühr im fünfstelligen Dollarbereich oder als »Dank« für Informationen an den israelischen Geheimdienst.

UN-OCHA, Ir Amim, Al-Haq oder B'Tselem dokumentieren seit Jahr und Tag in schönen Tabellen und Grafiken die hässlichste Seite der Besatzung, den Abriss sogenannter »Strukturen«: darunter fallen ein Tierpferch, eine Scheune, ein Brunnen oder ein mehrstöckiges Haus. Zehntausende von Palästinensern leben in Angst, ihnen wurden Abrissbefehle zugestellt. Eine Betroffene erzählte mir, dass sie immer angezogen schlafe – für den Fall der Fälle. Manchen bleiben einige Tage Zeit für die Evakuierung, anderen Stunden, einigen nur 60 Minuten. Selten werden Häuser schon beim Bau zerstört, manchmal kurz nach der Fertigstellung, mitunter Jahre danach. Einmal, so berichtete mir Jeff Halper, wurde ein Haus nach 17 Jahren abgerissen. Noch einmal sein Mitstreiter Meir Margalit: »Die Stadtverwaltung in Jerusalem hat ein jährliches Budget von einer Million US-Dollar für Hauszerstörungen. Damit kann man etwa 100 Häuser zerstören.«

Nicht nur für den Abriss muss der Besitzer zahlen, sondern auch eine Strafe für illegales Bauen. Deshalb reißen manche Palästinenser ihr schwarzgebautes Haus selbst ab; B'Tselem führt diesbezüglich Buch.

Hauszerstörung, meinen Besatzungsgegner wie Jeff Halper oder Meir Margalit, diene einem »höheren Ziel«, dem Wegzug aus Jerusalem. Israels einstiges Ziel einer 72:28-Mehrheit in Jerusalem ist längst passé, dank hoher Geburtenrate nähern sich die Palästinenser der 40 Prozent-Marke. »Der Gedanke, dass in Jerusalem, der wichtigsten Stadt für Juden der ganzen Welt ein Palästinenser einmal Bürgermeister sein wird, macht Menschen panisch«, sagt Margalit. Diese Angst sei letztlich »die Motivation hinter der Hauszerstörung«.

Allein 121 ohne Genehmigung gebaute Wohneinheiten hat Israel 2020 in Ost-Jerusalem zerstört, addieren muss man weitere »Strukturen«, dazu Hausabriss im Westjordanland und Zerstörung von Häusern infolge israelischer Bombardements im Gazastreifen. Während die Welt die US-Wahlen 2020 verfolgte, zerstörte Israel ein komplettes Beduinendörfchen im Jordantal: 73 Menschen, darunter 41 Kinder, wurden ohne Vorankündigung obdachlos. Angeblich hätten die Beduinen in einem Gebiet, in dem die Armee das Schießen übt, »illegal gebaut«. B'Tselem-Mitarbeiter Kareem Issa Jubran beschrieb den Ort wie »vom Tsunami getroffen«.

Artikel 53 der IV. Genfer Konvention verbietet es einer Besatzungsmacht, Besitz zu zerstören – außer es ist »für militärische Operationen unbedingt notwendig«. Ein Militärerlass von 2018 gibt dem Militär jedoch noch freiere Hand. In einem UN-OCHA-Bericht vom September 2019 hieß es: »Militärverordnung 1797 bezieht sich auf palästinensische Strukturen im C-Gebiet, die als neu betrachtet werden und dehnt die Amtsbefugnis der Zivilverwaltung ICA aus, solche Strukturen binnen 96 Stunden nach Ausstellung eines Beseitigungsbefehls zu entfernen.«

ICAHD ermittelte: »Seit 1947 sind in Israel und den besetzten Gebieten über 130.000 palästinensische Häuser zerstört worden.« Jeff Halper, der mit vielen Helfern fast 200 Häuser wiederaufgebaut hat, sagt: »Das ist eine der schmerzhaftesten Seiten der Besatzung.«

Hoffnung? Hundertfach!

FriedensaktivistInnen in Israel und Palästina benötigen ein dickes Fell. Der Deutsche Raphael Nabholz weiß, dass viele von ihrem Umfeld ignoriert, ausgegrenzt, angefeindet oder bedroht werden. Er hat miterlebt, dass Anträge von Palästinensern, zur alternativen Gedenkzeremonie nach Tel Aviv zu fahren, von der israelischen Regierung abgelehnt wurden. Selbst gesehen hat er, dass Gegendemonstranten »Geh zurück nach Auschwitz!« schrien, spuckten und mit Urinbeuteln warfen. Nabholz hat aber auch erfreut wahrgenommen, dass von Jahr zu Jahr mehr Menschen zum gemeinsamen Gedenkakt der Combattants for Peace (Friedensstreiter) und des Parents Circle Families Forum (Elternkreis) kamen. Dieser Akt ist dem Deutschen, dem früheren Öffentlichkeitsreferenten der Friedensstreiter, zum »Hoffnungszeichen« geworden.

2021 gedachten zum insgesamt 16. Mal Israelis und Palästinenser aller Opfer des Konflikts. Unter dem Motto »Schmerz miteinander teilen – Hoffnung bringen« war zeitgleich in Tel Aviv und Beit Jala ein vergleichsweise kleines Publikum versammelt. 250.000 Menschen weltweit, auch ich, verfolgten am Bildschirm live diese Hoffnungsstunde, sahen die Theatergruppe der Friedensstreiter, hörten von Juden und Palästinensern gemeinsam vorgetragene Lieder und fünf zu Tränen rührende Zeugnisse des Elternkreises.

Eines schenkte uns Gili Meisler. Als 12-Jähriger erlebt er, wie sein einziger Bruder Giora 1973 in den Yom-Kippur-Krieg zieht. Schon in der ersten Kriegsnacht verschwindet der 19 Jahre alte Panzersoldat von der Bildfläche. Meisler atmet tief, auch fast 50 Jahre später fällt ihm das Reden schwer. Ehrlich bekennt er sein damals »tief verwurzeltes Rachebedürfnis«, das so stark wurde, dass er eine rechtsgerichtete Jugendgruppe gründete, überzeugt, dass »Hass und Rache meine Verbindung zu Giora aufrechterhalten«. Als er sich mit Ali aus Ost-Jerusalem anfreundet, bröckelt sein Weltbild. Nun kam er in echten Kontakt mit dem »Feind, dem Fremden, dem Angsteinflößenden«. Meisler, beim Elternkreis für

Öffentlichkeitsarbeit verantwortlich, schließt sein Zeugnis mit dem Aufruf: »Lasst uns den Hass beenden und Dialog und Hoffnung willkommen heißen! Durch persönlichen Verlust und Trauer möchte ich jedem, der es hören will, sagen, dass ein anderer Weg nötig und möglich ist.«

Auch die Palästinenserin Layla Alshekh aus Battir bei Bethlehem ist eine Hinterbliebene. Ihr sechs Monate alter Sohn Qusay starb in ihren Armen, nachdem er Tränengas eingeatmet hatte und israelische Soldaten die Familie auf der Fahrt ins Krankenhaus über vier Stunden an einer Straßensperre aufhielten. 16 Jahre lang weigerte sie sich, Israelis zu treffen. Der 24. November 2017 änderte ihr Leben. Da traf sie beim Elternkreis Palästinenser und Israelis, die auch einen Angehörigen beweinten. »Zum ersten Mal fühlte ich, dass wir alle denselben Schmerz hatten, dieselben Tränen.« Als eine Jüdin ihr sagte: »Es tut mir leid, dass mein Volk dir dieses Leid zugefügt hat«, geschah etwas in ihr. »Ihre einfachen Worte erleuchteten meinen Weg, einen Weg, den ich mir selbst versperrt hatte.« Seitdem kämpft sie gewaltfrei, entschieden und voller Energie, dass die Lage sich ändert. »Ich nahm die Botschaft von Versöhnung und Frieden und verbreitete sie überall.« Ihr Zeugnis endet mit dem Appell: »Schluss mit Ungerechtigkeit und Hass. Lasst uns in Versöhnung und Frieden mit denen leben, die wir lieben!«

Alles begann so: Die Hamas entführte und ermordete den 19-jährigen Israeli Arik Frankenthal. Ein Jahr später, 1995, gründete Ariks Vater den Elternkreis und öffnete ihn fünf Jahre später für palästinensische Hinterbliebene. Über 600 Familien beider Seiten engagieren sich seither, erzählen sich ihr Leid und klären Schulklassen durch Dialoggespräche auf. Die Jüdin Robi Damelin berichtet: »Wenn wir in einer Schule in Tel Aviv fragen, wer schon im Ausland war, heben alle den Arm. Wollen wir aber wissen, wer die nur zehn Autominuten entfernte palästinensische Stadt Tulkarem kennt, meldet sich keiner.« Erfahrungsgemäß tanken bei diesen Begegnungen Jugendliche beider Seiten Kraft und Hoffnung für ihren Friedenseinsatz. »Manche sehen da plötzlich Menschen, wo vorher Feinde waren«, fasst die aus Südafrika stammende Israelin Damelin ihre Erfahrung zusammen. Ihr bin ich schon vor 15 Jahren in Jerusalem begegnet. Auch ihre Geschichte bricht einem fast das Herz. Ihr Sohn David, Friedensaktivist, rang mit sich, als die Einberufung zum Militär näher rückte. Sollte er Wehrdienst leisten oder verweigern? Er entschied sich für den Einsatz – um anderen Soldaten wenigstens ein Vorbild im Umgang mit Palästinensern zu sein. Doch habe der Militärdienst während der ersten Intifada bei ihm und dem Bruder »Narben« hinterlassen. Während der zweiten Intifada wurde David zum jährlichen Reservedienst Miluim eingezogen. Wieder quälte ihn die alte Grundsatzfrage. Wenn er nicht gehe, werde ein anderer gehen »und schreckliche Dinge tun«, sagte er sich. Am 3. März 2002 erschoss ein palästinensischer Scharfschütze an einem Armeekontrollpunkt im Westjordanland zehn Menschen, darunter David.

Treffen sich Hinterbliebene ist das Mitteilen der eigenen leidvollen Geschichte wesentlich. »Indem man die persönlichen Schilderungen der Opfer beider Seiten gelten lässt, kann vielleicht endlich ein neues Kapitel der gegenseitigen Beziehungen beginnen«, ist der Elternkreis überzeugt. Der Mangel an Vertrauen und Mitgefühl erhalte den Gewaltkreislauf am Leben. Dem setzt der Elternkreis Toleranz und Versöhnung anstelle von Rache und Hass entgegen. Robi Damelin hält dies für wichtig, »damit wir die Dämonisierung des Gegenübers aufgeben.« Für ihren Einsatz schöpft die Jüdin Mut von Nelson Mandela und der Anti-Apartheidbewegung. Sie hat dem Vater des Scharfschützen von ihrer Hoffnung geschrieben, »dass wir ein normales Leben ohne Gewalt führen können.« Sie sieht die Lösung des Konfliktes darin, »dass sich die Menschen treffen und der Person hinter den Zahlen begegnen«.

Die israelisch-jüdische Autorin Lizzie Doron erfuhr, dass die Treffen mit den Palästinensern Suliman, Mohammed und Jamil sie tatsächlich »zu einem fröhlicheren Menschen« machten. Anfangs sah sie in ihnen Mörder und Terroristen. Für ihr Buchvorhaben traf sie sich binnen eines Jahres mit ihnen sowie mit den jüdischen Israelis Chen und Emil (Name geändert). Alle fünf engagieren sich bei den Combattants for Peace, den Friedensstreitern, Suliman und Chen gehörten 2006 zu den Mitgründern. Inzwischen engagieren sich etwa 200 Männer in neun Regionalgruppen,

Frauen treffen sich separat. Bei den Regionalgruppen wie beispielsweise Tel Aviv/Nablus oder Jerusalem/Bethlehem geht es gleichberechtigt zu, die Leitung ist doppelt besetzt. »Das sind so schöne Gemeinschaften, die zeigen, dass es geht«, hat Raphael Nabholz zwischen 2016 und 2019 erfahren. Nach Studien der Friedens- und Konfliktforschung wurde er als Fachkraft im Zivilen Friedensdienst (ZFD) von der katholischen Organisation AGEH entsandt und beriet die Friedensstreiter bei der, wie er es nennt, »Augenöffnungsarbeit«. Diese organisieren auch friedliche Proteste, bauen zerstörte palästinensische Spielplätze auf, errichten Zelte für Palästinenser, die ihr Haus räumen mussten. Bei der letzten Gedenkzeremonie traten sie mit ihrer Theatergruppe auf. Schauspieler hielten vor der israelischen Trennmauer Schilder hoch, auf denen beider Seiten Ängste und Vorurteile verschriftlicht waren. »Sie wollen uns ins Meer werfen« (hebr.), »Sie wollen uns auslöschen« (arab.) oder »Ein guter Araber ist ein toter Araber« (hebr.) und »Sie glauben, Gott hat sie erwählt« (arab.). US-Schauspieler Richard Gere, virtuell zugeschaltet, übermittelte diese Botschaft: »Wenn der Nahostkonflikt gelöst werden kann, durch Liebe und Mitgefühl, Verständnis und Vergebung, was wäre das ein Beispiel für uns alle, für den restlichen Planeten!« In der Tat: Was wäre das für ein Zeichen!

Schlusswort

Seit 1985 kenne und liebe ich das Heilige Land. Was für ein Land! Alle Zutaten fürs Paradies sind vorhanden. Wasserfälle und Wadis, Süß- und Salzwasser, Täler und Terrassen, Küsten und Korallen. Welch abrupte Wechsel von Landschaftsformen, Klima und Vegetation. Welche Vielfalt an Religionen, Sprachen und Traditionen. Ob es das auf diesem Globus noch einmal in dieser Dichte gibt?

Wer statt Wolkenkratzern in Tel Aviv alte Gewölbe, Kirchen, Synagogen und Moscheen sehen will, sollte sich auf den Weg nach Hevron/ al-Khalil, Bethlehem, Jerusalem, Gaza, Zefad/Safad und Akko/Akka machen. Neben Judentum, Christentum und Islam läßt sich hier auch die Religion der Drusen oder der Baha'i studieren. Das Heilige Land bietet zudem etwas, was sich in Europa auf dem Rückzug befindet: Handwerk. Eine Thymianmühle in Bethlehem oder die Glasbläser von Hebron sind ebenso einen Besuch wert, wie eine Ölpresse, eine Töpferei oder die Werkstatt der israelischen Kerzenmacher von Zefad. Olivenholz- und Perlmuttschnitzern kann man in Bethlehem und dessen Nachbarorten Beit Jala und Beit Sahour bei der Arbeit zuschauen.

Israel und die palästinensischen Gebiete sind ein einziger Bodenschatz. Das Land ist so reich an kontaktfreudigen und gastfreundlichen Menschen, an heiligem Boden und heilendem Wasser; an Hügeln und Tälern; an Märkten, die das Kommunikationsbedürfnis wachrufen und an Wüsten, die Ruhe schenken. Das Heilige Land hält für jeden etwas bereit: Gewimmel und Einsamkeit, Gebimmel und Stille, Abenteuerlust und Forscherdrang. Gehen Israelis und Palästinenser damit sorgsam um, dann sind sie letztlich reicher als die Ölstaaten. Heiliger Boden versiegt nie.

Auch wenn ich meinen Reisegruppen keineswegs die schmerzhaften Seiten des Landes und Konflikts vorenthalte, so kehren sie paradoxerweise gestärkt, erfüllt und beschwingt in die Heimat zurück. Sie scheinen das Potenzial des Landes zu spüren. Herrschte Frieden im Land, wäre es zu Recht Heiliges Land, mit Potenzial zum Paradies.

Ihr Israelis, was geht es euch gut! Wie oft kam mir in der Oase des Kibbuzferiendorfs Ein Gev (hebr. Kfar HaNofesh) am See Genezareth dieser Gedanke. In punkto Jahreseinkommen oder Bruttosozialprodukt pro Kopf ist Israel ein Wolkenkratzer gegenüber der palästinensischen Wellblechhütte. Betrug das Verhältnis zum Zeitpunkt des Oslo-Prozesses Anfang der 1990er-Jahre etwa 6:1, so sprechen wir mittlerweile von mindestens 12:1. Ihr Israelis kennt das Wort Urlaub – Palästinenser kennen nicht einmal einen »stinknormalen, langweiligen Alltag«, möchte ich rufen. Warum könnt ihr nicht leben und leben lassen? Lasst die Palästinenser doch leben! Gesteht ihnen das doch bitte auf den verbliebenen 22 Prozent des historischen Palästinas zu – in Würde, möchte ich flehen. Was für ein Kompromiss wäre das für das Volk, dem zum Zeitpunkt der Staatsgründung etwa 90 Prozent des Landes gehörte!

Anstatt die Verantwortung für die Vertreibung 1948 zu übernehmen, statt den PalästinenserInnen entgegenzukommen, haben israelische Regierungen und die Stadtverwaltung Jerusalems ihr Leben stetig unerträglicher gemacht. Eine gnadenlose Bürokratie hat Abertausende zermürbt und tut es immer noch. Ebensoviele wurden durch Hausabriss obdachlos.

In diesem Buch habe ich nur einige Facetten israelischer Besatzung und Kontrolle angesprochen, um dem Leser nicht zuviel zuzumuten! Ausgespart habe ich etwa:

- den Entzug des Aufenthaltsrechts in Jerusalem,
- die Folgen der Sperranlage für Palästinenser,
- das Zurückhalten von palästinensischen Leichnamen, in manchen Fällen über Jahre,
- die Benachteiligung palästinensischer Händler in israelischen Häfen und beim Zoll,
- die in Ost-Jerusalem und Israel fällige Kommunalsteuer Arnona, die Palästinenser entrichten, aber im Gegenzug nicht dieselben Leistungen erhalten wie jüdische Bürger,
- die Folgen der Bewegungsunfreiheit (Geschäftsmann Bassim

Khoury: »Einen Container von Ramallah nach Gaza zu transportieren ist viermal so teuer wie nach China oder Australien.«),

- die Schwierigkeit für Palästinenser Ost-Jerusalems, ihre Kinder registrieren zu lassen,
- Israels Politik, ausländischen Dozenten an palästinensischen Hochschulen die Verlängerung ihres Visums vorzuenthalten oder die Einreise zu verwehren,
- Folter in israelischen Gefängnissen,
- und vieles, vieles mehr.

Ausländische Politiker, Journalisten, Mitarbeiter von Hilfsorganisationen, Politologen und andere Beobachter lehnen sich gerne unter Berufung auf Neutralität zurück, geben vor, unparteiisch und auf keiner Seite zu sein. Als hätten beide Seiten zu gleichen Anteilen »Schuld« am Konflikt, am Unfrieden, am aktuellen Stillstand. Das ist bequem. Das erleichtert das Wegschauen. Das verhindert das Tun, wird aber der Lage vor Ort nicht gerecht. All diese angeblich »Unparteiischen« machen es sich zu einfach, ihre Neutralität ist unredlich und feige. Bischof Desmond Tutu aus Südafrika hat es treffend formuliert: »Wenn du bei Ungerechtigkeit neutral bist, hast du dich auf die Seite des Unterdrückers gestellt. Steht ein Elefant auf dem Schwanz einer Maus und du sagst, du seist neutral, wird die Maus deine Neutralität nicht begrüßen!« Israel ist der Elefant, Palästina eine Zwergmaus. Der Konflikt ist aufgrund der israelischen Besatzung asymmetrisch: Hier Israel als Besatzungsmacht, die das Leben von fünf Millionen Palästinensern bis ins Privatleben kontrolliert und diktiert. Dort die Palästinenser, Muslime wie Christen, die kein selbstbestimmtes Leben kennen. Weder unsere Politiker noch viele Medienvertreter wollen das wahrhaben. Wie viele deutsche Politiker habe ich in nur drei Jahren in Jerusalem getroffen! Beim Hintergrundgespräch, beim Arbeitsfrühstück, einer Pressekonferenz oder einem Empfang: von der Kanzlerin über den Außenminister bis zu Ministerpräsidenten und Bundes- oder Landtagsabgeordneten. In einem Jahr, laut Deutscher Botschaft in Tel Aviv, seien einmal 40 politische Delegationen nach Israel gereist. Alles, was sich Politiker zu sagen trauten, war, ihre Sorge über den Siedlungsbau auszudrücken oder vor Gewalteskalation zu warnen. Hätte das nicht auch ein Grundschüler zu sagen vermocht? All ihre Besuche haben den mühsamen Alltag der Palästinenser keinen Deut erleichtert.

Eines der erhellendsten Interviews meiner Jerusalemer Zeit habe ich mit dem damals noch sehr jungen Besatzungsforscher Shir Hever geführt, der mittlerweile in Heidelberg lebt. Am Schluss fragte ich den Israeli: Was wünschst Du Dir von Deutschland, von der Europäischen Union? Hever: »Die EU muss viel strenger mit Israel sein und aufhören, soviel Angst zu haben. Ich meine, sie sind in der Lage, die Besatzung sofort zu beenden, dazu gehört gar nicht viel.« Was schlägst du vor? Hever: »Zuerst sollten Israelis ein Visum benötigen, um in die EU einzureisen. Israelische Kriegsverbrecher sollten vor Gericht gestellt werden, wenn sie auf europäischem Boden landen. Israels Handelsvorteile sollten aufgehoben werden, bis es die Mindestanforderungen von internationalem Recht erfüllt. Wir sprechen nicht über einen vollen Boykott, den ich im Übrigen unterstütze. Was ich gesagt habe, ist bereits ausreichend, um Israels Politik zu ändern. Denn Israel ist von Europa sehr abhängig. Wenn die Elite in Israel, die Reichen, die am meisten zu verlieren und den größten Einfluss auf die Regierung haben, der israelischen Regierung sagen: Wegen eurer Taten können wir keine Geschäfte mehr in Europa machen, deshalb verlegen wir unsere Firmenzentrale in ein anderes Land, dann wird die israelische Regierung ihre Politik augenblicklich ändern.« Im Juni 2021 fragte ich ihn, ob er nach wie vor so antworten würde? Er bejahte und ergänzte: »Wenn die Europäische Union aufhört, den Richtlinien der USA blind zu folgen, können sie die Besatzung in ein paar Wochen beenden.«

Nichts dergleichen ist geschehen! Im Gegenteil. Shir Hever, mittlerweile auch Experte in Sachen Rüstung, berichtete mir von einer Besprechung in Brüssel zum europäischen Projekt Horizon 2020. Dies ist ein EU-Förderprogramm für Forschung und Innovation, ausgeschrieben von der Europäischen Kommission für den Zeitraum 2014 bis 2020. Nicht nur EU-Staaten konnten Anträge stellen, sondern auch »assoziierte« wie beispielsweise Armenien, Israel oder die Türkei. Horizont 2020 (deutsche

Bezeichnung) schließe Militärtechnologie aus, erklärte mir Shir Hever, beinhalte aber »illegal Zuschüsse für zwei israelische Rüstungsunternehmen: Elbit Systems und IAI«. Hever erinnerte den Verantwortlichen, den CDU-Abgeordneten Dr. Christian Ehler daran, dass israelische Waffenkonzerne wegen besagter Zuschüsse die Prinzipien von Horizon 2020 verletzten. Im Falle Israels mache er, so Ehler, »eine Ausnahme, da das Land hilft, den Terror zu bekämpfen«.

Andere Konflikte der Welt – Tibet, Kolumbien, Nigeria, Somalia, die Ukraine – kenne ich weder aus eigener Anschauung noch aus Analysen. Trotzdem wage ich die Behauptung: Keiner wird annähernd so gründlich dokumentiert wie der israelisch-palästinensische. Warum verschließt man davor die Augen in Brüssel, Berlin und Wien? Wozu schaut man weg? Wovor hat man Angst?

Im April 2021 nahm ich am Webinar »Israel/Palestine at the International Criminal Court« teil, organisiert von der Foundation for Middle East Peace. Einer der vier Redner war Haggai El-Ad, Generaldirektor der israelischen Menschenrechtsorganisation B'Tselem. Als ihm das Wort erteilt wurde, sagte er: »Israel begeht nicht nur routinemäßig Kriegsverbrechen in den besetzten palästinensischen Gebieten, es ist ganz und gar gewohnt, ungestraft davonzukommen.« Was für ein glasklarer Satz. Kann da ein Politiker neutral bleiben? Dann nannte der Anwalt der Menschenrechte nur vier Facetten der Besatzung: »Siedlungen, das tausendfache Schießen auf unbewaffnete Demonstranten, Hausabriss, Ausweisung.« Das geschehe seit Jahrzehnten und »am helllichten Tag, es ist gründlich dokumentiert.«

Zwei Wochen später erhielt er wuchtige Bestätigung und Rückendeckung. Und was für eine! Auf über 200 Seiten dokumentiert Human Rights Watch bis in Einzelheiten hinein, wie israelische Behörden seit Jahr und Tag eine Politik der »Apartheid und Verfolgung« umsetzen. Doch bestens dokumentiert waren Menschenrechtsverletzungen schon längst vorher. Wirklich niemand kann behaupten, nichts gewusst zu haben. Im Eingangsbereich der von mir zitierten Menschenrechtsorganisation HaMoked in Ost-Jerusalem steht das Gedicht von Pastor Martin Niemöller:

»Als die Nazis die Kommunisten holten, habe ich geschwiegen;
ich war ja kein Kommunist.

Als sie die Gewerkschaftler holten, habe ich geschwiegen, ich war
ja kein Gewerkschaftler.

Als sie die Juden holten, habe ich geschwiegen, ich war ja kein Jude.

Als sie mich holten, gab es keinen mehr, der protestieren konnte.«

Wann beginnen wir unseren Protest? Für Menschenrechte und -würde!
Die Besatzung tötet nicht nur Menschen beider Seiten, sie beraubt Palästinenser und Israelis ihrer Träume und Zukunft, sie zerfrisst die Besatzungsmacht Israel seelisch-moralisch. Wie wollen wir glaubhaft von
China oder einer afrikanischen Diktatur die Einhaltung der Menschenrechte einfordern, wenn wir im Falle Israels beide Augen zudrücken?

Wiederholt gaben mir israelische Friedens- und Menschenrechtsstreiter am Schluss eines Gesprächs diese Botschaft mit: Deutschland
bezeichnet sich als Freund Israels. Lässt man seinen Freund betrunken
Auto fahren oder in den Abgrund rennen? Deutschland muss Israel vor
sich selbst schützen!

Es ist eine Minute vor zwölf.

Quellen und Tipps zum Weiterlesen (inkl. Film- und Webinartipps)

43 Nationalparks laden ein

Interview mit Assaf Zeevi, Kibbuz Ma'agan, Israel, 16.2.2011

Israelische Natur- und Parkbehörde: https://www.parks.org.il/en

Daniel Kleine-Kraneburg: Handy aus, Augen an. Ein DVHL-Freiwilliger ist fasziniert vom Wandern, in: Das Heilige Land. Pilgern. Heft 2, Okt. 2018, S. 68 f.

21 Vogelarten sind nicht koscher

www.de.chabad.org

Deutsch-israelische Gesellschaft e.V.: Broschüre ISRAEL, ohne Jahresangabe

Koscher-Strom für religiöse Verbraucher? In: Jüdische Allgemeine, 7.8.2017, siehe https://www.juedische-allgemeine.de/israel/koscher-strom-fuer-religioese-verbraucher/ (letzter Zugriff: 12.5.2021)

Koscherer Ikea-Katalog sorgt für Aufregung, in: Das Heilige Land. »Familie«, Heft 1, April 2017, S. 58

Michalis Pantelouris: Rabbis Reben, in: Süddeutsche Zeitung Magazin, 48/2016, 6.12.2016, siehe Koscherer Wein – zu Besuch bei Celler de Capçanes im Montsant - SZ Magazin (sueddeutsche. de) (letzter Zugriff: 20.6.2021)

Ariel David: Did King David Eat Shrimp? In: Ha'aretz, 25.5.2021, siehe Did King David eat shrimp?

18 Prozent Muslime

Außenministerium: Islam und Muslime in Israel, 9.6.2016, zitiert im Rundbrief der Botschaft des Staates Israel, https://embassies.gov.il/berlin/AboutIsrael/the-middle-east/Pages/Islam-in-Israel.aspx#p

What were the most popular baby names in Israel in 2019?, Jerusalem Post, 4.11.2020, siehe https://www.jpost.com/israel-news/what-were-the-most-popular-baby-names-in-israel-in-2019-647875#:~:text=David%2C%20Tamar%2C%20Muhammad%20and%20Maryam%20were%20the%20most,Israel%2C%20and%20among%20Muslim%20Israelis%20specifically%2C%20with%202%2C598. (letzter Zugriff: 11.11.2020)

Editorial: Abu Yair, What About Mohammed? Ha'aretz, 11.3.2021, siehe https://www.haaretz.com/opinion/editorial/abu-yair-what-about-mohammed-1.9609222?utm_source=mailchimp&utm_medium=content&utm_campaign=daily-brief&utm_content=46606sb26c

Richard C. Schneider: ZUR LAGE IN ISRAEL. Inferno in Israel – Riss in der Gesellschaft. 12. Mai 2021, www.tachles.ch , siehe Inferno in Israel – Riss in der Gesellschaft | Tachles

Or Kashti: Inside the Conflicted World of Israeli Arab Teachers in Jewish Schools, Ha'aretz, 23.5.2021, siehe Inside the conflicted world of Israeli Arab teachers in Jewish schools - Israel News - Haaretz.com (letzter Zugriff: 26.5.2021)

Jochen Stahnke: Warum musste Ahmad sterben? Frankfurter Allgemeine Sonntagszeitung, 14.2.2021, S. 6

Nurit Wurgaft: Israel's Arabs will be like America's Jews, in: Du-Et / Ha'aretz, Jewish-Arab Newspaper – The Citizen's Accord Forum, Issue No. 9, Spring 2006, S.

Minus 435,44 Seehöhe

Israelische Regierung: Graphik zum Wasserstand des Toten Meeres von 1976 - 2021, siehe https://www.gov.il/BlobFolder/reports/dead_sea_report/he/deadsea_deadseagraf.jpg

Telefonisches Interview mit Professor Andreas Hoppe, Okt. 2012

Vortrag und Diskussion mit Sabrina Johanniemann, GIZ, Bethlehem, Paradise-Hotel, 11.11.2019

Inka Reichert: Der durstige Salzsee, 14.2.2013, siehe https://www.zeit.de/2013/08/Oekologie-Totes-Meer-Austrocknung-Rotes-Meer (zuletzt aufgerufen am 11.11.2020)

www.deadsea.com

Telefonisches Interview mit Dr. Clemens Messerschmid, 22.4.2021, dazu mehrere E-Mails im Zeitraum April/Mai 2021

United Nations Economic and Social Commission for Western Asia (ESCWA) / Bundesanstalt für Geowissenschaft und Rohstoffe (BGR) / BMZ, Berlin: The Inventory of Shared Water Resources in Western Asia, siehe Jordan River Basin | Inventory of Shared Water Resources in Western Asia (waterinventory.org)

Scoop World. Independent News: Palestinian NGOs on World Bank-sponsored Red-Dead Sea Canal. Presseerklärung, 21.10.2013 veröffentlicht, online gestellt 4.11.2013, siehe Palestinian NGOs on World Bank-sponsored Red-Dead Sea Canal | Scoop News (letzter Zugriff: 25.5.2021)

495 Palästinenser in Administrativhaft

HaMoked, Center for the Defence of the Individual / B'Tselem: Without Trial. Administrative Detention of Palestinians by Israel and the Internment of Unlawful Combatants Law. October 2009, s.v.a. S. 56

http://www.hamoked.org

http://addameer.org

Christian Peacemaker Team Palestine: Maher Al Akhras Suspended his 103 days of Hunger Strike. Our battle hasn‹t finished yet! E-Mail vom 6.11.2020

BIP-Aktuell 144: Hungerstreik von Maher al-Akhras. Wöchentlicher Newsletter, Bündnis für Gerechtigkeit zwischen Israelis und Palästinensern (BIP) e.V., Ausgabe vom 31.10.2020

Gideon Levy: Schrei, geliebtes Land. Leben und Tod unter israelischer Besatzung, SEMITedition im Melzer Verlag, Neu Isenburg 2005

12 Millionen Wörter

Johannes Zang: 2. Rundbrief aus Bethlehem, Advent 1999, Kapitel 6: Das palästinensische Arabisch (unveröffentlicht)

Die tausend Namen des Kamels – Arabisch ist mehr als eine Sprache von Oula Mahfouz, International tünews, 22.5.2019, siehe https://tunewsinternational.com/die-tausend-namen-des-kamels-arabisch-ist-mehr-als-eine-sprache/#:~:text=Arabisch%20ist%20eine%20reiche%20Sprache,mehr%20als%20zw%C3%B6lf%20Millionen%20W%C3%B6rter

Alfred Schlicht: Von Algebra bis Zucker. Arabische Wörter im Deutschen. The Epoch Times, 17.11.2018, siehe https://www.epochtimes.de/panorama/von-algebra-bis-zucker-arabische-woerter-im-deutschen-a2711954.html

E-Mail-Antwort des Kundenservices des Pons Verlags auf meine Anfrage: 20.5.2021

0:0 im Fußball

Wikipedia

www.football.org.il

Eine E-Mail mit Fragen an den israelischen Fußballverband wurde nicht beantwortet.

https://www.hakoah.at

Jochen Stahnke: Sapirs Seele, Israels Stolz. In Haifa schreibt Transgender-Schiedsrichterin Sapir Berman Fußballgeschichte, in: Frankfurter Allgemeine, 5.5.2021

Das erste Fußballspiel einer deutschen Mannschaft in Israel fand 1970 statt (Borussia Mönchengladbach gewann 6:0 gegen Israels Nationalmannschaft), dank des Einsatzes von Willy Brandt und Hennes Weisweiler.

200 Tage Ausgangssperre

Johannes Zang: 18. Rundbrief – Fronleichnam 2002, S. 1 (unveröffentlicht)
Johannes Zang: 25. Brief, Mariae Lichtmess 2003, S. 11 (unveröffentlicht)
B'Tselem: Lethal Curfew (Tödliche Ausgangssperre), Oktober 2002

Kurioses und Heiteres seit 169 Jahren

Ein Text von Pater Gregor Geiger, Jerusalem sowie zahlreiche Gespräche mit ihm zwischen 1999 und 2020
Gregor Geiger / Heinrich Fürst: Im Lande des Herrn. Ein franziskanischer Pilger- und Reiseführer für das Heilige Land. Bonifatius, 7. Auflage, Paderborn 2020
Eva Maurer Morio: Was bedeutet »Status Quo«? in: Zenit. Die Welt von Rom aus gesehen. 3.12.2014, siehe https://de.zenit.org/articles/was-bedeutet-status-quo/ (letzter Zugriff: 27.5.2021)
Claudia Busch: Ein Ehrenamt der Familie. Die Schlüsselwächter der Grabeskirche, in: Das Heilige Land, Heft 1/April 2017: Familie. S. 56 f.

Israel: Wahlen alle zwei Komma drei Jahre

Jacques Ungar / tachles: Israel: Wie oft wird gewählt? 23. Dezember 2020
https://main.knesset.gov.il/EN/mk/Pages/Elections.aspx
https://www.haaretz.com/israel-news/elections
Jacques Ungar/tachles: Wahlen 2021. Parteienwechsel groß in Mode. Nur 47 Prozent der Israeli wollen bei den Wahlen vom 23. März ihren Farben treu bleiben. 7.1.2021
Yedidia Z. Stern: Israel has a disease: Fragmentation. Fix it by going out to vote – opinion. Jerusalem Post, 23.3.2021, siehe https://www.jpost.com/opinion/israel-has-a-disease-fragmentation-fix-it-by-going-out-to-vote-opinion-662851 (zuletzt am 26.3.2021 aufgerufen)

44 Minuten warten lassen

OCHA: The Humanitarian Situation in the H2 Area of Hebron City, April 2019, S. 11
Internetseiten von B'Tselem, Hamoked, Gisha, PCBS, Al-Haq
PCHR (Palestinian Centre for Human Rights): Weekly Report on Israeli Human Rights Violations in the Occupied Palestinian Territory (12- 18 November 2020)
https://www.un.org/unispal/document/auto-insert-186867/
OCHA: Occupied Palestinian Territory: Gaza emergency. Humanitarian Snapshot (as of 4 September 2014, 8:00 hrs)
E-Mail-Antwort von Ofir Feuerstein/OCHA, 28.4.2021 auf meine Nachfrage bzgl. palästinensischer Todesfälle im Gaza-Streifen
Ir amim: Two Months Before the End of the Year, 2020 is Already the Record Year for Home Demolitions in East Jerusalem, 28.10.2020

170 Sprachen und Dialekte

Gregor Geiger / Heinrich Fürst: Im Land des Herrn. Ein franziskanischer Pilger- und Reiseführer für das Heilige Land. akt. u. erweiterte Auflage, Bonifatius 2020
Église du Pater Noster – Wikipédia (wikipedia.org)
Zu Yoruba: Bundeszentrale für politische Bildung. Timer 2019/20, siehe 22. Juli
…dann kann er was erzählen. In: Das Heilige Land. Pilgern. Heft 2, Okt. 2018, S. 72

27.712 Gerechte unter den Völkern

https://www.yadvashem.org/righteous/statistics.html sowie www.yadvashem.org
Außenministerium Israels: Presseerklärung 27 January 2019, PM Netanyahu‹s remarks at the start of the weekly Cabinet meeting

Dominikanerpater Aurelius Arkenau (1900-1991, 1940 – 1946 in Leipzig tätig) rettete über 100 Menschen: Juden, polnische Zwangsarbeiter, Kommunisten, Desserteure und Arbeiterpriester. 1999 wurde er als »Gerechter unter den Völkern« ausgezeichnet. Kalenderblatt 5.-11.1.2020, Der christliche Chronikkalender, St. Benno-Verlag, Leipzig

Deutsche Welle (Christoph Strack): Israel ehrt erstmals einen Araber als Gerechten unter den Völkern, 27.10.2017

Igal Avidan: Mod Helmy. Wie ein arabischer Arzt in Berlin Juden vor der Gestapo rettete. dtv, 2017

Tachles: Holland: Er rettete 600 jüdische Kinder und Babies, 3.6.2020

Beate Barwich: Eine Brücke zwischen Berlin und Jerusalem. Heinrich Grüber 1891-1975, in: in: Jerusalem-Gemeindebrief-Stiftungsjournal: Hier stehe ich … Die Reformation im Heiligen Land: eine Spurensuche, Nr. 2/Juni-August 2017, S. 51 ff.

Ivrit: 22 Buchstaben

Zitat Uriel Adiv bei: Christian W. Find: Hebräische Begriffe. Akhtung Oto! Deutschlandfunk Kultur, 9.10.2015, siehe https://www.deutschlandfunkkultur.de/hebraeische-begriffe-akhtung-oto.1079. de.html?dram:article_id=333499 (letzter Zugriff: 12.5.2021)

Katja Klammer: Eliezer Ben Jehuda. Der Vater des modernen Hebräisch. Spracheninstitut an der Universität Leipzig e.V., siehe https://www.spracheninstitut-leipzig.de/wissenswertes-hebraeisch/1193-eliezer-ben-jehuda/ (letzter Zugriff: 12.5.2021)

Akademie der Hebräischen Sprache: https://en.hebrew-academy.org.il/

26,1 Prozent Nichtjuden

Tobias Lang: Die Drusen in Libanon und Israel. Geschichte, Konflikte und Loyalitäten einer religiösen Gemeinschaft in zwei Staaten, Klaus Schwarz Verlag, Berlin, 2013, s. v.a. S. 17, 19

www.eslam.de

Hili Yacobi-Handelsmann: On 73rd Independence Day, Israel‹s population hits 9.3 million, Israel HaYom, 14.4.2021, siehe https://www.israelhayom.com/2021/04/14/israels-population-hits-9-3-million-for-73rd-independence-day/

Ynet: Israel at 63: Population of 7,746,000. 8.5.2011, siehe https://www.ynetnews.com/articles/0,7340,L-4066247,00.html

Mareike Enghusen: Die Tragik der Drusen. Die Zeit, 10.8.2017, S. C&W 5

Al-Marsad, Arab Human Rights Center in Golan: About Us - Al-Marsad (golan-marsad.org)

Soldaten zweimal ausgetrickst

Johannes Zang: 8. Rundbrief aus Bethlehem, Ostern 2001 (unveröffentlicht)

Johannes Zang: 9. Rundbrief, Hochsommer 2001 (unveröff.)

»Despite the presence of the Barrier, between January and March 2013 at least 14,000 Palestinians without the required permits smuggled themselves every day into Israel to look for employment (PCBS).« Zitiert in: UN-OCHA: The Humanitarian Impact of the Barrier, July 2013, siehe The humanitarian impact of the barrier - OCHA factsheet - Question of Palestine (un. org) (letzter Zugriff: 14.6.2021)

Sechs deutsche Stiftungen mit zehn Büros

Friedrich Ebert Stiftung – Israel Office (fes.org.il) und FES Palästina - Friedrich-Ebert-Stiftung Palestine Office (fes-palestine.org)

Webinar The Steal of the Century: PIJ New Issue Launch Event - The Steal of the Century - Sponsored by FES - YouTube

Konrad-Adenauer-Stiftung - Auslandsbüro Israel (kas.de) und Konrad-Adenauer-Stiftung - Auslandsbüro Palästinensische Gebiete (kas.de)

Konrad Adenauer-Stiftung: Public Opinion Poll No (73), 16.9.2019, siehe https://www.kas.de/documents/268421/7099598/PSR+Public+poll+73+press+release.pdf/c1a163e3-ccbf-c6f1-28a4-50d595bdb17a?version=1.0&t=1568718440598
https://israpal.hss.de/
Jerusalem | Friedrich-Naumann-Stiftung (freiheit.org)
https://ps.boell.org/en und Büro Tel Aviv - Israel | Heinrich-Böll-Stiftung (boell.de)
https://www.rosalux.org.il und www.rosalux.ps

HCJ 894/09

Vortrag und Gespräch (u.a. mit Dr. Hanadeh und Carmen Keshek) an der Universität Bir Zeit, 15.4.2019
www.birzeit.edu
MAGELAN S.A.R.L., Paris: Report on the Palestinians under Israeli Rule. Covers April 1982. Vol. V, Issue No. 108, S. 1 f.
Adalah / Legal Center for Arab Minority Rights in Israel: Adalah Petitions Supreme Court against Ban on the Import of Arabic Books Published in Syria or Lebanon, 27.1.2009, siehe https://www.adalah.org/en/content/view/7047 (letzter Zugriff: 13.6.2021)
New York Times: Arabic Readers in Israel Have to Hope the Border Guards Are Sloppy, 20.9.2019, siehe Arabic Readers in Israel Have to Hope the Border Guards Are Sloppy - The New York Times (nytimes.com) (letzter Zugriff: 13.6.2021)
The Applied Research Institute – Jerusalem ARIJ: http://orders.arij.org/ (Militärerlasse)

270 Kibbuzim: Ein Drittel der Agrarproduktion

Circa zwei Dutzend Gespräche inkl. Diskussion mit Birgit Gadi und Vivi Carmi, Kibbuz Ein Gev, von 2008 bis 2019
Interview mit Gavri Bar-Gil, Tel Aviv, 12.2.2010
Lydia Aisenberg: Ein etwas anderes Familienmodell. Leben im Kibbuz, in: Das Heilige Land, Heft 1/April 2017: Familie. S. 30 ff.
Infokasten: Kibbuzbewegung: www.kibbutz.org.il
Kibbutzim College Of Education (mehr als 70 Jahre): www.smkb.ac.il
Dana Regev: Auslaufmodell Kibbuz? DW, 21.5.2016, siehe Auslaufmodell Kibbuz? | Nahost | DW | 21.05.2016 (letzter Zugriff: 11.6.2021)
Daniel DeMalach: Die politische Ökonomie der Kibbuz-Bewegung, in: Rosa Luxemburg Stiftung Israel Office, siehe Die politische Ökonomie der Kibbuz-Bewegung - Rosa Luxemburg Stiftung Israel (letzter Zugriff: 15.6.2021)
Filme von Dror Shaul zum Kibbutzleben, z.B. Sweet Mud (2008) oder Operation Grandma (1999)
Bücher von Batya Gur

Sieben Messiasse in Jerusalem

Simon Sebag Montefiore: Jerusalem. Die Biographie. S.Fischer Verlag, 2011, S. 482 ff.
Interview mit Dr. Moshe Kalian, West-Jerusalem, 4.9.2011
Brigitte Jünger: Das Jerusalem Syndrom: Die eingebildeten Heiligen, in: Deutschlandfunk Kultur, 23.8.2020, siehe https://www.deutschlandfunkkultur.de/das-jerusalem-syndrom-die-eingebildeten-heiligen.1278.de.html?dram:article_id=482683
https://www.cambridge.org/core/journals/the-british-journal-of-psychiatry/listing?q=Jerusalem+Syndrom&productId=0D8C40E0D85CDF7F3BEC88BA4F973E79&context=%2Fjournals%2Fthe-british-journal-of-psychiatry&type=journal&fts=yes
Jens Clausen: Das Selbst und die Fremde. Über psychische Grenzerfahrungen auf Reisen, in: Das Heilige Land. Heft 2/Okt. 2020: Wer bin ich? S. 6 ff.

512 Geschäfte zwangsgeschlossen

Etliche Begegnungen mit CPT in Hebron zwischen 2008 und 2019

Etliche Begegnungen mit ökumenischen Begleitern des EAPPI-Programms in Hebron zwischen 2008 und 2019

B'Tselem: Playing the Security Card. Israeli Policy in Hebron as a Means to Effect Forcible Transfer of Local Palestinians, September 2019

Gespräche bei TIPH, Hebron, 26.5.2018 und 3.10.2018

Tour mit Yehuda Shaul, Breaking the Silence, Hebron, 28.3.2007 und 11.4.2008

TIPH / Hebron-France Association for Cultural Exhange: Hebron. History, culture and tourism, 2009.

B'Tselem / Association for Civil Rights in Israel ACRI: Ghost town. Israel's separation policy and forced eviction of Palestinians from the Center of Hebron, May 2007

Peace Now / Frieden jetzt: Liste aller Siedlungen, siehe https://peacenow.org.il/en/settlements-watch/israeli-settlements-at-the-west-bank-the-list (letzter Zugriff: 19.5.2021)

Sigmar Gabriel über Hebron: Erleben, was Besatzung heißt, taz, 16.3.2012, siehe https://taz.de/Sigmar-Gabriel-ueber-Hebron/!5098222/ (letzter Zugriff: 19.5.2021)

OCHA: Dignity denied: Life in the settlement area of Hebron city, Posted on 20 February 2020, as part of The Humanitarian Bulletin | January-February 2020, siehe https://www.ochaopt.org/content/dignity-denied-life-settlement-area-hebron-city (letzter Zugriff: 19.5.2021)

OCHA: The humanitarian impact of Israeli settlements in Hebron city, Febuary 2018, siehe https://www.ochaopt.org/content/humanitarian-impact-israeli-settlements-hebron-city (letzter Zugriff: 19.5.2021)

B'Tselem: Roads in Hebron closed to Palestinians, zuletzt am 31.1.2017 aktualisiert, siehe West Bank roads on which Israel forbids Palestinian vehicles | B'Tselem (btselem.org) (letzter Zugriff: 19.5.2021)

Jung & Naiv, Folge 389: Hebron, die Geisterstadt: Breaking the Silence, siehe Hebron, die Geisterstadt: Breaking the Silence - Jung & Naiv: Folge 389 - YouTube (letzter Zugriff: 19.5.2021)

Bettina Flick: »Ihr seid unsere Lebensversicherung«, in: SKZ Schweizerische Kirchenzeitung, Nr. 9, 11. Mai 2018, S. 190 f.

Christoph Gunkel: Hebron-Massaker 1994. »Er schoss wahllos und ausgiebig?« Der Spiegel, 25.2.2019, siehe Hebron-Massaker 1994: Baruch Goldsteins Erbe - DER SPIEGEL (letzter Zugriff: 29.5.2021)

60 Kirchenorgeln im ganzen Land

Gunther Martin Göttsche: Laudes Organi. Orgeln, Orgelbauer und Organisten im Heiligen Land, in: Jerusalem, Gemeindebrief – Stiftungsjournal, Nr. 2, Juni – August 2019: Sang und Klang, Von Musik und Musiker*innen in Israel und Palästina, S. 16-25

Israel Organ Association: www.organ.org.il

Mehrere Gespräche und E-Mails mit Wendelin Eberle, 2002/03

Br. Petrus Schüler: Orgeln in der Grabeskirche, in: Im Lande des Herrn Jg. 2017, Heft 1

Bis zu 7000 Mitarbeiter: der Mossad

Circa drei bis vier Dutzend Gespräche, darunter einige Interviews, mit Mordechai Vanunu zwischen 2005 und 2008, z.B. am 3.11.2006

Ina Kessebohm / Duki Dror: Mythos Mossad. Israels geheime Krieger. ZDF, 7.2.2021, siehe Mythos Mossad - Israels geheime Krieger - ZDFmediathek

Stefan Meining / BR Fernsehen: Verschleppt, verhört, erschossen. War Mossad verantwortlich für Verschwinden des Münchner Geschäftsmannes Heinz Krug? 24.1.2018, siehe https://www.

br.de/mediathek/video/verschleppt-verhoert-erschossen-war-mossad-verantwortlich-fuer-verschwinden-des-muenchner-geschaeftsmannes-heinz-krug-av:5a68f63781a76800182b2a4c

Bündnis für Gerechtigkeit zwischen Israelis und Palästinensern (BIP) e.V.: BIP-Aktuell 149. Der Mossad und seine Morde. Die Tötung von Prof. Mohsen Fakhrizadeh trägt die Handschrift des Mossad, 5.12.2020

Der Spiegel: Davids Rächer. Israels geheime Killer-Kommandos, Nr. 3/17.1.2011

Ronen Bergman: Der Schattenkrieg. Israel und die geheimen Tötungskommandos. DVA/Spiegel Buchverlag 2018

Yad Vashem: Operation Eichmann, siehe https://www.yadvashem.org/yv/de/exhibitions/eichmann/operation-eichmann.asp (letzter Zugriff: 12.5.2021)

Raviv Drucker: Mossad Chief Yossi Cohen's Unusual Weakness. Opinion. 10.10.2018, siehe https://www.haaretz.com/opinion/.premium-mossad-chief-yossi-cohen-s-unusual-weakness-1.6544645 (letzter Zugriff am 26.3.2021)

Rainer Hermann / Hans-Christian Rössler: Mord in Zimmer 230, Frankfurter Allgemeine Zeitung, 17. Februar 2010

E-Mail-Antwort von Wilhelm Dietl, 3.4.2021 auf meine Anfrage (siehe auch www.wilhelm-dietl.de)

GeoEpoche: Geheimdienste. Die Geschichte der Spionage, Nr. 67

Wilhelm Dietl: Die Agentin des Mossad. Operation Roter Prinz. Econ 1992

E-Mail-Antwort von Georg Stein am 26.3.2021 auf meine Anfrage

E-Mail-Antwort von Shir Hever am 26.5.2021 auf meine Anfrage

Körber Stiftung / Der Spiegel: Töten im Namen des Staates? Gespräch mit Ronen Bergman und August Hanning, moderiert von Marcel Rosenbach, Hamburg, 8.3.2018?, siehe https://www.koerber-stiftung.de/mediathek/toeten-im-namen-des-staates-1542

Eitay Mack: The Zionist James Bond? How a Mossad Agent Helped a Brutal Dictator Retain Power, in: Ha'aretz, 25.3.2021

Serie: The Spy, Netflix, 2019

Kein vierter Gang in Palästina

Sharif Kanaana / Pierre Heumann: Wo ist der Frieden? Wo ist die Demokratie? Der palästinensische Witz: Kritik, Selbstkritik und Überlebenshilfe, Chronos Verlag, Zürich 2001, S. 11, 13, 15, 29, 93

»Sagt nicht, ihr hättet nichts gewusst«: Nr. 738

Interview mit Amos Gvirtz, Tel Aviv, 2.3.2009 (dazu E-Mail-Verkehr, zuletzt am 23.3.2021), Kontakt: amosg46@gmail.com

6000 Hektoliter palästinensisches Bier

www.taybehbeer.com

etwa zehn Besuche in Taybeh zwischen 1999 und 2019

E-Mail-Antwort von Madees Khoury auf meine Fragen, 31.3.2021

Noemi Schneider: Hier braut sich etwas zusammen. Frankfurter Allgemeine, 27.9.2015, siehe https://www.faz.net/aktuell/feuilleton/debatten/der-kosmopolitische-blick/oktoberfest-in-taybeh-israelis-und-palaestinenser-am-biertisch-13823622-p2.html (letzter Zugriff: 20.5.2021)

Ruhen sollst du alle sieben Jahre: Schmitta

Chajm Guski: Heter Mechira, in: Jüdische Allgemeine, 19.9.2014, siehe https://www.juedische-allgemeine.de/glossar/heter-mechira/ (letzter Zugriff: 15.6.2021)

https://www.israelnationalnews.com/Articles/Article.aspx/17144

Khalid Alatars Geschichte, in: Case Study: The Farmer who Gambled on His Strawberries, in: OCHA

Special Focus: The Closure of the Gaza Strip: The Economic and Humanitarian Consequences, December 2007, S. 3, siehe https://unispal.un.org/pdfs/GSclosure.pdf (letzter Zugriff: 15.6.2021)

Wasser: Palästina 82 Liter , WHO 100 Liter, Österreich 130 Liter, Israel 271 Liter

Yusef Dagharmeh, in: B'Tselem, 50 Years, Buch zur Ausstellung, S. 33 ff.

Gespräch mit Dr. Martha Tonsern, Bethlehem, Dar an-Nadwa, 15.6.2014

Ulrich W. Sahm: Unfairer Israel-Bericht: Wassernot in der »Tagesschau«-Redaktion, PRO – das christliche Medienmagazin, 15.8.2016, siehe https://www.pro-medienmagazin.de/unfairer-israel-bericht-wassernot-in-der-tagesschau-redaktion (letzter Zugriff: 9.5.2021)

Michaela Engelmeier: Stellungnahme zur Kritik am ARD-Beitrag über »Wassermangel im Westjordanland« in der Tagesschau und Tagesthemen vom 14.8.2016 – Michaela Engelmeier (michaela-engelmeier.de) (letzter Zugriff: 4.6.2021)

Amnesty International: Wassernöte. Palästinensern wird der faire Zugang zu Wasserressourcen vorenthalten, 2009, s.v.a. S. 109 u. 132, siehe mde150272009-wassernoete.pdf (amnesty.de) (letzter Zugriff: 4.6.2021)

https://www.btselem.org/water/statistics (letzter Zugriff: 9.5.2021)

Mehrere Interviews mit Dr. Clemens Messerschmid, das letzte am 22.4.2021 via Telefon (dazu E-Mail-Verkehr)

Uta Rasche: Palästinensische Gebiete. Jeder Tropfen zählt, in: akzente, Magazin der GIZ, Feb. 2017, siehe Jeder Tropfen zählt | akzente (giz.de) (letzter Zugriff: 15.6.2021)

450 Gramm braune Linsen

Karl-Heinz Fleckenstein: Heiße Spur nach Nicopolis, VLM-Verlag 2000

Israel: Chefköche für den Frieden, siehe https://www.gourmet-report.de/artikel/23168/Israel-Chef-koeche-fuer-den-Frieden/ (letzter Zugriff am 21.4.2021)

www.chefs4peace.com

www.friedenskoch.de

Mudschaddara auf Gaza-Art, in: Palästina verstehen, SympathieMagazine (hrsg. vom Studienkreis für Tourismus und Entwicklung e.V.), 2. akt. Auflage 2019, S. 68

Der siebte Engel

BR 24: »Zuhause in der Geburtskirche« – Restaurator in Bethlehem, 21.12.2019, siehe https://www.br.de/nachrichten/deutschland-welt/zuhause-in-der-geburtskirche-restaurator-in-bethle-hem,RlCoFjd (zuletzt aufgerufen am 29.9.2020)

Heinrich Fürst / Gregor Geiger: Im Land des Herrn. Ein franziskanischer Pilger- und Reiseführer für das Heilige Land, Bonifatius, Paderborn, 2015, S. 571-583

Peter Hirschberg: Israel und die palästinensischen Gebiete, EVAs Biblische Reiseführer, Evangelische Verlagsanstalt Leipzig, 2011, S. 284 ff.

Claire Bastier: Die Geburtskirche in neuem Glanz, in: Im Land des Herrn. Franziskanische Zeitschrift für das Heilige Land, 2015 Heft 4, S. 124 – 129

Frédéric Manns OFM: Der Glaube der Kirche auf den Mosaiken der Geburtskirche zu Bethlehem, in: Im Land des Herrn, Franziskanische Zeitschrift für das Heilige Land, 2018, Heft 2, S. 53 ff.

https://religion.orf.at/v3/stories/2782894/

Br. Petrus Schüler: Grußwort. Im Land des Herrn. Franziskanische Zeitschrift für das Heilige Land. 2018, Heft 2

27 Jahre Lebenszeit

Einige Dutzend Gespräche mit Elias und Rana zwischen 2005 und 2008

Family Unification in the OPT, siehe www.hamoked.org/FramesPage.aspx?pageurl=Document.
aspx%3fdID%3dUpdates1027&qid=kibush&qnum=7 (letzter Zugriff: 19.5.2021)
https://gisha.org/legal/5273 (Thema: Adressänderung, zuletzt aufgerufen am 13.11.2020)
Interview mit Dalia Kerstein, Direktorin von HaMoked, 20.6.2006, Ost-Jerusalem
Interview mit Ido Blum und Abeer Jubran, HaMoked, 7.5.2008, Ost-Jerusalem
Interview mit Jessica Montell, Direktorin von HaMoked, 1.9.2019, Ost-Jerusalem
Siehe auch die Internetseiten der israelischen Menschenrechtsorganisationen ACRI und B'Tselem
sowie von Saint Yves
Al-Haq: The Right to Unite. The Family Reunification Question in the Palestinian Occupied Ter-
ritories: Law and Practice, Occasional Paper No. 8, 1990

Städtepartnerschaften 103:16

Botschaft des Staates Israel in Berlin: Google-Karte zu Städtepartnerschaften https://embassies.
gov.il/berlin/Relations/Pages/Staedtepartnerschaften.aspx
Matthias Stolz: Israelische Partnerstädte, Zeit Magazin Nr. 25, 2018
Städtepartnerschaften in Israel, in: Ha'aretz, 5.9.2007, zu finden auf International Christian Embassy
Jerusalem, siehe https://de.icej.org/news/german/st%C3%A4dtepartnerschaften-israel (letz-
ter Zugriff: 9.6.2021)
BIP-Aktuell 127: Deutsch-palästinensische Städtepartnerschaften erheben ihre Stimme, 11.7.2020
Berliner CDU will Städtepartnerschaft mit Jerusalem, dpa-Newskanal, 26.5.2020, veröffentlicht
auf der Internetseite der Süddeutschen Zeitung, siehe https://www.sueddeutsche.de/politik/
kommunen-berlin-berliner-cdu-will-staedtepartnerschaft-mit-jerusalem-dpa.urn-newsml-
dpa-com-20090101-200526-99-194695
Jerusalem wird nicht Berlins Partner. Israelis empfinden Vorstoß als Affront. Der Tagesspiegel,
23.10.2005, siehe https://www.tagesspiegel.de/berlin/jerusalem-wird-nicht-berlins-partner/
652930.html (letzter Zugriff: 17.11.2020)
E-Mail des Städtepartnerschaftsvereins Bergisch Gladbach - Beit Jala e.V am 26.6.2020

800.000 Menschen an einem Ort

Susanne Knaul: 150.000 gehen auf die Straße. Soziale Proteste in Israel, taz, 31.7.2011, siehe https://
taz.de/Soziale-Proteste-in-Israel/!5115203/ (zuletzt aufgerufen am 19.11.2020)
Marita Wehlus: Mit zweierlei Maß. Proteste in Israel. Zeit Online, 17.10.2020, siehe https://www.zeit.
de/politik/ausland/2020-10/proteste-israel-benjamin-netanjahu-corona-politik-regierungskri-
tik-ultraorthodoxe/komplettansicht (zuletzt aufgerufen am 19.11.2020)
Der orthodoxe Aufstand gegen den Rechtsstaat. Zuspitzung des Kulturkampfes in Israel, in: Vier-
teljahresschrift der The Israel Interfaith Association, Ausgabe Januar 1999: Religionen in Israel, S. 3 ff.
Hans-Christian Rössler: Hunderttausende erweisen Rabbi Ovadia Josef letzte Ehre, Frankfurter Allgemeine Zeitung, 8.10.2013, siehe https://www.faz.net/aktuell/politik/israel-hunderttausende-
erweisen-rabbi-ovadia-josef-letzte-ehre-12608793.html
Ulrike Schleicher: Streit um Wehrpflicht-Gesetz für Ultraorthodoxe in Israel, Deutsche Welle,
12.3.2014, siehe https://www.dw.com/de/streit-um-wehrpflicht-gesetz-f%C3%BCr-
ultraorthodoxe-in-israel/a-17492481 (zuletzt aufgerufen am 19.11.2020)
Rabbiner Dr. Jehoschua Ahrens: Orthodoxes Judentum in Deutschland, in: Bundeszentrale für poli-
tische Bildung, 11.5.2021, siehe Orthodoxes Judentum in Deutschland | bpb
Scharon: Keine Abkehr vom Abzug, in: Frankfurter Allgemeine, 26.7.2004, siehe https://www.faz.
net/aktuell/politik/ausland/proteste-in-israel-scharon-keine-abkehr-vom-abzug-1178708.html
(letzter Zugriff: 27.5.2021)

Israel: »Wir sind alle Mörder«, Spiegel Nr. 39/1982, siehe https://www.spiegel.de/spiegel/print/d-14353898.html

Bettina Marx, Carsten Kühntopp, Jörg Kaminski: Blutbad unter Palästinensern. Vor 25 Jahren: Das Massaker von Sabra und Shatila, Deutschlandfunk, 16.9.2007, siehe https://www.deutschlandfunk.de/blutbad-unter-palaestinensern.724.de.html?dram:article_id=98894

Moscheebauphase: von 200 auf 600

Susanne Schröter, Patrick Franke zitiert bei: Christian Röther: Die Revolution von 1979. »Der Islam ist die Lösung.« Deutschlandfunk, 19.6.2019, siehe https://www.deutschlandfunk.de/die-revolution-von-1979-der-islam-ist-die-loesung.2540.de.html?dram:article_id=451643 (letzter Zugriff: 27.5.2021)

Helga Baumgarten: Hamas. Der politische Islam in Palästina. Diederichs, München 2006, S. 31 ff.

Interview mit Danny Rubinstein, West-Jerusalem, 3.3.2008

Ina Rottscheidt: Biographie über Ayatollah Khomeini. Ein prägender Revolutionsführer, über den man wenig weiß. Deutschlandfunk, 15.3.2021, siehe https://www.deutschlandfunk.de/biographie-ueber-ayatollah-khomeini-ein-praegender.1310.de.html?dram:article_id=494008 (letzter Zugriff: 27.5.2021)

805 Tote durch palästinensische Selbstmordattentate

Interview mit Nurit Peled-Elhanan, Motza bei Jerusalem, 1.8.2006

Parents Circle: Home page - Parents Circle Families Forum (theparentscircle.org)

Zaki Shalom / Yoaz Hendel: The Unique Features of the Second Intifada, Military and Strategic Affairs, Volume 3, No. 1, May 2011, veröffentlicht auf The Institute for National Security Studies, siehe The Unique Features of the Second Intifada | INSS

Yoram Schweitzer (Hg.): Female Suicide Bombers: Dying for Equality? Momorandum No. 84, August 2006, The Jaffee Center for Strategic Studies (JCSS), siehe Female Suicide Bombers: Dying for Equality? (ethz.ch)

https://en.wikipedia.org/wiki/List_of_Palestinian_suicide_attacks

https://embassies.gov.il/MFA/FOREIGNPOLICY/Terrorism/Palestinian/Pages/Suicide%20and%20Other%20Bombing%20Attacks%20in%20Israel%20Since.aspx

bei B'Tselem muss man sich die Daten der Toten aus unterschiedlichen Tabellen zusammensuchen.

Israelisches Außenministerium: Die Zahlen der Opfer palästinensischen Terrors sind nach unterschiedlichen Zeiträumen aufgelistet, z.B. von 1920 bis 1999, siehe

https://www.mfa.gov.il/MFA/ForeignPolicy/Terrorism/Palestinian/Pages/Victims%20of%20Palestinian%20Violence%20and%20Terrorism%20sinc.aspx (letzter Zugriff: 16.6.2021)

UNODC: The Death Penalty, ohne Datum, siehe Counter-Terrorism Module 8 Key Issues: The Death Penalty (unodc.org) (letzter Zugriff: 28.5.2021)

Arutz Sheva7: Support the bereaved families who choose life, 23.12.2019, siehe Support the bereaved families who choose life - Israel National News (letzter Zugriff: 28.5.2021)

Elisha Ben Kimon, Moran Azulay, Ilana Curiel: Bereaved families push for death sentence for terrorists bill, Ynet, 25.12.2017, siehe Bereaved families push for death sentence for terrorists bill (ynetnews.com) (letzter Zugriff: 28.5.2021)

Jüdische Organisation für Terroropfer: http://victimsofterror.org/home-page/about/

Tachles: Große Mehrheit befürwortet Exekution von Terroristen, 3.8.2017

Yonah Jeremy Bob: PA liable for Second Intifada terror attacks, up to 1 b. NIS in damages, in: Jerusalem Post, 8.7.2019, siehe Palestinian Authority liable for Second Intifada terror attacks - court - The Jerusalem Post (jpost.com) (letzter Zugriff: 20.6.2021)

Tamara Häußler: »Unseren Genen ist unser Dasein egal.« Das Schauspiel 'Vögel' stellt die Identitätsfrage, in: Das Heilige Land. Heft 2/Okt. 2020: Wer bin ich? S. 28 ff.

724 Pilger »nach dem Heiligen Lande«

Annalen des Vereins, dem Autor von Dr. Georg Röwekamp/DVHL als Kopien zur Verfügung gestellt.
Pater Nikodemus Schnabel: Zuhause im Niemandsland. Mein Leben im Kloster zwischen Israel und Palästina, Herbig, München 2015, S. 60 f.
www.dormitio.net
Gespräche mit P. Nikodemus von 2008 bis 2019 in Jerusalem, dazu Telefonate u. E-Mails
www.dvhl.de (siehe auch dessen Zeitschrift Das Heilige Land)
Stephan Mock / Michael Schäbitz: Das Heilige Land als Auftrag. 1855 – 2005, Zeitung zur Ausstellung des Deutschen Vereins vom Heiligen Lande, S. 6
Tamara Häußler: Von Wahlscheibentelefonen und über 100 Reisen ins Heilige land. Heinz Thiel lenkte als Generalsekretär die Geschicke des DVHL über zwei Jahrzehnte mit Weitblick und Wagemut, in: Das Heilige Land. Heft 2/Okt. 2020: Wer bin ich? S. 52 ff.

150.000 Haushalte in Israel leben vom Konflikt

Interview mit Kerstin Sodergren, Bil'in, 9.12.2005
Interview mit Raji Sourani, Gaza-Stadt, 19.7.2006
Linke Zeitung: Israelische »Suizid-Drohnen« in Berg-Karabach, 25.10.2020, siehe https://linkezeitung.de /2020/10/25/israelische-suizid-drohnen-in-berg-karabach/
Markus Becker: Israels Geschäft mit dem Krieg. Spiegel, 19.8.2014
Matthias Gebauer / Philip Kaleta / Christoph Schult: Exklusiver Klub. Drittstaaten wie Israel und die Türkei wollen sich an EU-Militärprojekten beteiligen. Die Bundesregierung zeigt sich offen, Paris bremst. Der Spiegel, Nr. 27, 29.6.2019, S. 28
Jeff Halper: War Against the People. Israel, the Palestinians and Global Pacification. PlutoPress, London, 2015
Bündnis für Gerechtigkeit zwischen Israelis und Palästinensern (BIP) e.V.: Tod im Drogenkrieg. Waffen aus Israel für Exekutionen in Manila. BIP-Aktuell #82, via E-Mail versandt am 1.9.2019 https://www.defensenews.com/search/90277160/?q=Israel
Jonathan Cook: Israel's booming secretive arms trade, Al-Jazeera, 16.8.2013, siehe https://www. aljazeera.com/features/2013/8/16/israels-booming-secretive-arms-trade (Zugriff am 30.3.2021)
Sahar Vardi: Waffenexport: das Geschäft mit dem Krieg, ohne Jahresangabe, in: Rosa Luxemburg Stiftung Israel Office, siehe www.rosalux.org.il
Hamushim – Resisting the Israeli Arms Trade
Yotam Feldman: The Lab, 2013
Interview von Shir Hever mit Yotam Feldman, 2013, auf: The Real News, siehe www.trnn.com oder New Film Exposes the Israeli Weapon and Security Industry - YouTube
Telefonisches Interview mit Shir Hever, 12.5.2021 (dazu reger E-Mail-Verkehr im Frühjahr 2021)
Stop US arms to Mexico: Deadly Trade. How European and Israeli arms exports are accelerating violence in Mexico. 19.12.2020, siehe Deadly Trade: How European and Israeli Arms Exports are Accelerating Violence in Mexico – Stop US Arms to Mexico (letzter Zugriff: 20.6.2021)

Fall Nr. 111.328

Mehrere Interviews mit Dalia Kerstein, das letzte: 20.6.2006
Interview mit Jessica Montell, Ost-Jerusalem, 1.9.2019
HaMoked Marks 30 Years Defending Human Rights, 16.12.2018, siehe HaMoked Marks 30 Years Defending Human Rights - HaMoked (letzter Zugriff: 16.6.2021)

7,1 Kinder pro Frau

Peter Lintl / SWP: Die Charedim als Herausforderung für den jüdischen Staat. Der Kulturkampf um die Identität Israels. Stiftung Wissenschaft und Politik. Deutsches Institut für Internationale Politik und Sicherheit. SWP-Studie 21, Oktober 2020, Berlin, s. v. a. S. 9, 12 f.

Isabelle Neulinger: Meinen Sohn bekommt ihr nie. Flucht aus dem gelobten Land. Nagel & Kimche im Carl Hanser Verlag München, 2013

Deborah Feldman: Unorthodox. Eine autobiographische Erzählung. btb, 5. Aufl., 2017, S. 175

Jochen Stahnke: Wie es der Rabbi entscheidet. Frankfurter Allgemeine, 15.9.2020, S. 3, siehe Neuer Lockdown in Israel: Wie es der Rabbi entscheidet (faz.net) (letzter Zugriff: 6.6.2021)

Haredim trotz hoher Armutsraten sehr zufrieden. Israelnetz. 20.12.2018, siehe https://www.israel-netz.com/gesellschaft-kultur/gesellschaft/2018/12/20/haredim-trotz-hoher-armutsraten-sehr-zufrieden/ (letzter Zugriff am 8.4.2021)

Film Kadosh, 1999

Film Get – Der Prozess der Viviane Amsalem, 2014

Jonah Wermter: Ich bin dann mal weg. Der schwierige Ausstieg aus der ultra-orthodoxen jüdischen Welt, in: Das Heilige Land. Heft 1/April 2017: Familie. S. 36 ff.

Die Organisation Hillel hilft Aussteigern: Front page - Hillel

Walter Homolka: Das Judentum hat viele Gesichter. Die Hauptströmungen im Überblick, in: Jerusalem-Gemeindebrief-Stiftungsjournal: Hier stehe ich … Die Reformation im Heiligen Land: eine Spurensuche, Nr. 2/Juni-August 2017, S. 48 ff.

Nr. 1 im Diamantenhandel

Wikipedia

Kurzer, kindgerechter Film: https://www.zdf.de/kinder/loewenzahn/teure-steine-102.html

Thomas Detlef Bär: Diamanten in Deutschland - wo sich die Edelsteinjagd lohnt, ohne Datumsangabe, siehe https://www.helpster.de/diamanten-in-deutschland-wo-sich-die-edelsteinjagd-lohnt_141649 (letzter Zugriff: 12.5.2021)

Alexandra Föderl-Schmid: Warum Israel in der Diamantenindustrie so wichtig ist, Süddeutsche Zeitung, 24.6.2018, siehe https://www.sueddeutsche.de/wirtschaft/edelstein-handel-israel-die-drehscheibe-der-diamantenindustrie-1.4026305 (letzter Zugriff am 9.4.2021)

Israel Diamond Exchange: https://www.en.isde.co.il/

Die Welt: Diamantenbörse in Israel bringt Glück, Segen und Millionen. 19.2.2015, siehe https://www.welt.de/print/die_welt/finanzen/article137605159/Diamantenboerse-in-Israel-bringt-Glueck-Segen-und-Millionen.html (letzter Zugriff am 9.4.2021)

Shai Holer: Mit Innovationsgeist zum Erfolg, 27.3.15, www.tachles.ch

www.israel-diamonds.com

Vier Wiener in Israel

Michael Borgstede: Zum Tode des Publizisten Amos Elon, Die Welt, 27.5.2009, siehe Abschied: Zum Tode des Publizisten Amos Elon - WELT (letzter Zugriff: 6.6.2021)

Interview mit Ari Rath, West-Jerusalem, 28.9.2007

David Rubinger / Ruth Corman: Israel durch mein Objektiv, Sechzig Jahre als Fotojournalist, Pellens Verlag, Bonn, 2010

Teddy (Theodor) Kollek, in: Israelisches Außenministerium, 2.1.2007, siehe https://mfa.gov.il/MFA/AboutIsrael/State/Personalities/Pages/Teddy%20Kollek.aspx

www.martin-buber.com

Micha Brumlik, zitiert in: Igal Avidan: Brückenbauer zwischen den Religionen, Deutschlandfunk, 8.3.2019, siehe https://www.deutschlandfunk.de/religionsphilosoph-martin-buber-brueckenbauer-zwischen-den.886.de.html?dram:article_id=443000

65 Millionen Euro Verlust durch israelische Zerstörung

Pfr. Rafiq Khoury, in: Zeitschrift Al-Liqa' (Dezember 2006)

Deutscher Bundestag, 16. Wahlperiode, Drucksache 16/2724: Kosten und Finanzierung des Wiederaufbaus im Nahen Osten, Antwort der Bundesregierung auf die Kleine Anfrage der Abgeordneten Dr. Hakki Keskin, Monika Knoche, Wolfgang Gehrcke, weiterer Abgeordneter und der Fraktion DIE LINKE. Drucksache 16/2546, 25. September 2006, Seite 1

Zerstörte EU-Projekte in Palästina: »Das ist sehr schockierend«, in: Der Spiegel, 17.4.2002, siehe https://www.spiegel.de/politik/ausland/zerstoerte-eu-projekte-in-palaestina-das-ist-sehr-schockierend-a-192213.html

Benjamin Hammer: Kein Tor zur Welt. Gazas Traum von einem neuen Flughafen, in: Deutschlandfunk, 9.2.2019, siehe https://www.deutschlandfunk.de/kein-tor-zur-welt-gazas-traum-von-einem-neuen-flughafen.799.de.html?dram:article_id=440645

Friedrich Ebert Stiftung East Jerusalem, Friday's fact: New Report Highlights the Extent of Israel's Destruction of EU Projects, per E-Mail erhalten am 10.6.2021

OCHA: Humsa al Bqai'a / Flash Update #5, Highlights as of 25 February 2021, versandt am 25.2.21 via E-Mail

500.000.000 Zugvögel

Interview mit Christian Sievers, ZDF-Studio Tel Aviv, Februar 2010 (leider habe ich den Tag nicht notiert)

Simon Awad: Was fliegt denn da? Das Umweltbildungszentrum der ELCJHL beobachtet und beringt Vögel, in: Jerusalem. Gemeindebrief – Stiftungsjournal, Ausgabe: Geh aus mein Herz und suche Freud. Pflanzen und Tiere im Heiligen Land. Nr. 2/ Juni-August 2018, S. 14 ff. (man beachte auch die anderen Artikel des Heftes)

David Ehl: Gefiederte Pilger: Millionen Zugvögel treffen sich in Israel, Rhein-Necker-Zeitung, 19.2.2016, siehe https://www.rnz.de/wissen/umwelt_artikel,-Umwelt-Gefiederte-Pilger-Millionen-Zugvoegel-treffen-sich-in-Israel-_arid,170814.html (zuletzt am 16.7.20 abgerufen)

Der Spiegel: Millionen Zugvögel treffen sich in Israel, 19.2.2016, https://www.spiegel.de/wissenschaft/natur/zugvoegel-treffen-sich-im-fruehjahr-in-israel-a-1078225.html (Die beiden Artikel sind fast identisch.)

www.israbirding.com

https://www.kkl-jnf.org/tourism-and-recreation/birdwatching-in-israel/

https://www.birds.org.il/en

Ruth Schuster: Birds Migrating Over Israel Are Changing Their Timing, and Other Climate Change Briefs, Ha'aretz, 6.4.2021, siehe https://www.haaretz.com/science-and-health/birds-migrating-over-israel-are-changing-timing-and-other-climate-briefs-1.9686777?utm_source=mailchimp&utm_medium=content&utm_campaign=archaeology-and-science&utm_content=77778a962d (letzter Zugriff: 12.5.2021)

Um 1850: 2500 Südwestdeutsche in Palästina

Ulrich Kadelbach: Zionismus. Christlich-jüdischer Wettlauf nach Jerusalem. Gerhard Hess Verlag, Bad Schussenried 2015, S. 198 ff.

Jakob Eisler: Syrisches Waisenhaus Jerusalem, in: Württembergische Kirchengeschichte online, siehe Syrisches Waisenhaus Jerusalem (wkgo.de) (letzter Zugriff: 16.5.2021)

Evangelisch-lutherische Kirche in Jordanien und dem Heiligen Land, siehe https://www.ekd.de/Evangelisch-Lutherischen-Kirche-in-Jordanien-und-im-Heiligen-Land-13619.htm

Tobias Mörike: Mission Jerusalem. Eine kurze Geschichte deutscher protestantischer Einrichtungen in Jerusalem, in: Jerusalem-Gemeindebrief-Stiftungsjournal: Hier stehe ich … Die Reformation im Heiligen Land: eine Spurensuche, Nr. 2/Juni-August 2017, S. 6 ff.

Marcel Serr: Eine Missionarsdynastie in Jerusalem. Johann Ludwig und Theodor Schneller, Rubrik: Die Toten vom Zionsfriedhof, in: Jerusalem-Gemeindebrief-Stiftungsjournal: Hier stehe ich … Die Reformation im Heiligen Land: eine Spurensuche, Nr. 2/Juni-August 2017, S. 67 f.

Bis zu 6500 Start-ups

Botschaft des Staates Israel: Israel. Grundsatzfragen, Stand 11/2013 (Jahr der Veröffentlichung fehlt)

Bild: Jamal (78) kann nach zehn Jahren endlich wieder sehen. Weltweit erste künstliche Hornhaut implantiert. 19.1.2021, siehe https://www.bild.de/ratgeber/2021/ratgeber/israel-augen-wunder-kuenstliche-hornhaut-implantiert-jamal-78-kann-wieder-sehen-74949982.bild.html

https://www.timesofisrael.com/pillcams-inventor-regrets-sale-of-biblical-tech-to-foreign-firm/

Tel Aviv University: TAU Review, Umschlagsinnenseite vor S. 1

Sophie Burfeind: Gelobtes Land. Süddeutsche Zeitung, 25./26.11.2017, S. 34

Alexandra Föderl-Schmid: Gelobtes Land. Süddeutsche Zeitung, 1.8.2019, siehe: https://www.sueddeutsche.de/wirtschaft/start-ups-in-israel-gelobtes-land-1.4548786 (letzter Zugriff: 11.8.2020)

Diess.: Mit Start-ups aus der Krise, Süddeutsche Zeitung, 30./31.5./1.6.2020, S. 25

Tachles Topnews: Pandemie steigert Wert von Wix. Live Ticker, 12.8.2020

Lee Perry / Wendy Elliman: Israeli Innovation A-Z, in: Israel at the Cutting Edge, Ha´aretz-Beilage, Okt. 2016, S. 24 f.

Online-Tageszeitung & Scouting-Plattform für Innovation & Wirtschaft aus Israel, der Diaspora und dem Nahen Osten: www.glocalist.press

https://glocalist.press/weltpremiere-in-israel-am-rabin-spital-fand-die-weltweit-erste-implantation-mit-kuenstliche-hornhaut-statt-english-summary-inside/

https://www.prnewswire.com/il/news-releases/corneat-visions-first-patient-regains-sight-following-artificial-cornea-implantation-at-rabin-medical-center-ending-a-decade-of-blindness-301205312.html

Tachles: Die größten Erfindungen aller Zeiten. Umfrage des israelischen Wissenschafts- und Technologieministeriums, 15.3.2017

Meir Orbach: Israel Awards NIS 22 Million in Grants to Corona-Fighting Startups, Calcalist, 12.4.2020, siehe Israel Awards NIS 22 Million in Grants to Corona-Fighting Startups - CTech (calcalistech.com) (letzter Zugriff: 1.6.2021)

Zwei palästinensische Heilige

Wikipedia

Tausende auf dem Petersplatz: Papst spricht Ordensschwestern heilig, in: Katholisches Medienzentrum, 17.5.2015, siehe https://www.kath.ch/newsd/tausende-am-petersplatz-papst-spricht-ordensschwestern-heilig/

7:1 Tote seit 1987

Laut israelischen Angaben sind seit der Staatsgründung fast 24.000 Angehörige der Armee bei der Verteidigung des Landes Israel und über 3.100 Zivilisten bei Terroranschlägen getötet worden.

Nablus, 26. April 1978: Unsere vergessene Bombe, in: Christ & Welt, Nr. 6/2011, siehe dazu auch Aktion Sühnezeichen Friedensdienste e. V. | Geschichte (asf-ev.de) (letzter Zugriff: 20.6.2021)

Palestinian Central Bureau of Statistics: The conditions of the Palestinian people via statistical figures and findings, on the 73rd Annual Commemoration of the Palestinian Nakba (2021): »Die Zahl getöteter palästinensischer und arabischer Märtyrer (innerhalb und außerhalb Palästinas) von der Nakba 1948 bis heute: etwa 100.000.« Per E-Mail zugesandt, siehe auch www.pcbs.gov.ps

Zochrot - Dayr Yasin

Green Olive Collective / Zochrot: Online Tour with Yahav and Umar from Zochrot: What do you know about the Nakba? 21.3.2021

Breaking the Silence: Israelische Soldaten berichten von ihrem Einsatz in den besetzten Gebieten. Econ 2012

https://www.breakingthesilence.org.il/testimonies/database/188758

We killed police who weren't armed: https://www.breakingthesilence.org.il/testimonies/database/125637

https://www.asf-ev.de/israel/aktuelles/jubilaeum/presseschau-50-jahre-asf-in-israel/

Database on fatalities and house demolitions (btselem.org)

https://cpj.org/data/people/raffaele-ciriello/

Bündnis für Gerechtigkeit zwischen Israelis und Palästinensern (BIP) e.V.: BIP-Aktuell 150. Israelisches Militär erschießt fünfzehnjähriges Kind. In 20 Jahren tötete israelisches Militär 2119 palästinensische Kinder. 12.12.2020

Greg Philo und Mike Berry (Universität Glasgow): Israel und Palästina: Kampf ums »gelobte« Land – eine vergleichende Betrachtung. Kai Homilius Verlag. 2007.

6,2 auf der Richterskala

Tommy Mueller/Fokus Jerusalem: Erdbeben erschüttert den Norden Israels, 4.7.2018

Tachles.ch: Erdbeben in Israel gespürt, 4.5.2020

Geological Survey of Israel: http://seis.gii.co.il/en/indexEn.php

https://earthquakes.zone/israel

The Geophysical Institute of Israel: https://www.gii.co.il/news

https://earthquake.co.il/

Klosterneubau ist erdbebensicher: Erdbeben erschüttert Kloster Tabgha, Domradio, 10.7.2018, siehe https://www.domradio.de/themen/weltkirche/2018-07-10/erdbeben-erschuettert-kloster-tabgha (zuletzt am 30.11.2020 aufgerufen)

Johannes Schidelko: Eine der heiligsten Stätten der Christenheit, katholisch.de, 13.9.2016, siehe https://www.katholisch.de/artikel/10480-eine-der-heiligsten-staetten-der-christenheit (letzter Zugriff: 26.5.2021)

http://www.das-erdbeben.de/

Ruth Schuster: Excavating Hippos and the Last Roman Theater in the World, in Ha´aretz, 14.5.2021, siehe Excavating Hippos and the last Roman theater in the world - Archaeology - Haaretz.com (letzter Zugriff: 17.6.2021)

13 anerkannte Kirchenoberhäupter

Mehrere Gespräche in Jerusalem und am Telefon sowie E-Mail-Austausch mit P. Nikodemus Schnabel, 2005 bis 2019

Lateinisches Patriarchat: https://www.lpj.org/archives/statements-of-patriarchs-and-heads-of-churches?page=1 (letzter Zugriff am 7.2.2021)

Ebda.: Jerusalem: Patriarchs and Heads of Churches react to court‹s ruling in Jaffa Gate case, 7.7.2020, siehe https://www.lpj.org/archives/jerusalem-patriarchs-and-heads-of-churches-react-to-courts-ruling-in-jaffa-gate-case.html?s_cat=1262 (letzter Zugriff am 7.2.2021)

Patriarchs and Heads of Jerusalem Churches concerned about Al-Aqsa Mosque worshippers and Sheikh Jarrah families, 9.5.2021 unterzeichnet, 10.5.2021 veröffentlicht, siehe https://www.lpj.org/archives/patriarchs-and-heads-of-jerusalem-churches-concerned-about-alaqsa-mosque-worshippers-and-sheikh-jarrah-families.html (letzter Zugriff: 7.6.2021)

Jerusalem‹s Patriarchs and Heads of Churches condemn insulting images of Christian faith at Haifa Museum of Art, 14.1.2019, siehe Jerusalem‹s Patriarchs and Heads of Churches condemn insulting images of Christian faith at Haifa Museum of Art (lpj.org) (letzter Zugriff: 7.6.2021)

Gregor Geiger / Heinrich Fürst: Im Lande des Herrn. Ein franziskanischer Pilger- und Reiseführer für das Heilige Land. Bonifatius, 7. Auflage, Paderborn 2020

Shoa-Gedenken: erst 13 Jahre später

Omri Boehm: Israel – eine Utopie, Propyläen, Berlin 2020, S. 81 ff.

Avraham Burg: Hitler besiegen. Warum Israel sich endlich vom Holocaust lösen muss, Campus, Frankfurt 2009

Interview mit Avraham Burg, Frankfurt/Main, 26.10.2009

Vortrag von Hilde Hoffmann, Studienjahr an der Dormitio, Jerusalem, 19.9.2007

Interview mit Dalia Ofer, Jerusalem, 10.7.2006

Interview mit Noa B. Mkayton, Jerusalem, 2.5.2012

Knesset-Datenbank: Knesset Member, Haika Grossman-Orkin

Norman G. Finkelstein: Die Holocaust-Industrie. Wie das Leiden der Juden ausgebeutet wird. Piper 2002

Henning Niederhoff (Vorwort Noach Flug): Trialog in Yad Vashem. Palästinenser, Israelis und Deutsche im Gespräch, LIT, 3. Aufl. 2010

Ilanit Chernick: A quarter of Israel‹s Holocaust survivors living in poverty, in: The Jerusalem Post, 1.5.2019, siehe A quarter of Israel‹s Holocaust survivors living in poverty - The Jerusalem Post (jpost.com) (letzter Zugriff: 21.5.2021)

Platz 86 bei Reporter ohne Grenzen

Reporter ohne Grenzen: https://www.reporter-ohne-grenzen.de/fileadmin/Redaktion/Downloads/Ranglisten/Rangliste_2021/Rangliste_der_Pressefreiheit_2021_-_RSF.pdf

Haggai Matar: IDF censor redacted two thousand news items in 2019, 9.3.2020, in: +972 magazine, siehe https://www.972mag.com/idf-censor-israeli-media-2019/ (letzter Zugriff: 8.6.2021)

BIP Aktuell # 168: Pressefreiheit in Israel/Palästina, wöchentliche Newsletter des Bündnis für Gerechtigkeit zwischen Israelis und Palästinensern (BIP) e.V., 1.5.2021

Ofer Aderet: These are the Top Secret Documents Israel is Hiding in its Archives, Ha´aretz, 1.4.2021

27 Generationen: Familienbetrieb Razzouk

http://razzouktattoo.com/

Marie Armelle Beaulieu: Kennen Sie das Siegel Jerusalems?, in: Jerusalem Korrespondenz. Halbjahresbericht des Österreichischen Pilger-Hospizes, Nr. 19/2018, S. 18f.

Austria-Forum: https://austria-forum.org/af/Wissenssammlungen/Essays/Berichte_von_Unternehmen/Familienbetriebe (letzter Zugriff: 11.5.2021)

acri.org.il

www.kuchlbauer.de

Schweizerische Nationbibliothek: https://www.nb.admin.ch/snl/de/home/recherche/r-monat/das-aelteste-schweizer-unternehmen-ist-ein-spital.html

112 gegenüber 400 Firmen

UNO-OHCHR: Report of the United Nations High Commissioner for Human Rights: Database of all business enterprises involved in the activities detailed in paragraph 96 of the independent international fact-finding mission to investigate the implications of the Israeli settlements on the civil, political, economic, social and cultural rights of the Palestinian people throughout the Occupied Palestinian Territory, including East Jerusalem, A/HRC/43/71, 12.2.2020, siehe https://www.ohchr.org/EN/HRBodies/HRC/RegularSessions/Session43/_layouts/15/WopiFrame.aspx?sourcedoc=/EN/HRBodies/HRC/RegularSessions/Session43/Documents/A_HRC_43_71.docx&action=default&DefaultItemOpen=1 (zuletzt aufgerufen am 16.11.2020)

Who Profits: UN Releases List of Companies Involved in the Israeli Occupation. A Positive Yet Partial Step. Februar 2020, siehe https://whoprofits.org/updates/un-releases-list-of-companies-involved-in-the-israeli-occupation/ (abgerufen am 11.6.20)

https://whoprofits.org/flash-report/exploited-and-essential/ (letzter Zugriff 1.6.2021)

Kav laOved / Norwegian Refugee Council NRC: A Year of Upheaval in Israel's Employment of Palestinians. Webinar am 31.3.2021

Laut einer Studie der Bank von Israel (2018/19) haben 30 Prozent der palästinensischen Arbeiter in Israel ihre »permits« gekauft. Gesamtvolumen: eine Milliarde Schekel in Provision (Vermittlergebühren). Wert am 20.6.2021: € 257 Millionen, siehe Months after the implementation of the work permit reform, Palestinian workers are still forced to pay for the right to work in Israel | Workers Hotline (kavlaoved.org.il) (20.6.2021)

Interview mit Merav Amir von Who Profits, Tel Aviv, 21.2.2010

Maha Abdallah / Lydia de Leeuw (Al-Haq u. SOMO): Violations Set in Stone. Heidelbergcement in the Occupied Palestinian Territory. Februar 2020, siehe v.a. S. 47

Internetseite von HeidelbergCement: https://www.heidelbergcement.com/de/aktionaersstruktur

Über Tausend Volontäre aus Deutschland

Führung / Gespräch mit Justus Raasch, Universität Bethlehem, 28.10.2019

Justus Raasch: Ein Ende ohne Abschied, in: Wer bin ich? Zeitschrift Das Heilige Land, 152. Jahrgang, Heft 2, Oktober 2020, S. 70 f.

Verena Haselmann: Dem vergangenen ein Dank, dem Kommenden ein Ja! in: EmmausWege, herausgegeben von Hausgemeinschaft Beit Emmaus, Ausgabe 33/Winter 2018, S. 31 f.

Stefan Enßle: Die verrückteste Familie Jerusalems, in: Familie. Zeitschrift Das Heilige Land, 149. Jahrgang, Heft 1, April 2017, S. 70 f.

https://www.asf-ev.de/freiwilligendienst/partnerlaender/freiwilligendienst-in-israel/

www.maximilian-kolbe-stiftung.de

Deutsche Bischofskonferenz: Volontärsprojekt für die Holocaust-Gedenkstätte Yad Vashem in Jerusalem verlängert, 18.9.2013, siehe Volontärsprojekt für die Holocaust-Gedenkstätte Yad Vashem in Jerusalem verlängert: Deutsche Bischofskonferenz (dbk.de) (letzter Zugriff: 17.9.2021)

https://impulsleben.at/

Lorenz Kestler: bebilderter Bericht über seinen Dienst, siehe https://www.bistum-dresden-meissen.de/medien/20_01_20_2_rundbrief_lorenz_kestler_french_hospital.pdf (letzter Zugriff: 11.6.2021)

Träumen vom dritten Tempel

Gespräch mit einem Rabbi des Tempelinstituts, Media Central, West-Jerusalem, 19.7.2007

Simon Sebag Montefiore: Jerusalem. Die Biographie. S.Fischer Verlag, 2011, s. v.a. S. 64 f., 86 f., 92 f., 96, 106, 142 ff.

www.templeinistute.org (Englisch mit Bildern, Karten)

weitere Infos unter: http://ezekiel-temple.narod.ru/ (Englisch, mit 3-D-Bildern des Ezekieltempels); http://www.messianic-temple.com/ (Englisch, Hinweis auf das Buch)

Joseph Croitoru: Der umkämpfte Berg, in: Die Tagespost, 10.6.2021, S. 6

Gershon Baskin: Al-Aqsa/Temple Mount: Israeli-Palestinian conflict nerve center – opinion, in: Jerusalem Post, 28.4.2021

Ir amim (Analysen, Berichte zum Tempelberg): Temple Mount/Haram al-Sharif | Ir Amim (ir-amim.org.il) (letzter Zugriff: 17.6.2021)

Animationen / Filme / Vorträge auf YouTube:

http://www.youtube.com/watch?v=nymuvDpQ-Fg

http://www.youtube.com/watch?v=tMAXRjyxJ2A

http://www.youtube.com/watch?feature=endscreen&v=tpaN5EmkH4k&NR=1

Seit 20 Jahren ein anderes Israel zeigen

Etwa ein Dutzend Gespräche mit Ronny Perlman in Bethlehem, Jerusalem, Tel Aviv und Aschaffenburg (2008 – 2019), dazu etliche Telefonate und E-Mails
Gespräch mit Tal Haran, Tel Aviv, 9.10.2018
Podiumsdiskussion mit Hanna Barag, Jerusalem, 31.7.2007
Gespräch mit Hanna Barag, Jerusalem, 31.8.2019
https://machsomwatch.org/en (siehe dort die Webinare)
Newsletter: All red lines crossed! Juni 2021, am 3.6.2021 per E-Mail zugeschickt
Machsom Watch: In the Eye of Law. Observations from military courts in the State of Israel, 2006
Yehudit Kirstein Keshet: Checkpoint Watch. Zeugnisse israelischer Frauen aus dem besetzten Palästina, Nautilus, 2007

39 Tätigkeiten untersagt

Hans Hauer/Franz Kogler: Shalom! Judentum zum Kennenlernen, Bibelwerk Linz, 2009
Interview mit Lea Fleischmann, Aschaffenburg, Datum leider nicht vermerkt.
Bayerischer Rundfunk: Begriffe aus dem Judentum, siehe https://www.br.de/themen/religion/juden-bayern-judentum124.html
Lauren F. Winner Sabbat im Café. Warum jüdische Rituale mein Leben bereichern, Gütersloher Verlagshaus, 2006
ARD: Echtes Leben. Jung, jüdisch, weiblich. Die selbstbewusste Generation. 21.2.2021, siehe https://www.daserste.de/information/reportage-dokumentation/echtes-leben/sendung/jung-juedisch-weiblich-100.html

Frühlingshügel auf dem 32. Breitengrad

Merian: Tel Aviv. Israel aktiv erleben, Dezember 2014
Studienkreis für Tourismus und Entwicklung e.V.: Israel verstehen. Sympathiemagazin, 2014
Al-Shaykh Muwannis: https://www.zochrot.org/en/village/49480
Jörn Lauterbach: Mit dem Sohn nach Tel Aviv, in: Wir haben Fernweh, Welt am Sonntag, 27.12.2020
https://www.touristisrael.com/5-cool-places-hear-live-music-shows-tel-aviv/12500/ (zuletzt aufgerufen am 30.12.2020)
Gespräch mit Till Magnus Steiner, Jerusalem, 1.9.2019

5,7 Millionen registrierte Flüchtlinge

www.unrwa.org (siehe v.a.: Zusammenfassung häufig gestellter Fragen (FAQ) zur UNRWA | UNRWA)
Najwa Sheikh Ahmed: My Father's Lost Paradise, siehe Najwa Ahmed, a Palestinian refugee in Khan Younis – Palestine-Family.net (letzter Zugriff: 19.6.2021)
Christian Weisflog: Nicht nur der Chef, sondern das Palästinenserhilfswerk an sich muss hinterfragt werden, Kommentar in Neue Zürcher Zeitung, 7.11.2019, siehe UNRWA: Der Rücktritt von Pierre Krähenbühl ist eine Chance (nzz.ch) (letzter Zugriff: 31.5.2021)
Henry Habegger: Wie ein Schweizer Uno-Diplomat unter die Räder von Trump und Cassis kam, Tagblatt, 7.1.2021, siehe Aussenpolitik - Wie ein Schweizer Uno-Diplomat unter die Räder von Trump und Cassis kam (tagblatt.ch) (letzter Zugriff: 31.5.2021)
Deutsche Welle: USA stoppen Palästinenserhilfe komplett. 31.8.2018, siehe USA stoppen Palästinenserhilfe komplett | Aktuell Amerika | DW | 31.08.2018 (letzter Zugriff: 31.5.2021)
Palestine remembered: al-Majdal - Tiberias - Palestine Remembered
Badil: Resource Center for Palestinian Residency & Refugee Rights: BADIL Resource Center for Palestinian Residency and Refugee Rights - Al-Majdal (das Magazin der Organisation heißt just wie der im Text beschriebene Ort)

Middle East Monitor MEMO: Pro-Israel congressional staffers: UNRWA books ›anti-Semitic‹, 19.4.2021, siehe Pro-Israel congressional staffers: UNRWA books 'anti-Semitic' – Middle East Monitor (letzter Zugriff: 31.5.2021)

Sari Nusseibeh: Traum und Dilemma. Israels Selbstwahrnehmung bleibt die einer Vertreibungsgesellschaft. Der Freitag, Ausgabe 27/2020, siehe Palästina – Traum und Dilemma – der Freitag (letzter Zugriff: 31.5.2021)

Zeugnisse von Heimatvertriebenen, siehe: Zochrot - Testimonies

Susanne Brunner: »Ich bin Jordanier, aber aus Palästina.« Über das Leben in einem jordanischen Flüchtlingslager, in: Das Heilige Land. Heft 2/Okt. 2020: Wer bin ich? S. 24 ff.

7 Fragen an Matthias Schmale (UNRWA-Direktor in Gaza von 2017-2021), in: Das Heilige Land. Heft 2/Okt. 2020: Wer bin ich? S. 82

Uno-Hilfswerk zieht deutschen Gaza-Direktor nach Protest der Hamas ab, in: Spiegel, 4.6.2021, siehe Israel: Uno-Hilfswerk zieht Gaza-Direktor Matthias Schmale nach Protest der Hamas ab - DER SPIEGEL (letzter Zugriff: 11.6.2021)

8600 jüdische Siedler

Amos Elon: Was ist falsch gelaufen? in: LE MONDE diplomatique, 11.4.2003, siehe https://monde-diplomatique.de/artikel/!790362 (letzter Zugriff: 11.5.2021)

Steffen Hagemann: Die Siedlerbewegung. Fundamentalismus in Israel. Wochenschau Verlag, Schwalbach 2010, S. 465 f.

B'Tselem: Foreseen But Not Prevented. The Israeli Law Enforcement Autorities Handling of Settler Attacks on Olive Harvesters. Case Study 16, Nov. 2002

Telefonate sowie E-Mail-Austausch mit Shir Hever zwischen 2005 und 2021

Idith Zertal / Akiva Eldar: Die Herren des Landes. Israel und die Siedlerbewegung seit 1967. DVA 2007

Amira Hass: `Call anytime': The settlers' new `snitch line' is targeting Palestinians, in: Ha'aretz, 11.1.2021

Peter Münch: Neue Straßen, neue Siedler, in: Süddeutsche Zeitung, 21.1.2021, siehe https://www.sueddeutsche.de/politik/westjordanland-siedlungen-israel-trump-biden-1.5181742 (letzter Zugriff: 6.6.2021)

Vatican News: Oberstes Gericht annulliert Siedlungs-Gesetz, 11.6.2020, siehe https://www.vaticannews.va/de/welt/news/2020-06/israel-palaestinenser-gericht-siedlungen-annexion-netanjahu-trum.html (letzter Zugriff: 6.6.2021)

Christian Meier: Der Kampf um das Land, in: Frankfurter Allgemeine, 20.11.2019, S. 3

Judy Maltz: In new peace initiative, Palestinians and settlers find common ground, in: Ha'aretz, 1.6.2016

Bündnis für Gerechtigkeit zwischen Israelis und Palästinensern: BIP-Aktuell 153: Siedler suchen den Konflikt mit der israelischen Regierung – die Palästinenser zahlen den Preis, 16.1.2021

Ein Ehrenmord pro Woche

Dutzende Gespräche und Interviews in der Créche zwischen 2005 und 2020, z.B. mit den Schwestern Sophie, Maria und Laudy sowie mit Sozialarbeiter I. Andon, zuletzt am 26.10.2019

E-Mail-Verkehr mit Iskandar Andon 2019/2020

Soaud / Marie-Therese Cuny: Souad. Bei lebendigem Leib. Blanvalet 2005

Norma Khouri: Du fehlst mir, meine Schwester. Wunderlich, Hamburg 2003 (1. Aufl. bei Rowohlt), die zitierten Zahlen auf S. 234 f.

Khulud Alharthi: Für die Freiheit: Saudische Geflüchtete brauchen mehr Schutz. Welt am Sonntag, 23.8.2020, Nr. 34, S. 11

www.ehrenmord.de

E-Mail von Al-Haq, Ramallah am 5.4.2021

In Deutschland sollen 2020 genau 50 Ehrenmorde verübt worden sein.

Klein-Wien in der Via Dolorosa 37

Mehrere Gespräche mit Rektor und Vize-Rektorin zwischen 2005 und 2019
https://www.austrianhospice.com/

Betty Dagher Majaj: A War without Chocolate. One woman's journey through two nations, three wars and four children. 2015 (herausgegeben von der Autorin selbst), S. 85 ff.

Neun Stunden, zwei Minuten für 110 Kilometer

Lukas Speckmann: Bielefeld – so nah und doch so fern, in: Westfälische Nachrichten, 20.1.2014, siehe https://www.wn.de/Muenster/2014/01/1422618-Westfaelisches-Abenteuer-Bielefeld-So-nah-und-doch-so-fern (letzter Zugriff: 14.5.2021)

OCHA: Longstanding access restrictions continue to undermine the living conditions of West Bank Palestinians, posted on 8 June 2020 as part of The Humanitarian Bulletin | March-May 2020, siehe https://www.ochaopt.org/content/longstanding-access-restrictions-continue-undermine-living-conditions-west-bank-palestinians#ftn2

They can enter Israel freely – but not their own lands: Brief von HaMoked, per E-Mail am 23.3.2021 versandt, siehe https://hamoked.info/newsletters/enter_Israel_freely_but_not_their_own_lands_eng.php?user_uuid=9ef7c8aa417a6f4b28f59957f5d33b24&uid=9ef7c8aa417a6f4b28f59957f5d33b24

20.000 jüdische Neueinwanderer – 55 pro Tag

Rechtsanwaltskanzlei Rechtsanwaltskanzlei Cohen, Decker, Pex, Brosh: https://lawoffice.org.il/de/wer-wir-sind/

Deutsche Welle: Einwanderung nach Israel: »Des einen Freud, des anderen Leid«, 14.5.2018, siehe https://www.dw.com/de/einwanderung-nach-israel-des-einen-freud-des-anderen-leid/a-43655267 (zuletzt am 24.3.20 abgerufen)

https://www.jewishagency.org/aliyah/

Vatican News: Israel will Einwanderung äthiopischer Juden abschließen, 13.8.2020

Florian Elsemüller: Der Kampf für mehr Einwanderung nach Israel. Deutschlandfunk, 14.12.2015, siehe https://www.deutschlandfunk.de/aethiopische-juden-der-kampf-fuer-mehr-einwanderung-nach.886.de.html?dram:article_id=339533 (am 27.8.20 abgerufen)

David Israel: Statistics Bureau: 3.3 million Jews Made Aliyah Since 1948, 16.12.2019, in: Jewish Press, siehe https://www.jewishpress.com/news/israel/aliyah-israel/statistics-bureau-3-3-million-jews-made-aliyah-since-1948/2019/12/16/ (zuletzt am 22.9.2020 aufgerufen)

Sam Sokol u. Times of Israel-Redaktion: Amended figures refute claim that 6 of 7 immigrants since 2012 aren't Jewish, Times of Israel, 24.12.2019, siehe: https://www.timesofisrael.com/amended-figures-refute-claim-that-6-of-7-immigrants-since-2012-arent-jewish/#gs.g9nid4 (zuletzt am 22.9.2020 aufgerufen)

Judy Maltz: 2019 Was Israel‹s Best Year of Decade for Aliyah, Ha´aretz, 23.12.2019, siehe https://www.haaretz.com/jewish/.premium-more-than-250-000-immigrants-moved-to-israel-in-the-past-decade-1.8296736 (zuletzt am 22.9.2020 aufgerufen)

Judy Maltz / Allison Kaplan Sommer: How Christian Evangelical Money and Biblical Prophecy Are Driving Immigration to Israel, Ha´aretz, 8.3.2021, siehe file:///C:/Users/Johannes/Documents/Israel-Pal%C3%A4st/Aliyah/How%20Christian%20evangelical%20money%20and%20biblical%20prophecy%20are%20driving%20immigration%20to%20Israel%20-%20Israel%20News%20-%20Haaretz.com.html

Andreas Mink: »Von Macht- und Rachgier erfasste, tollwütige Hunde«. US-Evangelikaler Mike

Evans warnt vor Absetzung Netanyahus und nennt diesen einen »von Gott gesandten Führer Israels«, in: Tachles Topnews am 9.6.2021

Charles Gardner: Die Rückkehr der Exilanten. Was ist die Verbindung zwischen Aliyah und dem Vaterunser, das Jesus seinen Jüngern lehrte? Israel heute, 16.3.2021, siehe https://www.israelheute.com/erfahren/die-rueckkehr-der-exilanten/

Mehrere Gespräche mit Hilda Stern, West-Jerusalem, 2007

https://keepolim.org/en

Ein beziehungsweise zwei Prozent Christen

Interview mit P. Amjad, Bethlehem, 11.12.2006

Mehrere Interviews/Gespräche/Vorträge mit/von P. Nikodemus Schnabel, 2008 - 2019

P. David Neuhaus: »Gerechtigkeit und Frieden küssen sich.« Christen zwischen Israel und Palästina, in: Stimmen der Zeit, Heft 9 / Sept. 2019, S. 643 ff.

Rania Al Qass Collings / Rifat Odeh Kassis / Mitri Raheb (Hg.): Palestinian Christians in the West Bank. Facts, Figures and Trends. Diyar. Bethlehem 2012, S. 60

Johannes Zang: Begegnungen mit Christen im Heiligen Land. Ihre Geschichte und ihr Alltag. Echter. Würzburg 2017

Haus am Dom, Frankfurt (in Kooperation mit der J. W. v. Goethe-Universität): Christliche Minderheiten im Nahen Osten. Aktuelle Herausforderungen, Abendcolloquium, 18. Jan 2021 (u.a. mit Dr. Viola Raheb, gebürtig aus Bethlehem), siehe: https://www.youtube.com/watch?v=JsswZ7BSwVg&feature=youtu.be

Mareike Enghusen: Zu wem gehören sie? Christ & Welt, in: Die Zeit, 18.10.2018

Kirche in Not: Religionsfreiheit Bericht, siehe palaestinensische-gebiete.pdf (kirche-in-not.de) (letzter Zugriff: 7.6.2021)

Vatican News: Heiliges Land: Wenn die Hamas Weihnachten verbietet, 21.12.2020, siehe Heiliges Land: Wenn die Hamas Weihnachten verbietet - Vatican News (letzter Zugriff: 7.6.2021)

50 unter Zehntausend Gemeinden

Begegnung mit Avital Ben-Chorin, Har-El-Synagoge, West-Jerusalem, 20.2.2009

Begegnung mit Rabbanit Maya, Mevasseret Zion, 14.6.2017

Schalom Ben-Chorin: Ich lebe in Jerusalem. Ein Bekenntnis zu Geschichte und Gegenwart. Bleicher Verlag, Gerlingen, ²1983, S. 105 ff.

www.reform.org.il

Allison Kaplan Sommer: Israel Election Results: `Liberal Judaism Raises Its Voice´ as First Reform Rabbi Makes It Into Knesset, Ha´aretz, 23.3.2021, siehe https://www.haaretz.com/israel-news/elections/.premium.HIGHLIGHT-liberal-judaism-raises-its-voice-as-first-reform-rabbi-makes-it-into-knesset-1.9648416?utm_source=mailchimp&utm_medium=marketing&utm_campaign=Special-Coverage&utm_content=8174f611e2

New Israel Fund: Restoring Pluralistic Jewish Education in Israel's Schools, 22 April 2021, siehe Restoring Pluralistic Jewish Education in Israel's Schools | New Israel Fund (NIF) (letzter Zugriff: 31.5.2021)

The Israel Religious Action Center (IRAC): The Reform Movement Welcomes the Supreme Court Decision to Recognize Reform and Conservative Conversions Performed in Israel Within the Law of Return. Presseerklärung, 1.3.2021 (per E-Mail erhalten)

Auf meine Anfrage an die Knesset, wie viele Rabbiner seit 1948 Abgeordnete gewesen seien, erhielt ich diese Antwort: »Es gibt ein Problem mit der Definition: Wer ist wirklich ein Rabbi? Viele Knesset-Mitglieder waren Torah-Gelehrte und wurden Rabbis genannt, ohne ein offizielles Zertifikat zu besitzen. Vor der Staatsgründung war dieser Punkt nicht richtig geregelt worden.« Antwort von Moshe Fuksman Shal, Direktor des Knesset-Museum, 3.6.2021

45 Prozent mit einem Verwandten verheiratet

Mehrere Besuche bei Lifegate, Beit Jala zwischen 1999 und 2019 (Gespräche mit B. Schunkert und Kolleginnen wie etwa Maria Zaidan)

www.lifegate-reha.de

Christoph Zehendner: Willkommen im Haus des Lachens. Versöhnungs- und Mutgeschichten aus dem Heiligen Land. Brunnen, 2. Aufl. 2020

Auf meine E-Mail-Anfrage an das palästinensische Statistikamt PCBS, ob neue Daten zur Frage des Verwandtschaftsgrades bei Ehen vorlägen, erhielt ich am 6.4.2021 eine abschlägige Antwort.

Burghard Schunkert: »Ich kam auf diese Welt mit einer Behinderung«. Behinderte Kinder im Westjordanland, in: Das Heilige Land: Kinder. Heft 2, Okt. 2019, S. 58 ff.

Lifegate Rehabilitation: Lifegate im April 2021, versandt am 5.5.2021 per E-Mail, S. 5

Tausend Treffen außerhalb des Landes

Gespräche mit Mohammed Kharroub und Haggai Kupermintz, Antalya, November 2006

IPCRI: Divided Cities | IPCRI

Home - Seeds of Peace

Eingesperrt auf 365 km²

Dutzende von Gesprächen des Autors im Gaza-Streifen zwischen 1986 und 2016 (letzter Besuch: 11.3.2016)

Rundbriefe von Dr. Abed Shokry, Gaza-Stadt (per E-Mail)

Johannes Zang (mit Abed Schokry): Gaza – ganz nah, ganz fern …, AphorismA, Berlin 2013

GISHA: Gisha - Gisha is an Israeli not-for-profit organization, founded in 2005, whose goal is to protect the freedom of movement of Palestinians, especially Gaza residents. Gisha promotes rights guaranteed by international and Israeli law.

»Ich trauere, aber ich bereue nichts«, Interview von Lea Frehse mit Ahmed Abu Artema, in: Die Zeit, 23.5.2018, siehe Gewalt im Gazastreifen: »Ich trauere, aber ich bereue nichts« | ZEIT ONLINE (letzter Zugriff: 20.6.2021)

25.000 Schnipsel

Gregor Geiger/Heinrich Fürst: Im Land des Herrn. Ein franziskanischer Pilger- und Reiseführer für das Heilige Land, Bonifatius, Paderborn 2015, S. 654 ff.

Rolf Dobelli: Die Kunst des klaren Denkens. 52 Denkfehler, die Sie besser anderen überlassen. Dtv 2014

Ruth Schuster: Israelis crack 2-million-year-old mystery about stone tools, Ha´aretz, 21.1.2021

Angelika Franz: Erleuchtung aus der Höhle, in: stern, 6.5.2002, siehe https://www.stern.de/politik/geschichte/qumran-rollen-erleuchtung-aus-der-hoehle-3214540.html (letzter Zugriff am 23.4.2021)

Redaktionsnetzwerk Deutschland: Sechsjähriger findet im Süden Israels 3500 Jahre alte Tontafel, 26.5.2020, Redaktionsnetzwerk Deutschland, siehe https://www.rnd.de/wissen/sechsjaehriger-findet-im-suden-israels-3500-jahre-alte-tontafel-37W3UP4INNBBFMK2543UHX6SRE.html (letzter Zugriff am 23.4.2021)

Junge (11) macht seltenen Fund bei Familienausflug - und wird danach sogar von einer Behörde ausgezeichnet, in: tz, 21.3.2021, siehe https://www.tz.de/welt/israel-entdeckung-fund-junge-familienausflug-2500-jahre-keramik-tel-aviv-90241009.html

Sabine Brandes: Bitte liegen lassen. Jüdische Allgemeine Nr. 9/15, 26.2.2015, S. 5

Hebräische Universität (mit Universität Haifa): New Discovery Sheds Light on Human History of Symbols. A 120,000 Year Old Message? Israeli and French Researchers Uncover Prehistoric Bone With Etchings Believed to be one of the Oldest Evidence of Human Use of Symbols. E-Mail vom 3.2.2021

Graffiti or Homage? Hi-tech Imaging Lets Archaeologists Shed Light on Holy Sepulchre Wall Crosses. Reuters, in: Ha´aretz, 31.1.2021, siehe https://www.haaretz.com/israel-news/hi-tech-imaging-lets-archaeologists-shed-light-on-holy-sepulchre-wall-crosses-1.9669892?utm_source=mailchimp&utm_medium=content&utm_campaign=archaeology-and-science&utm_content=35e5d842eb

Ariel David: Archaeologists Discover King Herod Had a Bonsai Garden, Ha´aretz, 17.1.2021, siehe https://www.haaretz.com/israel-news/.premium.HIGHLIGHT-archaeologists-discover-king-herod-had-a-bonsai-garden-1.9446182

Rundgang und Gespräch mit Emek Shaveh, Ost-Jerusalem/Silwan, 16.2.2013 und 14.10.2014

Theresa Breuer: König Davids Badewanne, Die Zeit, 27.3.2013

Yudith Oppenheimer: An Explosive Situation in Silwan, in: Palestine-Israel Journal, Vol. 17, No 1, 2011, siehe https://www.pij.org/articles/1282/an-explosive-situation-in-silwan

Hagar Shezaf: When an archaeological `find´ can evict Palestinians from their home, Ha´aretz, 23.6.2020

Ruth Schuster / Ariel David: Israel Finds New Dead Sea Scroll, First Such Discovery in 60 Years, in: Ha´aretz, 16.3.2021

Andrew Lawler: Unter Jerusalem. Umstrittene Ausgrabungen unter der heiligen Stadt fördern Religions- und Kulturschätze aus Jahrtausenden zutage – und schüren fast ebenso alte Konflikte, in: National Geographic, Dez. 2019, S. 40 ff.

Tachles.ch: Westbank: 80 Prozent der archäologischen Stätten sind beschädigt. 26.4.2021, am 27.4.2021 per E-Mail zugeschickt

Reservedienst bis 42 Jahre

Angelika Timm: Zahal – die Armee, in: Bundeszentrale für politische Bildung, 10.6.2008, siehe https://www.bpb.de/internationales/asien/israel/45032/zahal-die-armee

Evelyn Gaiser: Militär und Gesellschaft. Der Stellenwert der Israel Defence Forces in Israel, in: Das Heilige Land, Ausgabe Wer bin ich? 152. Jahrgang, Heft 2, Oktober 2020, S. 12 ff.

B´Tselem: Standing Idly By. Non-enforcement of the Law on Settlers, Hebron 26-28 July. Case Study 15, August 2002

Breaking the Silence: https://www.breakingthesilence.org.il/

Nufar Ishai-Karin, in: Dalia Karpel: Parallel Lives, Ha´aretz, 4.10.2007, siehe https://www.haaretz.com/1.4981671

Mindestens vier Gespräche mit Yehuda Shaul in Hebron, Jerusalem, Beit Jala, 2005 – 2017

Hilo Glazer: `42 Knees in One Day´: Israeli Snipers Open Up About Shooting Gaza Protesters, in: Ha´aretz, 6.5.2020, siehe ›42 knees in one day‹: Israeli snipers open up about shooting Gaza protesters - Israel News - Haaretz.com (letzter Zugriff: 20.6.2021)

Christian Sievers: Goa statt Gaza. Wenn Israels Soldaten ausflippen, ZDFinfokanal 2011, siehe https://www.youtube.com/watch?v=jZQR9PpIMeE (Kurzversion lief im Auslandsjournal, siehe Israelische Soldaten in Goa - auslandsjournal - YouTube) (letzter Zugriff: 20.6.2021)

Jacques Ungar: IDF. Ein Drittel Selbstmorde, in: tachles.ch, 7.2.2021

Ariel Bernstein, in: Bar Peleg: Thousands Join Tel Aviv Rally for ›A Joint Future‹ After Israel-Gaza Fighting, Jewish-Arab Violence, Ha´aretz, 22.5.2021, siehe Thousands join Tel Aviv rally for ›a joint future‹ after Israel-Gaza fighting, Jewish-Arab violence - Israel News - Haaretz.com (letzter Zugriff: 28.5.2021)

Interview mit Avner Gvaryahu, Executive Director, Breaking the Silence im australischen Sender ABC: »Former Israeli troop reflects on the ›moral corruption‹ of Palestinian occupation«, 28.6.2018, siehe https://www.youtube.com/watch?v=YygzKazX2sw (v.a. ab siebter Minute) (letzter Zugriff: 21.6.2021)

Amos Oz / Avraham Shapira: Man schießt und weint. Gespräche mit israelischen Soldaten nach dem Sechstagekrieg. Bundeszentrale für politische Bildung, Band 10216, Bonn 2018

Schutz durch 1800 ökumenische Begleiter

Interview mit Valentina Maggiulli, Ost-Jerusalem, 7.9.2007

Bettina Flick: „Ihr seid unsere Lebensversicherung", in: SKZ Schweizerische Kirchenzeitung, 11. Mai, Nr. 9 / 2018, S. 190 f.

Angriffe auf internationale Friedensbegleiter. EMS protestiert gegen Gewalt jüdischer Siedler, in: Schneller, Magazin für Christliches Leben im Nahen Osten, 2/2006, S. 20 f.

ÖRK protestiert gegen Angriffe israelischer Siedler auf christliche Freiwillige in Hebron | World Council of Churches (oikoumene.org)

World Council of Churches: Theological Reflection on Accompaniment. Genf 2005

Interview mit einer Nachfolgerin von V. Maggiulli einige Jahre später in Ost-Jerusalem; da das damalige Verhältnis zwischen dem Staat Israel und EAPPI angespannt war und z.T. die Einreise für EAs erschwert und verunmöglicht wurde, bat man mich, von einer Veröffentlichung abzusehen.

Ecumenical Accompaniment Programme in Palestine and Israel — EAPPI: Ecumenical Accompaniment Programme in Palestine and Israel

Diakonie Österreich: EAPPI | Diakonie

www.eappi-netzwerk.de

531 Dörfer und elf Stadtteile entvölkert

Gespräch mit Cedar Duaybis, Sabeel-Zentrum, Ost-Jerusalem, 16.10.2014 (siehe auch ihren Artikel Palestinian Liberation Theology, in: This Week in Palestine. Da er mir nur als Kopie vorlegt, kenne ich weder die Nummer der Ausgabe noch das Erscheinungsjahr)

www.sabeel.org

Interview mit Tom Segev, West-Jerusalem, 28.4.2008

Ilan Pappe: Die ethnische Säuberung Palästinas. Haffmans & Tolkemitt, 2014

Zochrot - Dayr Yasin (siehe auch die Webinare der Org. »......«)

Süddeutsche Zeitung: Antidemokratische Gesetze in Israel. Medien und NGOs als Staatsfeinde. 6.12.2011, siehe Antidemokratische Gesetze in Israel - Medien und NGOs als Staatsfeinde - Politik - SZ.de (sueddeutsche.de) (letzter Zugriff: 31.5.2021)

Adalah, The Legal Center for Arab Minority Rights in Israel: »Nakba Law« - Amendment No. 40 to the Budgets Foundations Law, siehe »Nakba Law« - Amendment No. 40 to the Budgets Foundations Law - Adalah

Seth J. Frantzman: Reclaiming Lifta. The fate of a desolate Arab village hangs in the balance, in: The Jerusalem Post, 17.2.2011, siehe Reclaiming Lifta - The Jerusalem Post (jpost.com) (letzter Zugriff: 7.6.2021)

Sieben Stunden, 15 Minuten für Palästina

Gespräch mit dem CDU-Abgeordneten XY, Berlin, 29.20.2010

Programm von Guido Westerwelle und Hannelore Kraft von der Deutschen Botschaft Tel Aviv per E-Mail erhalten

Programm der Delegation des Arbeits- und Sozialausschusses des Bayerischen Landtags vom 20. bis 24.11.2017 von einem Delegationsteilnehmer auf dem Heimflug erhalten (das Programm enthält keine Details des Besuches auf palästinensischer Seite)

Deutsch-israelische Gesellschaft kritisiert Gabriel, siehe Deutsch-Israelische Gesellschaft kritisiert Sigmar Gabriel (faz.net) (letzter Zugriff: 20.6.2021)

30-jähriger Krieg um 42 Hektar Land

Zwei bis drei Dutzend Besuche beim Zelt der Völker zw. 1999 und 2019, dazu Vorträge von Daoud Nassar in Goldbach, Hösbach, Aschaffenburg

Tent of Nations – People Building Bridges

Johannes Zang, Christiane Michaeli, Uta Meseth: Zelt der Völker. Dahers Weinberg. AphorismA, Berlin 2014

Christian Kraatz: We refuse to be Enemies. AphorismA, Berlin 2017

Mehr als 130.000 Häuser seit 1947

Stephen Lendman: Israeli Military Order 1797 Authorizes Ethnic Cleansing, Demolition of Palestinian Homes. Centre for Research on Globalization, 17.6.2018, siehe https://www.globalresearch.ca/israeli-military-order-1797-authorizes-ethnic-cleansing-demolition-of-palestinian-homes/5644412

UN-OCHA: Humanitarian Bulletin, occupied Palestinian territory, September 2019, S. 5
- Data on demolition and displacement in the West Bank | United Nations Office for the Coordination of Humanitarian Affairs - occupied Palestinian territory (ochaopt.org)

B'Tselem: https://www.btselem.org/planning_and_building/east_jerusalem_statistics

B'Tselem: Despite coronavirus outbreak: Israel ramps up demolition of West Bank Palestinian homes in June. Presseerklärung, 6.7.2020, siehe https://www.btselem.org/press_releases/20200706_israel_ramps_up_demolitions_despite_coronavirus_outbreak (zuletzt aufgerufen am 19.1.2021)

B'Tselem: This is how Israel reduces home to rubble, von Kareem Issa Jubran, Field Research Director. E-Mail vom 6.1.2021

B'Tselem: A regime of Jewish supremacy from the Jordan River to the Mediterranean Sea. This is apartheid. Januar 2021

Corey Sherman: http://hlrn.org/news.php?id=p2xrbA==#.XqonYKgzbIU

The Applied Research Institute – Jerusalem, http://orders.arij.org/

Israeli Committee Against House Demolition ICAHD, https://icahd.org/

Ir Amim: For an Equitable and Stable Jerusalem with an Agreed Political Future, https://www.ir-amim.org.il/en

Ir Amim: Two Months Before the End of the Year, 2020 is Already the Record Year for Home Demolitions in East Jerusalem, 28.10.2020

mehrere Interviews und Touren zu zerstörten Häusern mit Jeff Halper (2005-2015) Meir Margalit (2008-2020) und Kollegen

BBC News: Israel rebuked for 'biggest demolition of Palestinian homes in years', 5.11.2020, siehe https://www.bbc.com/news/world-middle-east-54823660 (zuletzt aufgerufen am 19.1.2021)

Bündnis BIP: BIP Aktuell #77: Häuser zu zerstören erhöht Israels Sicherheit!?, 28.7.2019

Einer von vielen Filmen über Hausabriss, B'Tselem: Israel demolishes home under construction in Khallet al-Furn, east of the village of Bani Na'im, Hebron district, 3 Feb. 2021, siehe https://www.youtube.com/watch?v=anPJFBzVC2c

UN reiterates its call for demolitions to end and for international law to be respected.Statement by Sarah Muscroft, Head of OCHA in the occupied Palestinian territory, James Heenan, Head of the UN Human Rights Office in the occupied Palestinian territory, and Lucia Elmi, UNICEF Special Representative in State of Palestine. Jerusalem, 5. Februar 2021

Ahmad Al-Jaridi, zitiert auf http://mughrabiquarter.info/#main

Al-Haq: Maha al-Dibs, Jerusalem: »Den Schmerz, den ich aushalten muss, weil ich mein eigenes Haus mit eigenen Händen abreißen musste, ist sehr schwer auszudrücken. Ich leide seelisch, sozial und finanziell.« Abriss am 9.2.20, siehe Palestinian Voices (alhaq.org) (letzter Zugriff: 27.5.2021)

Hoffnung? Hundertfach!

Vortrag von Robi Damelin, St. Georges in Ost-Jerusalem, 2.5.2005 (dazu E-Mail-Verkehr am 22.4.2021)

Vortrag von Yitzhak Frankenthal, Bethlehem, 30.12.2005

16. gemeinsame israelisch-palästinensische Gedenkveranstaltung, 13.4.2021, siehe www.theparentscircle.org

www.cfpeace.org

Film der Friedensstreiter: Disturbing the Peace, siehe auch: Disturbing the Peace (disturbing thepeacefilm.com)

Kurzporträt der Friedensstreiter: Combatants for Peace - Help Us Bring Peace - - YouTube (letzter Zugriff: 20.6.2021)

Lizzie Doron: Sweet Occupation. Ein ergreifendes Plädoyer für eine Politik der Umkehr im Nahen Osten. Dtv 2019

Mehrere Vorträge/ Gespräche mit Raphael Nabholz in Jerusalem und Bethlehem zw. 2016 und 2019

Ziviler Friedensdienst: Interview ZFD Fachkraft | ZFD Ziviler Friedensdienst (ziviler-friedensdienst.org)

diAk Israel – Palästina – Deutschland zusammen denken: Combatants for Peace. Ein Begleiter durch das Jahr 2017, erschienen im AphorismA Verlag Berlin

https://idw-online.de/de/news?print=1&id=478259

https://www.juedische-allgemeine.de/israel/verwaiste-eltern/

Kritik: https://www.ngo-monitor.org/ngos/parents_circle_families_forum/

Schlusswort

Telefonisches Interview mit Shir Hever, 12.5.2021 (dazu reger E-Mail-Verkehr im Frühjahr 2021)

Haggai El-Ad, in: Israel-Palestine at the International Criminal Court, organisiert von Foundation for Middle East Peace, 13.4.2020 (ab 20. Minute), siehe WEBINAR: Israel-Palestine at the International Criminal Court - YouTube (letzter Zugriff: 21.6.2021)

Human Rights Watch: A Threshold crossed. Israeli Authorities and the Crimes of Apartheid and Persecution, 2021, siehe Israeli Authorities and the Crimes of Apartheid and Persecution | HRW (letzter Zugriff: 21.6.2021)

Über Ihre Rückmeldung freue ich mich: johnny64zang@gmail.com

Literaturempfehlungen

Hintergrundwissen Konfliktgeschichte

- Asseburg, Muriel/Busse, Jan: Der Nahostkonflikt. Geschichte, Positionen, Perspektiven. C.H.Beck. 2016. Hochaktuell, auch wenn das Ausmaß der Besatzung nicht klar wird.
- Avnery, Uri/Bishara Azmi (Hg.): Die Jerusalemfrage. Israelis und Palästinenser im Gespräch. Palmyra. 1996. Die 12 Gespräche mit Juden, Christen und Muslimen sind höchst erhellend.
- Böhme, Jörn/Sterzing, Christian: Kleine Geschichte des israelisch-palästinensischen Konflikts: Wochenschau Verlag, überarb., erw. Aufl. 2017. Übersichtlich, kompakt.
- Krämer, Gudrun: Geschichte Palästinas: Von der osmanischen Eroberung bis zur Gründung des Staates Israel. C.H.Beck. [6]2015. Für alle, die Tiefgang wünschen.
- Pappe, Ilan: Die ethnische Säuberung Palästinas. Haffmans & Tolkemitt. 2014. Hier wird fundiert mit Mythen und sicher geglaubtem Wissen aufgeräumt!
- Schäuble, Martin / Flug, Noah: Die Geschichte der Israelis und Palästinenser. dtv/Reihe Hanser. 2013. Die O-Töne und Medienhinweise sind wertvoll.
- Segev, Tom: Es war einmal ein Palästina: Juden und Araber vor der Staatsgründung Israels. Pantheon. [6]Aufl. 2006.
- Ders.: 1967. Israels zweite Geburt. Siedler/Pantheon, 2009. Beide Bücher sind stellenweise packend wie ein Roman.
- Vieweger, Dieter: Streit um das Heilige Land. Was jeder vom israelisch-palästinensischen Konflikt wissen sollte, Gütersloher Verlagshaus, [5]2010. Anschaulich wegen der Karten, Skizzen, Graphiken und Landkarten.
- Publikationen von Zochrot wie z.B. Remembering Hittin, 2007 (siehe auch www.zochrot.org)
- Palestine-Israel Journal: Religion and the Conflict. Conciliation or Confrontation. Vol. 20 No. 4 & Vol. 21 No.1, 2015. Notwendige Ergänzung, da die Religion ein Hintergrundrauschen zum Konflikt bildet.
- Internetseite der Bundeszentrale für politische Bildung: Israel | Dossier Israel | bpb.de Auch wenn viele Rubriken wie »Die Bedeutung der Religion«, »Literatur« oder »Der Kibbutz im Wandel« seit 2008 nicht aktualisiert wurden, bietet die Seite einen guten Einstieg.
- Bundeszentrale für politische Bildung: ApuZ: Jerusalem. 15-16/2018, 9.4.2018. Das Wichtigste zu Jerusalem auf 50 Seiten, dazu gratis!

Israel/israelische Gesellschaft

- Boehm, Omri: Israel – eine Utopie. Propyläen 2020. Ein Analytiker Israels.
- Burg, Avraham: Hitler besiegen. Warum Israel sich endlich vom Holocaust lösen muss. Campus 2009. Ein frommer Jude (ehemaliger Knessetsprecher) legt sein Land auf die Couch – mahnend und prophetisch.
- Doron, Lizzie: Sweet Occupation: Die Tragödie des Anderen zu verstehen, ist die Voraussetzung, um einander keine weiteren Tragödien zuzufügen. dtv 2017. Man wünscht dem Buch, dass es endlich auf Hebräisch erscheint. Es beweist: Wandlung ist möglich!
- GeoEpoche: Israel. Die Geschichte des jüdischen Staates. Hamburg, 2013. Ansprechende Mischung aus (z.T. selten gezeigten) Fotos, Texten, Karten und Zeitleiste.
- Gorenberg, Gershom: Israel schafft sich ab. Campus 2012. Analytisch schonungslos.
- Neslen, Arthur: Occupied Minds. A Journey through the Israeli Psyche. Pluto Press, 2006. In fast 50 Interviews porträtiert Neslen fromme und säkulare Juden, Soldaten und Siedler.

- Studienkreis für Tourismus und Entwicklung e.V.: Sympathiemagazin Israel verstehen, 2015. Auf 66 Seiten erfährt man alles von Aliyah über Kibbuz bis Zionismus.
- Zang, Johannes: Unter der Oberfläche, Erlebtes aus Israel und Palästina, AphorismA, Berlin, [5]2014
- Zimmermann, Moshe: Die Angst vor dem Frieden. Das israelische Dilemma, Aufbau, [3]2010. Wer bisher meinte, dass ein Friedensschluss an der Kompromisslosigkeit der Palästinenser scheiterte, sollte dieses Buch lesen.

Palästina/ palästinensische Gesellschaft/Leben unter Militärbesatzung

- Abu Saif, Atef: Frühstück mit der Drohne. Tagebuch aus Gaza. Unionsverlag, Zürich 2015. Unaufgeregt, nüchtern, bedrückend – ob es ein Politiker in Europa gelesen hat?
- Ayelet Waldman / Michael Chabon (Hg.): Oliven und Asche. Schriftstellerinnen und Schriftsteller berichten über die israelische Besatzung in Palästina. Kiepenheuer & Witsch 2017. 26 Autoren, darunter Mario Vargas Llosa und Geraldine Brooks, lassen uns durch Geschichten und Reportagen Palästina mit neuen Augen sehen,
- Altmann, Andreas: Verdammtes Land. Eine Reise durch Palästina. Piper 2014. 146 Mosaiksteine zum tieferen Verständnis Palästinas.
- Abulelaish, Izzeldin: Du sollst nicht hassen. Meine Töchter starben, meine Hoffnung lebt weiter. Bastei Lübbe. 2011. Drei Töchter hat der Gazaner durch eine israelische Rakete verloren – nun kämpft er für die Aussöhnung. Anrührend.
- B'Tselem: A regime of Jewish supremacy from the Jordan River to the Mediterranean Sea: This is apartheid, 2021. Nagelneu, schonungslos, acht Seiten, die es in sich haben.
- Baram, Nir: Im Land der Verzweiflung. Ein Israeli reist in die besetzten Gebiete. Hanser, 2016. Baram wagt, was sich viele Juden nicht trauen – er geht auf die andere Seite, hört zu und schreibt alles auf. Eine Tiefenbohrung. Der Autor fragt bang: Ist der Konflikt vielleicht gar nicht mehr lösbar?
- Binur, Yoram: Mein Bruder, mein Feind. Bastei Lübbe, 1992. Als Araber getarnt lebt der jüdische Journalist Binur ein halbes Jahr unter Palästinensern. Schockierend, was der jüdische Günter Wallraff enthüllt.
- GISHA: Distant Relatives (Broschüre), siehe auch www.gisha.org
- Human Rights Watch: A Threshold crossed. Israeli Authorities and the Crimes of Apartheid and Persecution, 2021. So gründlich wurde Israels Politik diesseits und jenseits der Grünen Linie noch nie analysiert. Wer vor den 218 Seiten zurückschreckt, ahnt allein anhand der Fotos, Landkarten und aussagestarken Graphiken, wie der Hase läuft. Die elf Fragen an Benjamin Netanyahu würde ich gerne Angela Merkel stellen.
- OCHA: The Humanitarian Situation in the H2 Area of Hebron City, April 2019
- OCHA: 50 Years of Occupation 1967 – 2017. Occupied Palestinian Territory. Humanitarian Facts and Figures.
- OCHA: Occupied Palestinian Territory. Fragmented Lives. Humanitarian Overview 2016, May 2017
- Raheb, Mitri: Bethlehem hinter Mauern. Geschichten der Hoffnung aus einer belagerten Stadt, Gütersloher Verlagshaus, 2005. Der lutherische Pfarrer lässt die Zeit der 2. Intifada lebendig werden. Schockierend.
- Ders.: Wir werden frei sein, frei, frei! Dankesrede anl. Der Verleihung des Olof Palme-Preises, flugschriften, AphorismA, 2016. Raheb nimmt kein Blatt vor den Mund, geißelt die Besatzung und versprüht Hoffnung.
- Souad: Bei lebendigem Leib. Blanvalet, 2005, 286 S. Eine wahre Gänsehaut-Geschichte über Ehre und Schande und einen überlebten Ehrenmordanschlag.

- Studienkreis für Tourismus und Entwicklung e.V.: Palästina verstehen: Sympathiemagazine. Eine Wundertüte: Deutsche und Palästinenser kommen zu Wort, man erfährt etwas über Geschichte sowie Kultur und findet sogar Gedichte und Kochrezepte.
- Stuhlmann, Rainer: Wir weigern uns, Feinde zu sein. Neukirchener Verlagsgesellschaft. Neukirchen-Vluyn 2020. Das Buch steckt ein Licht im Tunnel auf.
- Tonsern, Martha: Palästinensische Frauen zwischen Besatzung und Patriarchat. Eine kulturwissenschaftliche Analyse. Grazer Universitätsverlag Leykam, 2011. Auch Kenner werden in dieser Psycho-Sozio-Polit-Analyse viele Aha-Momente erleben.
- Zang, Johannes: Unter der Oberfläche. Erlebtes aus Israel und Palästina. AphorismA, Berlin [5]2014

Christen im Heiligen Land

- Ateek, Naim Stifan: Gerechtigkeit und Versöhnung. Eine palästinensische Stimme. AphorismA 2010. Eine prominente palästinensische Stimme für Gewaltlosigkeit, Gerechtigkeit und Versöhnung.
- Chacour, Elias (sein Leben erzählt von Pia de Simony): Elias Chacour – Israeli, Palästinenser und Christ. Herder, 2007. Der griechisch-katholische Erzbischof em. erzählt sein Leben, Dunkles und Helles, Nakba und Friedenseinsatz.
- Farhat, Sumaya (mehrere Bücher, darunter Bestseller): z.B. Thymian und Steine oder Im Schatten des Feigenbaums. Lenos. Ihre Bücher geben einen tiefen Einblick in das Herz einer palästinensischen Mutter, Christin, Friedensaktivistin und Wissenschaftlerin.
- Kairos Palästina: Die Stunde der Wahrheit. Mit dem Aufruf von Bethlehem. AphorismA, [4]2014. Leider ist dieser verzweifelte Appell palästinensischer Christen ignoriert oder gegeißelt worden.
- Khoury, Rafiq: Trinität. Dreifaltigkeit im Kontext der arabischen Welt und ihrer Kirchen. AphorismA, 2014. Der palästinensische Priester betrachtet die Rubljow-Ikone mit arabischer Brille.
- Maier wv, Thomas P.: Orientalische Kultur und christliches Leben. AphorismA, 2010. In Bescheidenheit zeigt uns der Weiße Vater den Reichtum des Orients und der dortigen Christenheit.
- Mukarker, Faten: Leben zwischen Grenzen. Eine christliche Palästinenserin berichtet, Hans Thoma Verlag, 1998. Die Autorin erzählt ehrlich über die Grenzen von Religion, Politik und Clan und gewährt tiefe Einblicke in die palästinensische (Frauen-)Seele.
- Nitsche, Thomas: Hoffnung aus Nahost. Ein bewegendes Interview mit Amal Nassar, einer palästinensischen `Brückenbauerin´ aus dem Westjordanland. AphorismA, 2015. Wer noch nie vom palästinensischen Friedenslager gehört hat, sollte diese 30 Seiten lesen.
- Raheb, Mitri: Christ und Palästinenser. AphorismA, Berlin. 2004. Allein schon wegen der christlich-arabischen Theologie lesenswert.
- Ders. / Bechmann, Ulrike (Hrsg.): Verwurzelt im Heiligen Land. Einführung in das palästinensische Christentum. Knecht, 1995. Ein gutes Dutzend Autorinnen und Autoren aus Deutschland und Palästina, beleuchten das Thema. Aktualisierte Neuauflage dringend erwünscht!
- Schnabel, Pater Nikodemus: Zuhause im Niemandsland. Mein Leben im Kloster zwischen Israel und Palästina. Herbig, 2015. Der Benediktiner schreibt genauso flott wie er spricht.
- Zang, Johannes: Zelt der Völker, Dahers Weinberg bei Bethlehem, AphorismA, Berlin, [3]2016
- Zang, Johannes: Begegnung mit Christen im Heiligen Land, Echter, Würzburg 2017

Judentum

- Mahla, Daniel: Jüdisch und demokratisch? Religion und Staat in Israel, in: Bundeszentrale für politische Bildung: Informationen zur politischen Bildung. Israel, 1/2018, S. 38 – 43. Guter

Einstieg ins Thema, v.a. die Umfrageergebnisse (z.B. Wer reist am Sabbat? Wer betet einmal/ mehrmals täglich?) sind aufschlussreich.

- Meister, Ralf/Eckstein, Kai: Judentum. Die 100 wichtigsten Daten. Gute Ergänzung zu vorgenanntem Heft.
- Neulinger, Isabelle: Meinen Sohn bekommt ihr nie. Flucht aus dem gelobten Land. Nagel & Kimche. ⁴2013. Thrillerartiger Bericht einer Schweizer Jüdin über ihre Einwanderung nach Israel, ihre dramatische Ehe und Flucht nach Europa.
- Paffenholz, Alfred: Was macht der Rabbi den ganzen Tag? Patmos. 1995/dtv.1998.
- Ders.: Tora, Sabbat und Shalom. Alltag und Tradition im Judentum. Patmos. 2011. Beide Bücher lesen sich gut, Bilder und Zeitleiste geben Zusatzinformationen.
- Studienkreis für Tourismus und Entwicklung e.V.: Sympathiemagazin Judentum verstehen. Kompakt und gut.
- Tilly, Michael: Das Judentum. Marix Verlag. Wiesbaden. 3. Aufl. 2010. Wer Tiefgang liebt, liegt hier richtig.
- Winner, Lauren F.: Sabbat im Café. Warum jüdische Rituale mein Leben bereichern. Gütersloher Verlagshaus. 2006. Eine orthodoxe Jüdin konvertiert zum Christentum und schildert, welche Rituale ihres früheren Lebens sie vermisst.

Islam

- Affolderbach, Martin/Wöhlbrand, Inken (im Auftrag der VELKD u. EKD): Was jeder vom Islam wissen muss. Gütersloher Verlagshaus. ² bzw. ⁸2011. Alles drin von Abraham über Sorgerecht bis Zwangsverheiratung.
- Miehl, Melanie: Der Islam. Die 100 wichtigsten Daten. Gütersloher Verlagshaus. 2004. Anschaulich und prägnant.
- Studienkreis für Tourismus und Entwicklung e.V.: Sympathiemagazin Islam verstehen. Kompakte und gut aufgemachte Einstiegslektüre.
- Was jeder vom Islam wissen muß. Gütersloher Verlagshaus, 6. überarb. Aufl., 2001. Abgesehen von den veralteten Zahlen immer noch lesenswert.

Belletristik

- Abulhawa, Susan: Während die Welt schlief. Diana, 2012. Ein mitreißender Roman rund um die Nakba, die Urwunde des israelisch-palästinensischen Konflikts.
- Rabinyan, Dorit: Wir sehen uns am Meer. Kiepenheuer & Witsch, 2016. Stark autobiographisch gefärbter Roman um eine leidenschaftliche Romanze zwischen einer Jüdin und einem Palästinenser in New York City.
- Batya Gur: Du sollst nicht begehren. Goldmann 1999. Packend und tiefe Einblicke in den Kibbuz gewährend.

Geistliche Reiseführer

- Geiger, Gregor/Fürst, Heinrich: Im Land des Herrn: Ein franziskanischer Pilger- und Reiseführer für das Heilige Land. Bonifatius. 2015. Ein Meisterwerk!
- Hirschberg, Peter: Israel und die palästinensischen Gebiete (EVAs Biblische Reiseführer). Evang. Verlagsanstalt Leipzig. ²2014. Kurze Texte, viele Fotos, hilfreiche Skizzen.
- Röwekamp, Georg: Heiliges Land: Ein Reisebegleiter zu den heiligen Stätten von Judentum, Christentum und Islam. Kath. Bibelwerk. 2009. Prägnant! Vor allem die Texte zu den Religionen sind aufschlussreich.

Weitere Filmtipps (siehe auch jene unter Quellen/zum Weiterlesen)

Konflikt / Besatzung: (teilweise schockierend)
- Junction 48
- Das Herz von Jenin
- Töte zuerst!
- Five broken cameras
- Within the eye of the storm
- The Iron Wall
- Last supper (Abu Dis)
- Lemon tree
- Das Schwein von Gaza
- Death in Gaza
- The lab
- Gaza Surf Club
- Mein Herz tanzt
- Der Sohn der anderen
- Teaching Ignorance
- West of the Jordan River
- Foxtrot
- Lipstikka
- The Ruins of Lifta
- Jaffa. The Orange's Clockwork, 2009
- Die Wahrheit über die Jaffa Orangen (WDR)
- Al-Nakba - die Katastrophe (WDR-Doku)
- The Law in These Parts
- Gaza Ghetto – Portrait of a Palestinian Family
- Divine Intervention
- Curfew (gewann 1994 in Cannes den UNESCO-Preis)
- Inside Israel's Jails (BBC)
- Condom Lead
- Women of Hamas
- Men on the Edge: Fishermen's Diary
- Rock the Casbah
- Paradise Now
- Storm of Emotions
- Striplife
- The Fading Valley

Siehe auch Filme auf www.btselem.org und www.alhaq.org

Webinare

Ich habe wiederholt an Webinaren folgender Organisationen teilgenommen und kann sie sehr empfehlen (z.T. auf YouTube verfügbar oder den jeweiligen Internetseiten):
B'Tselem / Green Olive Tours / ICAHD / Jewish Currents / Ir amim / Israel Religious Action Center (IRAC) / MEFP / Neve Shalom/Wahat al Salam / New Israel Fund / Partners for Progressive Israel / Peace Now / Kav laoved / Palestine-Israel Journal / Parents Circle / Breaking the Silence / Kumi Now / Combatants for Peace / Green Olive Collective / Zochrot / Stiftung Wissenschaft und Politik / HaMoked / Just Vision / Abraham Initiatives / Emek Shaveh

Zeittafel – mit Fokus auf Friedensbemühungen

14000–7000 v. Chr.
Mittlere Steinzeit: Übergang vom Jägerdasein zu sesshafter Lebensweise. Erste Siedlungsspuren im heutigen Israel/Palästina aus Altsteinzeit.

Ca. 3000 v. Chr.
Siedlungsbeginn am Ort des heutigen Jerusalem.

Ca. 1800–1700 v. Chr.
Auszug Abrahams von Mesopotamien (heute Irak) nach Kanaan.

1270 v. Chr.
Nach 400-jährigem Exil ziehen die Israeliten unter Moses zurück nach Palästina.

1004–965 v. Chr.
König David. Seine Herrschaft reicht vom Roten Meer bis an den Euphrat.

964–926 v. Chr.
König Salomo, Sohn Davids, erbaut den Ersten Tempel von Jerusalem.

597 v. Chr.
Nebukadnezar aus Babylon erobert Jerusalem, 586 zerstört er es mitsamt dem Tempel. Beginn der babylonischen Gefangenschaft.

520–515 v. Chr.
Bau des Zweiten Tempels.

332 v. Chr.
Nach dem Zerfall des Perserreichs kommt Palästina unter die Herrschaft Alexanders d. Gr.

63 v. Chr.
Palästina wird römische Provinz.

40–4 v. Chr.
Herodes d. Gr. regiert mit Unterstützung Roms, erneuert den Tempel.

zwischen 30 und 33 n. Chr.
Kreuzestod Jesu Christi.

70
Niederschlagung des 1. Jüdischen Aufstands durch die Römer, Eroberung Jerusalems und Zerstörung des Tempels durch Titus.

132–135
2. Jüdischer Aufstand durch Bar-Kochba.

313
Anerkennung des Christentums durch Kaiser Konstantin d. Gr.

614
Perserkönig Chosrau II. erobert Jerusalem, beschädigt und zerstört viele Kirchen des Landes.

638
Unblutige Einnahme Jerusalems durch den muslimischen Kalifen Omar.

691
Fertigstellung des muslimischen Felsendoms auf dem Tempelberg.

1009
Fatimidenkalif Al-Hakim zerstört die Grabeskirche in Jerusalem.

1099
Der erste Kreuzzug erreicht Jerusalem. Die Kreuzfahrer erobern Jerusalem, metzeln ca. 80.000 Muslime und Juden nieder (vermutlich auch einheimische, orientalische Christen) und errichten das christliche Königreich Jerusalem.

1516–1917
Der türkische Sultan Selim I. erobert Syrien und Palästina. Beginn der 400-jährigen osmanischen Herrschaft.

1838
Großbritannien eröffnet als erstes europäisches Land ein Konsulat in Jerusalem.

1860
Erste jüdische Ansiedlung außerhalb der Altstadt von Jerusalem.

1863
Österreich-Ungarn eröffnet das erste nationale Gästehaus im Heiligen Land: Das Österreichische Pilgerhospiz zur Heiligen Familie an der Via Dolorosa 37.

1882–1903
Infolge von Pogromen in Russland trifft am 6. Juli 1882 die erste jüdische Gruppe in Jaffa ein, Beginn der ersten jüdischen Einwanderungswelle (Aliyah, hebr. Einwanderung, Aufstieg). Damalige Bevölkerungszusammensetzung: 15.000 Juden gegenüber 450.000 Palästinensern. Manche Nahostexperten setzen deshalb den Beginn des heutigen Konflikts mit dem Jahr 1882 an. Am 12.12.1882 wird die erste jüdische Kolonie in Rosh Pinna (Nordgaliläa) gegründet.

1896
Der Journalist Theodor Herzl legt mit seinem Buch »Der Judenstaat – Versuch einer modernen Lösung der Judenfrage« den Grundstein für die Bewegung des Zionismus.

1897
Auf dem ersten Zionistenkongress in Basel gründet Herzl vor 204 Abgesandten aus der ganzen Welt die World Zionist Organization (WZO), zu deren ersten Präsidenten er gewählt wird. »In

Basel habe ich den Judenstaat gegründet. Wenn ich das heute laut sagte, würde mir ein universelles Gelächter antworten. Vielleicht in fünf Jahren, jedenfalls in fünfzig wird es jeder einsehen.« (Tagebuch Herzl).

1898
Im Oktober/November besucht der deutsche Kaiser Wilhelm II. Palästina und weiht die evangelische Erlöserkirche in Jerusalems Altstadt ein. Treffen mit Herzl.

1901
Der Jüdische Nationalfonds JNF (hebr. Keren Kayemeth leIsrael) wird in Basel gegründet, um für die World Zionist Organization Land in Palästina zu erwerben, das ausschließlich von Juden genutzt werden soll.

1904
Beginn der zweiten Aliyah: bis 1914 treffen 40.000 zionistische Einwanderer ein. Juden stellen sechs Prozent der Bevölkerung.

1905
Der britisch-jüdische Schriftsteller Israel Zangwill (1864–1926) erklärt, Juden müssten die Araber vertreiben oder »mit dem Problem einer großen Fremdbevölkerung fertig werden«.

1909
Am 11. April wird mit Tel Aviv die erste rein jüdische Stadt in Palästina gegründet, am 1. Dezember der erste Kibbuz: Deganya am See Genezareth (lt. anderen Quellen: 1907 bzw. 1910).

1916
In Geheimverhandlungen einigen sich der britische Unterhändler Sykes und sein französischer Gesprächspartner Picot über die Aufteilung des Osmanischen Reiches nach Kriegsende (Sykes-Picot-Abkommen).

1917
In der Balfour-Erklärung (2.11.) versichert die britische Krone der zionistischen Bewegung, eine nationale Heimstätte für das jüdische Volk in Palästina zu unterstützen. Im Dezember nehmen britische Truppen unter General Allenby Jerusalem ein, die osmanischen Streitkräfte kapitulieren.

1919
Der erste palästinensische Nationalkongress lehnt die Balfour-Erklärung ab und fordert Unabhängigkeit. Winston Churchill: »Es gibt Juden, denen wir versprochen haben, sie nach Palästina zu bringen und die selbstverständlich annehmen, dass die heimische Bevölkerung nach ihrem Belieben fortgeschafft wird.«

1919–1923
Dritte Aliyah, überwiegend aus Russland.

1920
Blutige Ausschreitungen (Nabi-Mousa-Unruhen) in Jerusalem. Grund: die jüdische Einwanderung. Die zionistische Untergrundmiliz Haganah wird gegründet.

1921
Proteste in Jaffa gegen jüdische Einwanderung.

1922
Der Völkerbund überträgt Großbritannien das Mandat für Palästina.

1924–1931
Vierte Aliyah aus Polen und der Sowjetunion.

1925
Am 1. April wird die Hebräische Universität (HU) in Jerusalem eröffnet.

1929
August: Ausschreitungen und Unruhen in Hebron, Jerusalem, Safed. Pogrom gegen jüdische Einwohner Hebrons. Demonstrationen landesweit.

1930–1935
Die palästinensische/arabische Untergrundbewegung Izz ad-Din al-Qassam greift jüdische Siedlungen und britisches Militär an.

1931–1949
Die jüdischen Untergrundbewegungen Irgun und Lechi attackieren palästinensische und britische Ziele.

1932–1938
Fünfte Aliyah aus Europa.

1936–1939
Der palästinensische Generalstreik markiert den Beginn des großen palästinensischen Aufstands. Forderung: Ende der jüdischen Einwanderung, Stopp der Landvergabe an Juden. Tote: 4000 bis 5000 Palästinenser, über 400 Juden, über 200 Briten.

1937
Die Peel-Kommission entwirft einen Teilungsplan: zwei Staaten unter britischer Kontrolle.

1939
Vorschlag des britischen Weißbuchs: Gründung eines gemeinsamen Staates, in dem sich Juden und Palästinenser die Macht teilen sollen.

1939–1947
Einwanderung von Verfolgten des NS-Regimes trotz britischer Beschränkungen: Aliyah B.

1942
Die Zionistische Weltorganisation beschließt das Biltmore-Programm, das einen jüdischen Staat in ganz Palästina und freie Einwanderung fordert.

1946
Am 22. Juli töten jüdische Irgun-Terroristen durch einen Bombenanschlag auf das King David Hotel in West-Jerusalem 91 Menschen: Palästinenser, Briten, Juden.

1947

Großbritannien bringt die Palästinafrage vor die Vereinten Nationen. Am 29. November verabschiedet deren Vollversammlung mit Zweidrittelmehrheit die Resolution 181. Diese sieht die Teilung in einen jüdischen und einen arabischen Staat vor, wobei Jerusalem samt Bethlehem als corpus separatum unter einem »internationalen Sonderregime errichtet und von den Vereinten Nationen verwaltet« werden sollte (die Resolution ist in der deutschen Übersetzung 22 Seiten lang). Die Palästinenser, damals zwei Drittel der Bevölkerung, besaßen etwa 90 Prozent des Landes und lehnten den Plan ab, der etliche Fallstricke enthielt. Beispiel: Die arabische Hafenstadt Jaffa sollte als Enklave Teil des jüdischen Staates sein, in dem die Araber mit 40 Prozent ohnehin eine sehr große Minderheit dargestellt hätten. Es kommt zu Kämpfen und Ausschreitungen.

1948

April: Massaker an mind. 108 palästinensischen Einwohnern von Deir Yassin. 14. Mai: Ende des britischen Mandats über Palästina, Unabhängigkeitserklärung des Staates Israel in Tel Aviv durch David Ben Gurion. 15. Mai: Beginn des ersten Nahostkrieges (bis Juli 1949).

1948–1951

Große jüdische Einwanderung aus arabischen Staaten sowie aus Polen und Rumänien.

1949

Januar: Wahlen zur ersten Knesset. Mai: Israel wird in die UNO aufgenommen. Waffenstillstandsabkommen mit Ägypten, dem Libanon, Transjordanien und Syrien. Überführung der sterblichen Reste Theodor Herzls aus Wien nach Jerusalem.

1950

Januar: Knesset erklärt West-Jerusalem zur Hauptstadt. Juli: Rückkehrgesetz, das jedem Juden der Welt die Einwanderung erlaubt. Aufnahme konsularischer Beziehungen zwischen Österreich und Israel, De-iure-Anerkennung Israels durch Österreich. September: Jordanien annektiert das Westjordanland und Ost-Jerusalem.

1951

Verhandlungen um österreichischen Handelskredit von 100 Millionen Schilling, Österreich fordert als Gegenleistung den Verzicht Israels auf Reparationen.

1952

Israel und die Bundesrepublik Deutschland unterzeichnen das Luxemburger Abkommen über Reparationszahlungen.

1955–1957

Einwanderung von nordafrikanischen Juden nach Israel.

1956

Zweiter (achttägiger) Nahostkrieg: Infolge der Verstaatlichung des Suezkanals durch Nasser wird Ägypten von Großbritannien, Frankreich und Israel angegriffen.

1960

David Ben Gurion und Konrad Adenauer treffen sich in New York. Herstellung vollwertiger diplomatischer Beziehungen zwischen Österreich und Israel.

1961
Eichmann-Prozess.

1964
Gründung der Palästinensischen Befreiungsorganisation (PLO) in Jerusalem.

1965
Am 1. Januar: erste militärische Aktion der Fatah gegen Israel (Sabotageakt gegen die nationale Wasserleitung). Israel und die Bundesrepublik Deutschland nehmen diplomatische Beziehungen auf.

1966
Die seit der Staatsgründung bestehende Militärverwaltung über die arabische Bevölkerung Israels wird aufgehoben.

1967
Juni: Im Sechs-Tage-Krieg erobert Israel Ost-Jerusalem, das Westjordanland, den Gazastreifen, die Sinai-Halbinsel und die Golanhöhen. Tote: 600-800 Israelis, auf arabischer Seite zwischen 20.000 und 30.000. September: Khartum-Resolution der arabischen Staaten mit drei Neins zu Frieden mit Israel, zur Anerkennung Israels und zu Verhandlungen mit Israel. November: Der UN-Sicherheitsrat verabschiedet die Resolution 242, die das Existenzrecht Israels bekräftigt, aber den Rückzug israelischer Streitkräfte aus den jüngst eroberten Gebieten fordert.

1969
Yassir Arafat wird Präsident des PLO-Exekutivkomitees.

1970
Konfrontation zwischen PLO und jordanischer Armee (»Schwarzer September«): über 4000 Tote. Die PLO wird wenig später aus Jordanien ausgewiesen. Das jüdisch-arabische Modelldorf Neve Shalom/Wahat as-Salam wird von P. Bruno Hussar gegründet. Am 30.8. enteignet Israel in den Ost-Jerusalemer Vierteln Ramot Alon, Shu'afat, East Talpiyot, Gilo, 'Atarot inkl. Flugplatz, Ben-Hinnom-Tal, Jaffator und Ramat Rachel 11.810 Dunam (1 Dunam=0,1 Hektar), sprich: fast 1200 Hektar.

1972
Gründung von ACRI (The Association for Civil Rights in Israel), der ersten und aktuell größten Menschenrechtsorganisation Israels.

1973
September: Palästinenser überfallen einen aus der UdSSR kommenden Zug mit 37 nach Israel auswandernden Juden in der österreichischen Grenzstation Marchegg. Geiselnahme. Die Terroristen, die die Geiseln freigelassen hatten, werden nach Tripolis geflogen. 6. bis 25. Oktober: Vierter Nahostkrieg: Yom-Kippur- oder Ramadankrieg Israels gegen Ägypten und Syrien.

1974
Rede Arafats vor der UNO: »Ich komme mit dem Ölzweig in der einen Hand und dem Revolver des Freiheitskämpfers in der anderen. Lasst den Ölzweig nicht aus meiner Hand fallen.«

1975
Uri Avneri (*1923 als Helmut Ostermann in Beckum/Westfalen, † 2018 Tel Aviv), Redakteur des

Nachrichtenmagazins und der gleichnamigen politischen Bewegung HaOlam HaZe gründet das Israelische Komitee für israelisch-palästinensischen Frieden.

1977
Rede des ägyptischen Staatspräsidenten Anwar as-Sadat vor der Knesset. Erstmals gewinnen die rechten Parteien die Parlamentswahlen in Israel. Begin wird Premierminister.

1978
Camp-David-Abkommen zwischen Israel, Ägypten und den USA. 348 Reserveoffiziere der israelischen Armee bitten in einer Petition Menachem Begin, den Friedensprozess fortzusetzen und gründen Schalom Achschav (Frieden Jetzt).

1979
Ägypten unterzeichnet als erstes arabisches Land einen Friedensvertrag mit Israel. Palästinensische Rechtsanwälte gründen Al-Haq/Defending Human Rights, eine der ersten Menschenrechtsorganisation der arabischen Welt. Österreichs Kanzler Bruno Kreisky, Yassir Arafat und der Präsident der Sozialistischen Internationalen, Willy Brandt, diskutieren in Wien über eine friedliche Lösung des Nahostkonflikts.

1980
Die Knesset erklärt das »vereinigte Jerusalem« zur Hauptstadt Israels. Österreich erkennt als erster westlicher Staat in Europa die PLO an.

1981
Ermordung des ägyptischen Präsidenten Sadat. Israel annektiert die Golanhöhen.

1982
April: Israel zieht sich aus dem Sinai zurück. Am 2. Juli, kurz nach Beginn des ersten israelischen Libanonkrieges (fünfter Nahostkrieg), trifft der israelische Journalist, Politiker und Friedensaktivist Uri Avnery Yassir Arafat im belagerten Beirut. Am 6. September protestieren 400.000 Israelis gegen den Krieg. Am 15. September empfängt Papst Johannes Paul II. Arafat. Einen Tag später massakrieren christliche Falangisten unter dem Schutz der israelischen Armee zwischen 800 und 1500 Palästinenser in den Lagern Sabra und Shatila. Am 25. September protestieren in Tel Aviv 400.000 Israelis bei einer von Shalom Achschav initiierten Demonstration gegen den Krieg.

1984
Operation Moses bringt äthiopische Juden nach Israel. Uri Avnery und andere gründen die »Progressive Friedenspartei«.

1987
PASSIA wird gegründet: Die Palästinensische-akademische Gesellschaft zum Studium internationaler Angelegenheiten. Im Gazastreifen bricht der erste Volksaufstand (Intifada) aus und weitet sich rasch auf das Westjordanland aus. Die Hamas gründet sich.

1988
Die PLO stimmt den UNO-Resolutionen 181 und 242 und damit der Existenz Israels zu und bekräftigt die Abkehr vom Terrorismus. Proklamation des unabhängigen Staates Palästina in Algier. Diesen erkannten bis Anfang 1989 65 Staaten offiziell an.

1989

Gründung von B"Tselem – Israelisches Informationszentrum für Menschenrechte in den besetzten Gebieten.

1991

Golfkrieg: Israel ersetzt das allgemeine Ausreise-Permit für Palästinenser der besetzten Gebiete durch ein System individueller Passierscheine. Madrid-Konferenz: Erstmals direkte Gespräche zwischen Israelis und Palästinensern.

1992

Der neue Ministerpräsident Jitzhak Rabin ordnet einen Baustopp für neue Siedlungen in den besetzten Gebieten an. Die Zahl der jüdischen Siedler war von 10.000 im Jahre 1972 auf 228.000 im Jahre 1990 angewachsen.

1993

Die Knesset hebt den Bann auf, sich mit Vertretern der Palästinensischen Befreiungsorganisation PLO zu treffen. Geheimgespräche zwischen der von der Arbeitspartei geführten Regierung Israels und Unterhändlern Arafats in Oslo. Die Regierungen Israels und der USA stufen die PLO nicht mehr als Terrororganisation ein. Arafat erklärt in einem Brief erstmals, dass er das Existenzrecht Israels anerkenne.

1994

Juli: Yassir Arafat trifft im Gazastreifen ein und errichtet die erste palästinensische Regierung in Palästina. Dezember: Friedensnobelpreis für Arafat, Yitzhak Rabin und Shimon Peres.

1995

Yasser Arafat äußert den Wunsch, an der Gedenkzeremonie zum 50. Jahrestag der Befreiung des KZ Auschwitz teilzunehmen. Die Veranstalter lehnen das ab. Israels Regierung und Arafat unterzeichnen das Taba-Abkommen (auch Oslo II genannt), das das Westjordanland in drei Zonen aufteilt (C = 62 Prozent und komplett unter israelischer Kontrolle). November: Rabin wird nach einer Friedenskundgebung in Tel Aviv von dem rechtsextremen Terroristen Yigal Amir erschossen. Peres wird Premierminister.

1995/1996

Die israelische Armee räumt schrittweise palästinensische Städte und Regionen. Arafat wohnt erstmals den Weihnachtsfeierlichkeiten in Bethlehem bei.

1996

Arafat wird mit fast 90 Prozent der Stimmen zum Präsidenten der palästinensischen Autonomiegebiete gewählt.

1998

Der internationale Flughafen von Gaza wird eröffnet.

1999

25. Oktober: Die Safe Passage zwischen Gazastreifen und Hebron wird eröffnet. Pro Tag wurden nur 100 genehmigungspflichtige Fahrzeuge abgefertigt.

2000

Gründung von Ta'ayush (arab. Zusammenleben), einer Graswurzelbewegung von Arabern und Juden, um »die Mauern des Rassismus und der Trennung niederzureißen«. Gründung von Coalition of Women for Peace, eine Dachorganisation von Frauengruppen »gegen die Besatzung und für einen gerechten Frieden«. Zweiter Aufstand (Intifada) gegen die Besatzungsmacht Israel.

2001

Drei jüdische Frauen gründen Machsom Watch (Checkpoint Watch).

2002

OneVoice Movement wird gegründet. Die Arabische Friedensinitiative (engl. API) wird von der Arabischen Liga verabschiedet; beinhaltet das Angebot: Israels Rückzug auf die Grenzen von 1967 und Anerkennung eines unabhängigen palästinensischen Staates mit Ost-Jerusalem als Hauptstadt gegen die Normalisierung der Beziehungen zwischen arabischen Staaten mit Israel. Israelische Regierung ignoriert die Initiative. Der Palästinenser Sari Nusseibeh und der Israeli Ami Ayalon formulieren eigenen Friedensplan, der von 100.000 Israelis und 70.000 Palästinensern unterstützt wird. Das Nahostquartett (USA, Russland, EU, UN) legt einen Fahrplan (Road Map) zur Beilegung des Nahost-Konflikts vor. Israel beginnt mit dem Bau der Trennbarriere.

2003

Genfer Initiative des früheren israelischen Justizministers Yossi Beilin und des ehemaligen Mitglieds der palästinensischen Autonomiebehörde Yasser Abed Rabbo zur Beilegung des Konflikts.

2004

März: Die israelische Luftwaffe tötet den im Rollstuhl sitzenden Gründer der Hamas, Scheich Ahmed Jassin. Israel hat mit dem Bau der Barriere gegen Völkerrecht verstoßen: Zu diesem Ergebnis kommt der Internationale Gerichtshof in Den Haag in einem Gutachten.

2005

PLO-Chef Mahmud Abbas wird Sieger der palästinensischen Präsidentenwahl und Nachfolger von Arafat. Ehemalige Kämpfer beider Seiten gründen die Combatants for Peace. Mit einem Großaufgebot an Soldaten und Polizei räumt Israel die 21 jüdischen Siedlungen im Gazastreifen.

2006

Entgegen der Umfragen gewinnt die Hamas die Wahlen. Olmert gewinnt die Parlamentswahl in Israel. Dokument der Nationalen Versöhnung (»Gefangenenpapier«), umfasst 18 Punkte und wird unterschrieben von fünf in Israel inhaftierten Anführern der palästinensischen Fraktionen Fatah, Hamas, Volksfront zur Befreiung Palästinas, islamischer Jihad, Demokratische Front zur Befreiung Palästinas. Erster Gazakrieg »Sommerregen« (Israel: 11 Tote, Palästina: 402). Zweiter Libanonkrieg Israels.

2007

Gewaltsame Machtübernahme (Putsch) der Hamas, Bürgerkrieg zwischen ihr und Fatah im Gazastreifen. 80 Prozent der dortigen 3000 Produktionsbetriebe schließen mangels Rohmaterialien. Tony Blair vermittelt im Nahostkonflikt. Annapolis/USA: Israels Premierminister Olmert und der palästinensische Präsident Abbas einigen sich auf Neustart des Friedensprozesses.

2008

Israel riegelt den Gazastreifen ab. Das israelische Innenministerium entzieht 4577 Palästinensern das Aufenthaltsrecht in Jerusalem (2007 zum Vergleich: 229). Die Hamas erklärt im Dezember die unter ägyptischer Vermittlung für sechs Monate vereinbarte Waffenruhe für beendet. Am 27. Dezember beginnt Israels dreiwöchige Gaza-Offensive »Gegossenes Blei«. Tote: ca. 1.400 (Palästina), 13 (Israel). Abbas bricht Gespräche mit Israel ab.

2009

Netanyahu wird Premierminister. Zipi Livnis Kadima hatte zwar ein Mandat mehr als Netanyahus Likud, der wurde jedoch von Staatspräsident Peres mit der Regierungsbildung beauftragt.

2010

Internationale Aktivisten, darunter auch deutsche Abgeordnete, wollen mit einem Hilfskonvoi, darunter das Schiff Mavi Marmara, die Gaza-Seeblockade durchbrechen. Die israelische Marine tötet neun Passagiere. Präsident Barack Obama kündigt eine neue US-Initiative zur Wiederaufnahme von Verhandlungen an und verlangt ein Ende des jüdischen Siedlungsbaus. Netanyahu stimmt zehnmonatigem Siedlungsmoratorium zu, hält sich aber nicht daran.

2011

Ermordung des jüdisch-palästinensischen Theatermachers Juliano Mer-Chamis. Fatah und Hamas schließen Versöhnungsabkommen. Freilassung von Gilad Shalit nach fünfjähriger Gefangenschaft im Gazastreifen gegen 1000 palästinensische Gefangene. Israel verabschiedet das Nakbagesetz: Institutionen, die den Unabhängigkeitstag als Tag der Trauer begehen, kann das Budget gekürzt werden.

2012

Beginn der Militäroffensive »Wolkensäule« im Gazastreifen nach intensivem Raketenbeschuss seitens der Hamas. Tote: 50-100 (Palästina), 6 (Israel). Palästina erhält bei den Vereinten Nationen den Beobachterstatus.

2013

US-Außenminister John Kerrys neue Initiative: Binnen neun Monaten soll ein Friedensvertrag auf Grundlage der Zwei-Staaten-Lösung stehen.

2014

Bildung einer technokratischen Einheitsregierung mit Unterstützung von PLO und Hamas. Drei jüdische Talmudschüler werden ermordet, ebenfalls ein jugendlicher Palästinenser, wochenlange Unruhen. Juli/August: Israels Gazakrieg »Protective Edge«. Tote: ca. 2100 (Palästina), ca. 70 (Israel). Gründung von Women Wage Peace (angeblich über 40.000 Mitglieder/Unterstützer). Gründung von Roots (Judur, Shorashim).

2015

Präsident Mahmoud Abbas hat Beitritt zum Internationalen Strafgerichtshof (IStGH) auf den Weg gebracht, Israels Außenminister Lieberman fordert u.a. Deutschland auf, Zahlungen an den IStGH einzustellen, da fortan Palästinenser dort klagen könnten. Amtsinhaber Netanyahu wird Wahlsieger. Angriffe palästinensischer Attentäter: »Messerintifada«

2016

Ein israelischer Soldat erschießt in Hebron einen kampfunfähigen Palästinenser. Bei einem Terroranschlag in Tel Aviv sterben vier Menschen. Israel widerruft nach der Tat 83.000

Einreisegenehmigungen, die anlässlich des Ramadans erteilt worden waren, erlaubt jedoch Tausenden Palästinensern die Einreise ohne die offizielle Genehmigung.

2017

Die USA und Israel erklären, dass sie Ende 2018 aus der UNESCO austreten, weil diese einseitig agiere. Hamas und Fatah beschließen in Kairo die Bildung einer Einheitsregierung. Dezember: 57 Mitgliedsstaaten der Organisation für Islamische Zusammenarbeit (OIC) erkennen Ost-Jerusalem als Hauptstadt eines Palästinenserstaates an.

2018

Eröffnungszeremonie der neuen amerikanischen Botschaft in Jerusalem. Bei Protesten tötet die israelische Armee 60 Menschen. Zahlreiche Staaten üben massive Kritik, die Türkei zieht ihren Botschafter ab. Deutschland, Großbritannien und Belgien fordern eine Untersuchung der weltweit als völlig unverhältnismäßig kritisierten israelischen Reaktion. Bis zum Jahresende sterben 183 Palästinenser.

2019

9. April: Parlamentswahlen in Israel, Koalitionsbildung misslingt. Neuwahlen am 17. September: erneut keine Regierungsbildung.

2020

Donald Trump und Benjamin Netanjahu präsentieren den Nahost-Friedensplan von Jared Kushner: »Frieden zu Wohlstand: eine Vision, um das Leben palästinensischer und israelischer Menschen zu verbessern«. Mahmoud Abbas kündigt den Abbruch aller Beziehungen, inklusive der Sicherheitsverbindungen, zu Israel und den Vereinigten Staaten an. Das nach außen so ruhige Jahr in einigen Zahlen von UN-OCHA: Zerstörung palästinensischer Strukturen im Westjordanland: 664, Ost-Jerusalem: 175. (fast 1000 Menschen werden obdachlos). Von israelischen Sicherheitskräften getötete Palästinenser: 30, israelische Tote: 3. Such- und Verhaftungsoperationen des Militärs im Westjordanland: 3634. Angriffe israelischer Siedler: 327.

2021

Mai: Erneut Krieg zwischen Israel und der Hamas – Tote: 242 (Palästina), 12 (Israel). Juni: Die neue israelische Regierung, eine Koalition aus acht Parteien von ganz links bis ganz rechts, von jüdisch bis arabisch-islamisch, wird vereidigt. Premierminister wird Naftali Bennett von der Partei Yamina (»Nach Rechts«). Er verfügt über die Mehrheit von einer Stimme.

Zusammengestellt unter Verwendung folgender Medien:
AG Friedensforschung. Archiv der Gegenwart. Bundeszentrale für politische Bildung. Ha´aretz. Palestine-Israel Journal of Politics, Economics and Culture. PASSIA Diary. Rotter/Fathi: Nahostlexikon, Palmyra Verlag, Heidelberg 2001. Dokumente der Vereinten Nationen. Alain Gresh: Israel-Palästina, Hintergründe eines Konflikts, Unionsverlag Zürich, 2009. Martin Schäuble/Noah Flug: Die Geschichte der Israelis und Palästinenser, Hanser 2007. Sharif Kanaana/Pierre Heumann: Wo ist der Frieden? Wo ist die Demokratie? Der palästinensische Witz: Kritik, Selbstkritik und Überlebenshilfe, Chronos, Zürich 2001. B´Tselem. Danny Rubinstein: Yassir Arafat, Vom Guerillakämpfer zum Staatsmann, Palmyra Verlag, Heidelberg 1996. Deutsche Gesellschaft für die Vereinten Nationen e.V. Austria Presse Agentur. Nahost-Jahrbuch. OCHA-Protection of Civilians Reports. Amnesty International. Landeszentrale für politische Bildung Baden-Württemberg.

Namensregister

A

Abbas 14, 101, 154
Abbasi 45
Abbass 14
Abu Artema 147
Abu Latifah 145
Abu Sitta 126, 146
Adas 15
ad-Dhib 148
Adiv 36
Agmon 94
Aharon 99
Aharoni 54
Aisenberg 47
al-Akhras 19
Alatar 63
Alemian 67
al-Ghubari 102
Alharthi 131
Al-Jaridi 161
Aljazzar 147
Allon 129
Alpen 42
Alshekh 165
al-Zobaidi 84
Amar-Dahl 137
Amir 115
Andon 130
Appelfeld 109
Arafat 44, 56
Ariav 72
Arkenau 34
Arush 86
Ashrawi 100
Assad 90
Awad 95
Awwad 59
Ayad 18
Azar 107

B

Barak 90
Barenboim 100

Bar-Gil 47
Bar-Lev 90
Barschi 36
Bärschneider 73
Batarseh 110
Batten 93
Bauardy 101
Baumgarten 77
Ben Chorin 141
Ben Gurion 90
Ben-Jehuda 37
Bennett 14
Bergman 54
Bernadette 132
Bernstein 151
Bickel 43
Boehm 108, 109
Bondy 109
Borgstede 124
Boros 35
Brik 38
Brumlik 91
Buber 91
Bugnyar 132
Burfeind 99
Burg 108, 109

C

Carmi 46
Chagall 90
Ciriello 103
Clinton 90
Cook 82, 83
Corrie 103

D

D'eik 138
Dagharmeh 64, 65
Daibes Abu Dayyeh 101
Damelin 165, 166
Denise 131
de Vaux 148
Dienemann 140

Helga Baumgarten

Kein Frieden
für Palästina

Der lange Krieg gegen Gaza
Besatzung und Widerstand

ISBN 978-3-85371-496-6, br., 192 Seiten, 19,90 €
E-Book: ISBN 978-3-85371-895-7, 15,99 €

Moshe Zuckermann

Israels Schicksal

Wie der Zionismus
seinen Untergang betreibt

ISBN 978-3-85371-375-4, br., 208 Seiten, 17,90 €
E-Book: ISBN 978-3-85371-823-0, 14,99 €

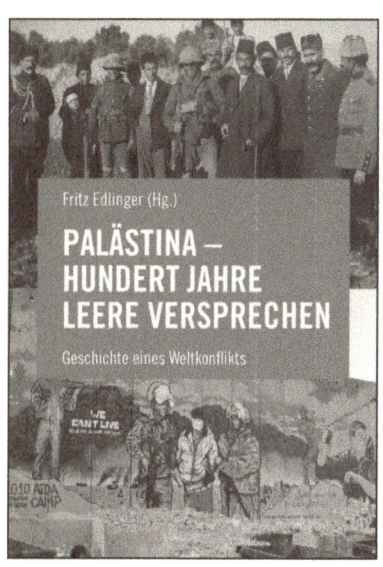

Fritz Edlinger (Hg.)

Palästina – Hundert Jahre leere Versprechen

Geschichte eines Weltkonflikts

ISBN 978-3-85371-427-0, br., 208 Seiten, 19,90 €
E-Book: ISBN 978-3-85371-857-5, 15,99 €

Fritz Edlinger (Hg.)

Mit Spraydose und Pinsel gegen die Besatzung

Graffiti in Palästina

ISBN 978-3-85371-395-2, br., 224 Seiten, 24,00 €,
farbig bebildert